"十四五"职业教育国家规划教材《建筑工程计量与计价》配套实训图集

浙江省高职院校"十四五"重点立项建设项目配套教材

职业教育·土建类专业教材

建筑工程施工图实例图集（第2版）

主　编　蒋晓燕　郭银钢
副主编　魏　柯
主　审　王庆峰

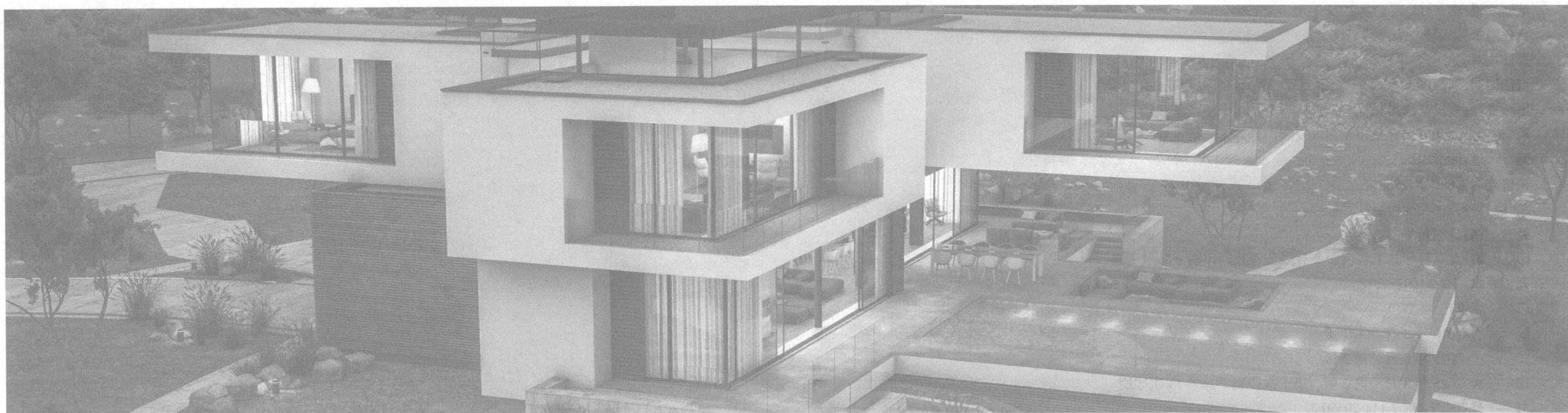

人民交通出版社

北京

内 容 提 要

本图集是"十四五"职业教育国家规划教材《建筑工程计量与计价》配套实训图集,浙江省高职院校"十四五"重点立项建设项目配套教材,可以作为"建筑工程计量与计价""建筑识图与构造""建筑力学与结构""建筑施工技术""建筑施工组织""建设法规与工程招投标"等课程的实训教材。本图集共有三个建筑工程施工图实例:一是某门卫消控室施工图实例,二是某厂房施工图实例,三是某职工宿舍楼施工图实例。三套图纸作为三个项目,在"建筑工程计量与计价"等课程教学中以三个实际项目为依托,引入任务,由浅入深,循序渐进,编制实训方案,围绕共同的建筑工程项目开展实训,以达到技能培养的目的。

本书可作为高等职业技术院校建筑工程技术、智能建造技术、工程造价、建设工程管理、建设工程监理等专业的实训教学用书,也可供施工、造价、咨询等企业概预算管理人员学习参考,还可作为造价人员的培训用书。

图书在版编目(CIP)数据

建筑工程施工图实例图集 / 蒋晓燕,郭银钢主编.
2 版. — 北京:人民交通出版社股份有限公司, 2025.
8. — ISBN 978-7-114-20550-7

Ⅰ. TU204

中国国家版本馆 CIP 数据核字第 20250BB946 号

Jianzhu Gongcheng Shigongtu Shili Tuji

书 名:	建筑工程施工图实例图集(第2版)
著 作 者:	蒋晓燕 郭银钢
策划编辑:	李 坤
责任编辑:	王景景
责任校对:	龙 雪
责任印制:	刘高彤
出版发行:	人民交通出版社
地 址:	(100011)北京市朝阳区安定门外外馆斜街 3 号
网 址:	http://www.ccpcl.com.cn
销售电话:	(010)85285911
总 经 销:	人民交通出版社发行部
经 销:	各地新华书店
印 刷:	北京科印技术咨询服务有限公司数码印刷分部
开 本:	787×1092 1/8
印 张:	17
版 次:	2010 年 8 月 第 1 版
	2025 年 8 月 第 2 版
印 次:	2025 年 8 月 第 2 版 第 1 次印刷 总第 13 次印刷
书 号:	ISBN 978-7-114-20550-7
定 价:	48.00 元

(如有印刷、装订质量问题的图书,由本社负责调换)

前 / 言
PERFACE

　　本图集是"十四五"职业教育国家规划教材《建筑工程计量与计价》配套实训图集,浙江省高职院校"十四五"重点立项建设项目配套教材,可作为"建筑工程计量与计价""建筑识图与构造""建筑力学与结构""建筑施工技术""建筑施工组织""建设法规与工程招投标"等课程的实训教材,也可供建筑施工技术人员学习参考。建筑工程技术、智能建造技术、建设工程管理、建设工程监理、工程造价等专业都是为建筑工程行业培养从事建筑施工、造价咨询、工程监理等相关领域工作的高素质技能型人才。其专业岗位四大核心能力为:施工图识图能力、建筑施工技术应用能力、建筑工程管理能力、建筑工程计价能力。这四大核心能力在各个专业中各有侧重点。

　　在专业教学实践中我们发现,采取项目导向、任务引领、基于工作过程等教学模式来开发、建设核心课程,能够更好地促进四大核心能力的培养。因此,我们收集了三套典型工程的施工图,汇编成集,作为以上各个专业的实训教材,希望起到联系专业核心课程的纽带作用。

　　本图集选用的施工图,其设计深度和表达符合《建筑工程设计文件编制深度规定》,施工图在结构类型上选取了民用建筑中常见的砌体结构和钢筋混凝土结构,设计中采用了混凝土结构施工图平面整体表示方法(简称"平法")。学生可以借助 22G101 图集系统地对本图集中的施工图进行细致识读,以便更好地领会设计意图,提高识图能力。

　　三套图纸作为三个项目,在教学中我们要求"建筑工程计量与计价""建筑识图与构造""建筑力学与结构""建筑施工技术""建筑施工组织""建设法规与工程招投标"等课程以这三个实际项目为导向,引入任务,由浅入深,循序渐进,编制实训方案,围绕共同的建筑工程项目开展实训,以达到技能培养的目的。

　　本图集共有三个建筑工程施工图实例:一是某门卫消控室施工图实例,二是某厂房施工图实例,三是某职工宿舍楼施工图实例。

　　本书由绍兴职业技术学院蒋晓燕、郭银钢任主编,魏柯任副主编,并由浙江翔实项目管理有限公司高级工程师王庆峰主审。由于编者水平有限,书中不足之处在所难免,望广大读者批评指正。

编　者

2025 年 5 月

目 录
CONTENTS

①某门卫消控室

××市规划建筑设计院

设计资质证号：

设计阶段：

年　　月

建筑施工图图纸目录

专业:建筑

第 1 页　共 1 页

序号	图号	图名	规格	备注
1	建施-01	建筑设计总说明		
2	建施-02	一层平面图		
3	建施-03	屋顶平面图		
4	建施-04	立面图		
5	建施-05	剖立面及门窗详图		

1.1　某门卫消控室建筑施工图

建筑设计总说明

一、工程概况
1. 工程名称：某门卫消控室；
2. 建筑面积：208m²；
3. 建设地点：××××××；
4. 建设单位：×××××××××××；
5. 建筑结构形式：框架结构，建筑物设计使用年限50年；
6. 建筑物耐火等级：二级；
7. 本工程屋面防水等级为Ⅱ级，防水层设计使用年限为10年；
8. 建筑高度：4.050m。

二、设计依据
1. ××省备案项目登记赋码基本信息表，项目代码：×××××××××××××××；
2. ××市规划局批准的定点、规划红线图及规划审查意见书；
3. 设计单位与建设单位签订的设计合同，设计合同号：××××××××；
4. 经审批通过的建筑方案、初步设计文件和建设单位的基本要求；
5. 国家和地方有关的建筑设计规范和标准：
   (1)《民用建筑设计统一标准》(GB 50352—2019)；
   (2)《建筑设计防火规范》(GB 50016—2014)；
   (3)《建筑门窗应用技术规程》(DB533/1064—2009)；
   (4)国家和地方其他有关的建筑设计规范、标准和规定；
   (5)《×××省消防技术规范难点问题操作技术指南》；
   (6)国家和地方其他有关的建筑规范和标准。

三、标高、尺寸单位
1. 标高：±0.000相当于黄海标高40.250(暂定)，具体根据现场地形及周边道路标高在开工前确定；
2. 除标高以米(m)为单位外，其余尺寸均以毫米(mm)为单位。
3. 室内外地面高差为250。

四、工程做法
1. 墙身：
   (1)墙身做法和材料详见结构设计总说明。
   (2)±0.000以上为页岩多孔砖，以下为混凝土实心砖，未标注的墙体厚度为240，在基础墙-0.060处设20厚防潮层一道(聚合物水泥防水砂浆)，防潮层应贯通。±0.000以下墙体内外两侧，用1:2防水水泥砂浆粉光。
   (3)设备管线穿墙、梁、板时，先预留孔洞或预埋套管，待管道安装完毕后再用C20细石混凝土筑实孔隙。
2. 地面：
   (1)消控室地面做法：30厚C20细石混凝土随捣随抹；100厚C15混凝土垫层；80厚碎石垫层。
   (2)门卫室、门廊处地面做法：(300×300)10厚地砖面层砂浆铺贴；20厚1:3水泥砂浆找平层，100厚C15混凝土垫层；80厚碎石垫层。
3. 非上人屋面做法，自上而下为：
   (1)50厚C30防水细石混凝土随捣随抹(内置φ6@200双向钢筋)，刚性层需设分仓缝，缝宽20，内填防水密封油膏；
   (2)无纺布隔离层；
   (3)60厚挤塑聚苯板(B1级)，用配套胶粘剂粘贴；

   (4)3厚SBS防水卷材(在各转弯处的主防水卷材下附设一层250宽的防水卷材)；
   (5)1.5厚聚合物水泥防水涂料Ⅰ型，四周翻起500高；
   (6)20厚1:3水泥砂浆找平，转弯处抹成小圆角；
   (7)轻集料混凝土找2%的坡(最薄处30厚)，待此层干燥后方可进行防水卷材施工(此条仅用于屋面建筑找坡)；
   (8)现浇自防水钢筋混凝土屋面板(抗渗等级≥P6)，表面清扫干净；底板20厚1:1:3混合砂浆抹平，满批腻子砂光。
4. 雨篷檐沟做法，自上而下为：
   (1)3厚SBS防水卷材(在各转弯处的主防水卷材下附设一层250宽的防水卷材)；
   (2)1.5厚聚合物水泥防水涂料Ⅰ型，四周翻起；
   (3)20厚1:3水泥砂浆找平，转弯处抹成小圆角；
   (4)轻集料混凝土找1%的坡，平均厚度50。
5. 外墙饰面做法：外墙用料及色彩见立面图，用18厚1:3水泥砂浆分层抹灰。
6. 内墙饰面做法：
   (1)内墙面(包括柱面)做法：基层清理干净，白色乳胶漆二度，20厚1:1:4混合砂浆找平，满批腻子砂光。
   (2)室内均做20厚1:2水泥砂浆120高暗踢脚，参2000浙J37-32。
7. 所有板底、梁底粉10厚1:1:4混合砂浆分层赶平，刮腻子二度，砂光，内墙涂料二度。凡雨篷、天沟等产生滴水部位均必须严格做出滴水线。
8. 雨水管均选用φ100聚氯乙烯(PVC)雨水管，位置见屋顶平面图注，雨水管直接接入室外排水系统；雨水井做法参浙J18-95第12页施工，雨水口、雨水斗、弯口等均为PVC成套做法。雨水管穿立面线脚时，线脚按外包施工。

五、门窗工程做法
1. 本工程门窗按不同材料和用途编号，详见门窗表；门窗玻璃的选用应符合《建筑玻璃应用技术规程》(JGJ 113—2015)和《建筑安全玻璃管理规定》的要求；
2. 所有门窗必须符合《建筑门窗应用技术规程》(DB33/1064—2009)的规定。
3. 门窗五金等全套配件按相应标准图规定选用，或按建设单位要求配置；
4. 落地全玻门和离楼地面900以下的窗玻璃及单扇窗玻璃面积大于或等于1.5m²时，应采用相应厚度的钢化安全玻璃；
5. 凡窗台高度低于900时，除另有详图外，均应设置贴窗护栏，护栏竖向净距应≤110，栏杆底部与预埋钢板焊接，扶手两端与墙身或柱锚固，具体位置详见各平面图，护栏总高度不应低于900。
6. 本工程所有门窗外形尺寸均为洞口尺寸，专业单位必须根据土建实际留洞尺寸结合外墙及门窗洞口饰面厚度进行细化设

计、制作、安装，外门窗居墙中(除另有注明者外)并参见相关大样；
7. 所有门窗或幕墙必须由具有相应设计、制作、安装资质的专业单位承接，保证其工程的质量和安全。

六、油漆工程做法
1. 所有木门窗采用一底二度醇酸调合漆饰面，色彩由设计人员和建设单位商定，并做样板经确认后方可大面积施工(样板应作封存，包括外墙色样)，并据此验收；
2. 所有外露铁件均去锈后防漆二度，氟碳漆二度，色彩由设计人员和建设单位商定；
3. 所有预埋铁件及木砖应做防腐处理；
4. 外门窗的材料颜色详见立面图。

七、其他
1. 水电等专业所需预留孔洞施工时请密切配合，以免现凿，影响施工质量。
2. 所有外墙装饰工程施工前应先做样板，经设计及甲方认可后方可大面积施工。
3. 墙体内长度超过0.5m的预埋水管处，多孔砖取消，用素混凝土浇捣代替。
4. 构造柱位置以结构图为准。
5. 如有未详事宜，请及时与设计人员联系。

八、门窗表
1. 门窗表统计数字仅供参考，所有门窗尺寸、数量均需按土建实际洞口复核后方可施工。
2. 所用外门窗必须由具有相应设计、制作、安装资质的专业单位承接，保证质量。

门窗表

类别	设计编号	洞口尺寸		樘数	备注
		宽	高		
门	LPM1530	1500	3000	2	铝合金平开门(详见建施-05)
	M1	1500	2100	1	浙J2-93
窗	LPC1521	1500	2100	11	铝合金推拉窗(详见建施-05)
	LPC3021	3000	2100	1	铝合金推拉窗(详见建施-05)

注：1. 门窗表统计数字仅供参考；所有门尺寸均为洞口尺寸。门窗及幕墙加工前，承包商均须对洞口尺寸进行实测。
2. 单块大于1.5m的门窗玻璃、玻璃底边高最终装修面小于500的落地窗和建筑的出入口、门厅等部位均须使用安全玻璃。
3. 落地玻璃窗高度低于800时，需加设护窗栏杆，护窗栏杆做法参见详图。

单位出图专用章	执业资格专用章	××市规划建筑设计院				工程名称	某门卫消控室		工程号	
		审 定		设 计		项 目			日 期	
		审 核		计 算		图 名	建筑设计总说明		图 别	建施
		项目负责		校 对					图 号	01

3

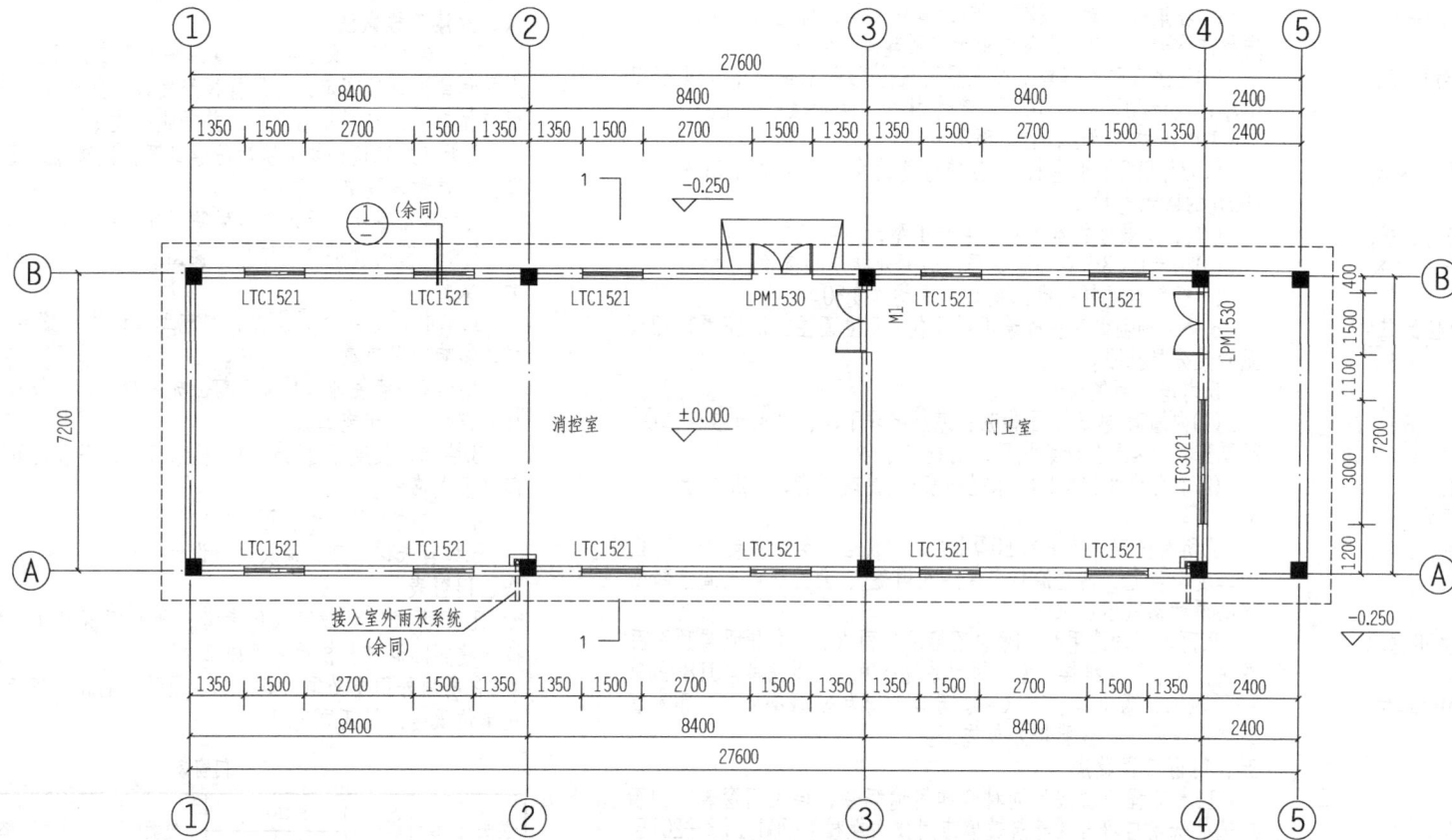

门卫消控室一层平面图 1:100

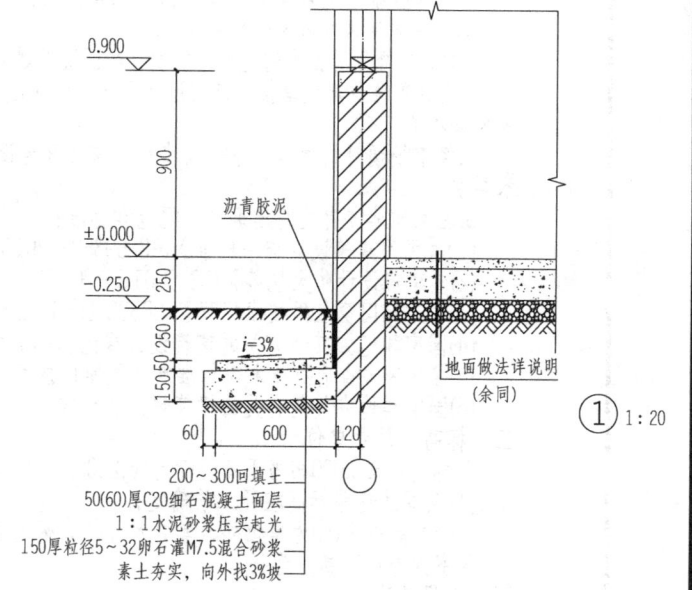

①1:20

0.900

沥青胶泥

±0.000

-0.250

i=3%

地面做法详说明
（余同）

200～300回填土
50(60)厚C20细石混凝土面层
1:1水泥砂浆压实起光
150厚粒径5～32卵石灌M7.5混合砂浆
素土夯实，向外找3%坡

单位出图专用章	执业资格专用章	××市规划建筑设计院		工程名称	某门卫消控室	工程号	
		审 定	设 计	项 目		日 期	
		审 核	计 算	图 名	一层平面图	图 别	建施
		项目负责	校 对			图 号	02

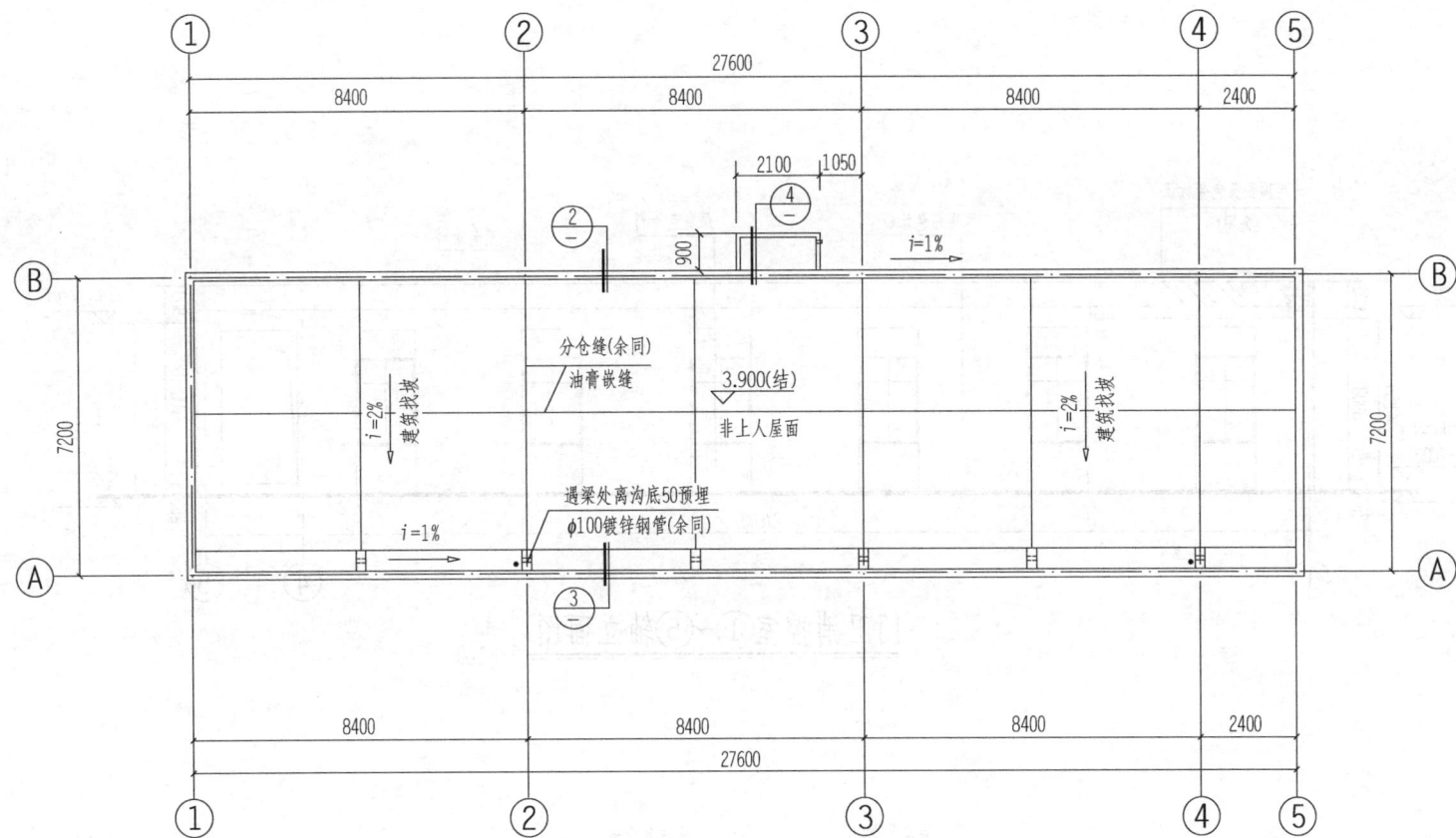

门卫消控室屋顶平面图

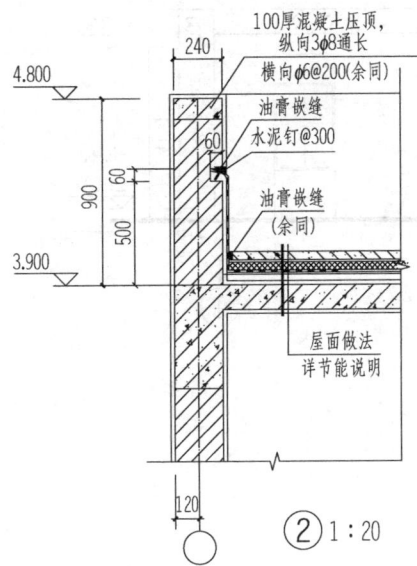

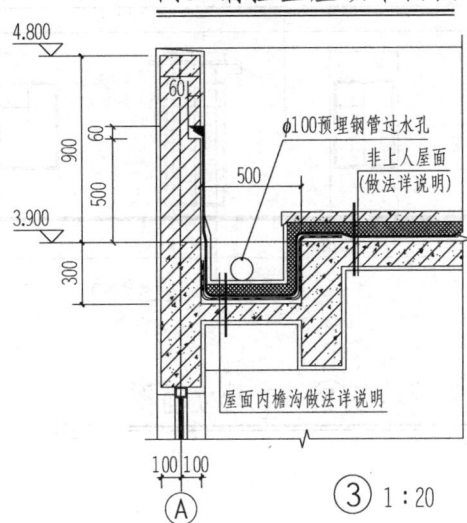

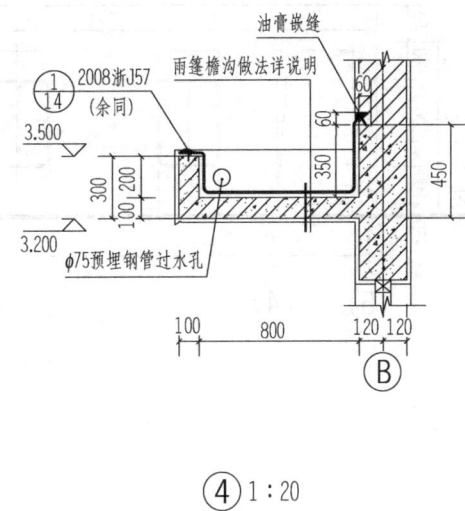

27600
8400 8400 8400 2400
2100 | 1050
900
i=1%
分仓缝(余同)
油膏嵌缝
3.900(结)
非上人屋面
建筑找坡
i=2%
i=2%
建筑找坡
i=1%
遇梁处离沟底50预埋
φ100镀锌钢管(余同)
7200
7200

100厚混凝土压顶,
纵向3φ8通长
横向φ6@200(余同)
油膏嵌缝
水泥钉@300
油膏嵌缝
(余同)
屋面做法
详节能说明

4.800
240
60
900
500
3.900
120

② 1:20

φ100预埋钢管过水孔
非上人屋面
(做法详说明)
屋面内檐沟做法详说明

4.800
60
900
500
300
3.900
500
100 100

A

③ 1:20

油膏嵌缝
雨篷檐沟做法详说明
1/14 2008浙J57
(余同)
φ75预埋钢管过水孔

3.500
3.900
300 100 200
3.200
60
350
450
100 800 120 120

B

④ 1:20

单位出图专用章	执业资格专用章	××市规划建筑设计院		工程名称	某门卫消控室	工程号	
		审 定	设 计	项 目		日 期	
		审 核	计 算			图 别	建施
		项目负责	校 对	图 名	屋顶平面图	图 号	03

5

屋顶企业色带标识
(余同)

浅白色涂料

深灰色涂料

蓝色涂料

3.900

900

4150

3900

-0.250
±0.000

250

27600

3.900

900

3900

4150

-0.250
±0.000

250

① ④ ⑤

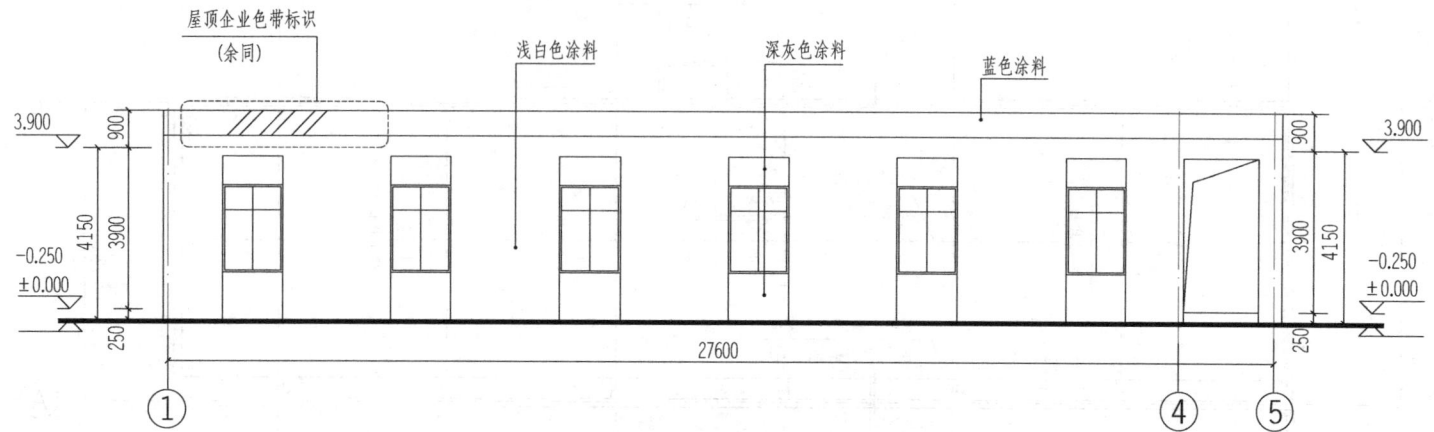

门卫消控室①~⑤轴立面图 1:100

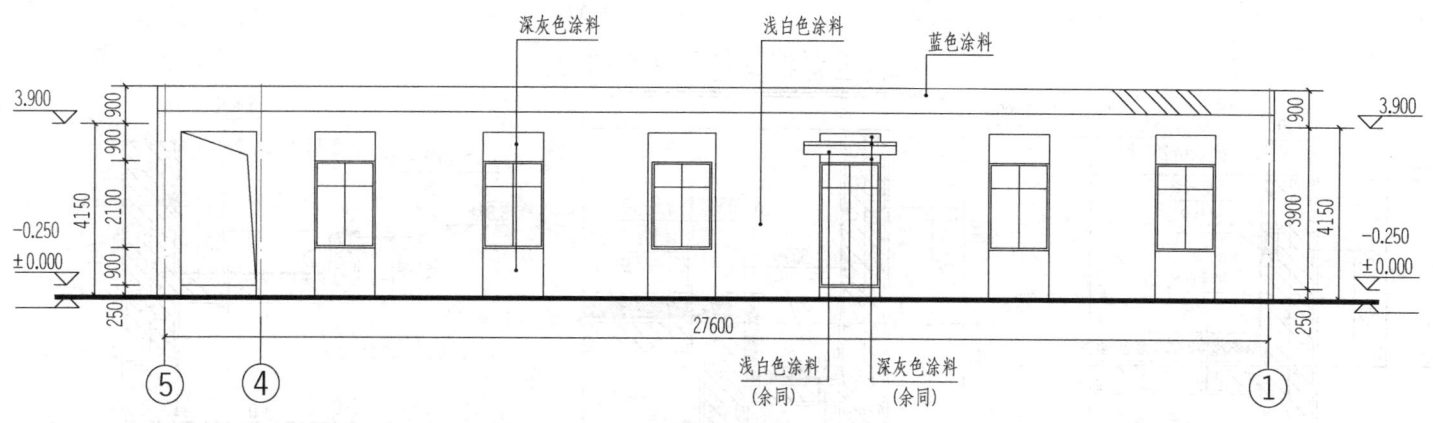

深灰色涂料

浅白色涂料

蓝色涂料

3.900 900

900

900

4150

2100

900

-0.250
±0.000

250

27600

3.900

900

3900

4150

-0.250
±0.000

250

⑤ ④ ①

浅白色涂料
(余同)

深灰色涂料
(余同)

门卫消控室⑤~①轴立面图 1:100

单位出图专用章	执业资格专用章	××市规划建筑设计院		工程名称	某门卫消控室	工程号	
		审　定	设　计	项　目		日　期	
		审　核	计　算	图　名	立面图	图别	建施
		项目负责	校　对			图号	04

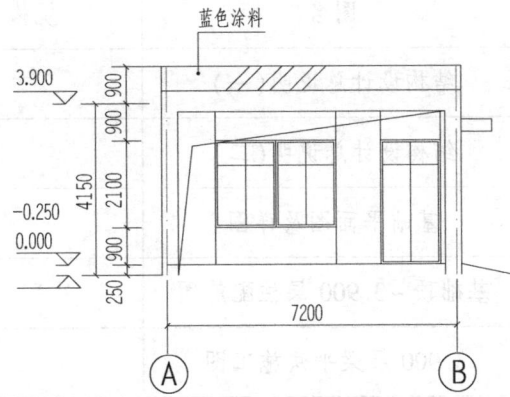

蓝色涂料

门卫消控室Ⓐ~Ⓑ轴立面图 1:100

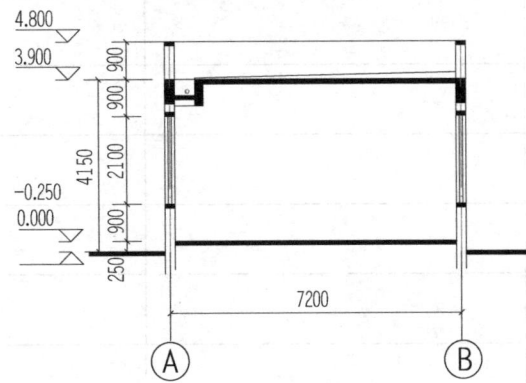

门卫消控室1-1剖立面图 1:100

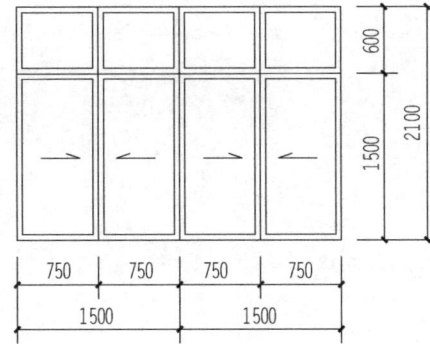

LPC3021

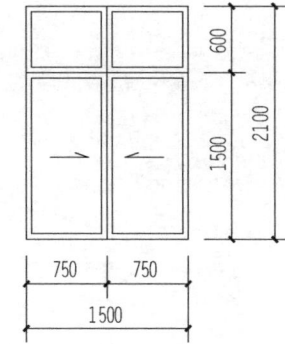

LPC1521

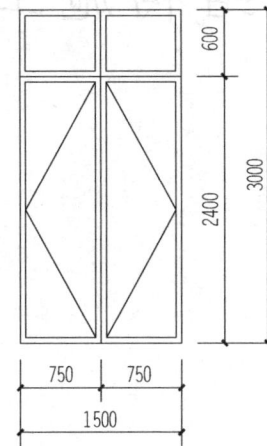

LPM1530

单位出图专用章	执业资格专用章	××市规划建筑设计院		工程名称	某门卫消控室	工程号	
		审 定	设 计	项 目		日 期	
		审 核	计 算	图 名	剖立面及门窗详图	图 别	建施
		项目负责	校 对			图 号	05

7

结构施工图图纸目录

1.2　某门卫消控室结构施工图

结构设计总说明

一、概况

1. 项目名称：某门卫消控室。
2. 本工程采用框架结构，地上一层，建筑高度3.900m。
3. 结构设计使用年限为50年，抗震等级四级。
4. 设计±0.000所对应黄海高程为：41.750m。应根据建筑总图确认后才可使用。
5. 本工程施工图中标高以米(m)为单位，尺寸以毫米(mm)为单位。
6. 本说明中未详尽的内容，应参照国家和地方相关的规范、规程、行业标准、标准图集及政府主管部门的各项规定执行。

二、设计依据

1. 《工程结构可靠性设计统一标准》(GB 50153—2008)；
2. 《建筑结构可靠性设计统一标准》(GB 50068—2018)；
3. 《建筑结构制图标准》(GB/T 50105—2010)；
4. 《建筑结构荷载规范》(GB 50009—2012)；
5. 《混凝土结构设计规范》(GB 50010—2010)(2015年版)；
6. 《建筑抗震设计规范》(GB 50011—2010)(2016年版)；
7. 《砌体结构设计规范》(GB 50003—2011)；
8. 《建筑工程抗震设防分类标准》(GB 50223—2008)；
9. 《建筑桩基技术规范》(JGJ 94—2008)；
10. 《建筑地基基础设计规范》(GB 50007—2011)；
11. 浙江省标准《建筑地基基础设计规范》(DB33/1001—2003)；
12. 《岩土工程勘察报告(详勘阶段)》；
13. 《×××市建筑工程质量通病防治导则》；
14. 结构计算采用YJKS系列软件2.0.3版。

三、自然条件

序号	类别	取值
1	50年一遇基本风压值	$W_0=0.45\text{kN/m}^2$
2	50年一遇基本雪压值	$S_0=0.55\text{kN/m}^2$
3	地面粗糙度类别	B类
4	设计基本地震加速度值	0.05g(g为重力加速度)
5	抗震设防烈度	6度
6	设计地震分组	第一组
7	建筑场地类别	Ⅱ类
8	场地特征周期	0.35s

四、建筑结构分类等级

序号	分类	等级
1	建筑结构安全等级	二级
2	建筑抗震设防类别	丙类
3	地基基础设计等级	丙类
4	桩基设计等级	丙类
5	建筑结构耐火等级	二级
6	屋面板混凝土抗渗等级	>P6

续上表

序号	分类	等级
7	混凝土结构环境类别	±0.000以下与土直接接触的各类构件	二(b)类
		外露构件、室内潮湿环境	二(a)类
		一般室内环境	一类
8	抗浮水位(黄海高程)	39.260

五、设计荷载

部位	可变荷载标准值(kN/m²)	部位	可变荷载标准值(kN/m²)
屋面	0.5(非上人屋面)	楼面	2.0
	2.0(上人屋面)		

注：1. 挑檐雨篷和预制小梁的施工或检修集中荷载为1.0kN。
2. 楼梯、阳台和上人屋面等的栏杆顶部水平荷载为1.0kN/mm。

六、主要建筑材料

设计中选用的各种建筑材料必须有出厂合格证明，并应符合国家及主管部门颁发的产品标准。主体结构所用的建材均应经试验合格后方能使用。

1. 混凝土
1) 结构混凝土强度等级
(1)基础垫层为C15；
(2)基础为C30；
(3)主体结构为C30；
(4)构造柱、圈梁、窗台板等次要结构为C20。
2) 结构混凝土耐久性要求

环境类别	最大水胶比	最低混凝土强度等级	最大氯离子含量(%)	最大碱含量(kg/m³)
一类	0.60	C20	0.3	不限制
二(a)类	0.55	C25	0.2	3.0
二(b)类	0.50	C30	0.15	3.0

2. 钢筋
钢筋的符号、强度及其使用的焊条如下表所示：

符号	钢筋	强度设计值f_y(N/mm²)	焊条
Φ	HPB300	270	E43
Φ	HRB400	360	E50

注：1. 未特别注明的预埋件，连接件中的钢板材质为Q235-B。
2. 吊钩、吊环均采用HPB300钢筋，不得采用冷加工钢筋。
3. 砌体
墙厚240mm，半墙厚120mm。

部位	砌体材料类别	砌体强度等级	砌体重度(kN/m³)	砂浆材料类别
0.200以下	混凝土实心砖	MU15	≤19	M10水泥砂浆
0.200以上	烧结页岩多孔砖	MU10	≤19	M5.0混合砂浆
备注	1. 砌体施工质量控制等级均为B级。砂浆均采用预拌砂浆。 2. 确定砂浆强度等级时，应采用同类块体为砂浆强度试块底模。 3. ±0.000以下墙体采用1：3水泥砂浆双面粉刷20mm厚			

七、基础

1. 桩基础部分的说明详见桩位图设计说明。
2. 基坑开挖：
(1)挖土应均衡分层进行，对流塑状软土的基坑开挖，开挖面高差不应超过1m。
(2)机械开挖基槽，槽底应保留不小于200mm原状土，采用人工开挖至设计标高。
(3)基槽(坑)开挖后应由勘察、设计、监理、施工四方共同验槽(必要时须在槽底普遍进行轻便钎探)，达到勘察设计要求后方可进行下道工序。
(4)对开挖基槽时出现的扰动土及松散杂填土应人工挖除，并选用优质配砂石回填压实处理或C20素混凝土进行回填处理。
(5)回填土：
在承台和地下室外墙与基坑侧壁间隙回填土前，应先排除积水，清除虚土和建筑垃圾，然后选用压实性较好的素土进行分层对称夯填，基坑回填土及位于设备基础、地面、散水、路步等基础下部的回填土，必须分层夯实，每层厚度不大于250mm，压实系数0.94。
3. 基础结构构造要求：
(1)混凝土基础底板下设100mm厚C20素混凝土垫层，每边宽出基础100mm。
(2)未尽事宜按图集22G101-3要求施工。
4. 沉降观测：
(1)本工程应进行建筑物沉降观测；沉降观测点位置详见一层柱平面图。
(2)沉降观测工作依照国家规范《建筑变形测量规范》(JGJ 8—2016)执行；本工程允许沉降量为30mm，允许倾斜为4/1000。

八、主体结构部分

1. 楼板
(1)楼板钢筋锚固长度：板底受力钢筋应伸至墙或梁中心线，且进入支座长度不小于5d。板面受力钢筋若在支座处不能拉通，则需锚入支座内不小于l_a。
(2)支座两侧的楼板面标高相差$\Delta h \leq 30\text{mm}$时，钢筋可弯折不断开。$\Delta h>30\text{mm}$时，钢筋作分离处理，板面筋必须满足锚固长度要求，见图1。
(3)双向板的板底筋，短向筋放在底层，长向筋置于短向筋上。
(4)各楼层楼板内钢筋除注明外，搭接位置下筋在支座范围，上筋在跨中范围。
(5)施工时必须采取有效措施保证楼板上筋的正确位置。
(6)楼板、屋面板开洞：当洞口长边D(直径φ)小于或等于300mm时见图2，当300mm<D(φ)≤800mm时见图3。
2. 梁
(1)凡图中无特别注明者，次梁钢筋置于主梁钢筋之上。
(2)当梁与柱边平时，梁的外侧钢筋微弯使其置于柱钢筋内侧。
(3)图中以剖面表示的梁，除另有注明外，若纵向筋不能拉

单位出图专用章	执业资格专用章	××市规划建筑设计院	工程名称	某门卫消控室	工程号	
		审定	设计	项目	日期	
		审核	计算	图别	结施	
		项目负责	校对	图名	结构设计总说明(一)	图号 01

9

通则底筋锚入支座不小于15d，面筋不小于l_l，在集中荷载处，两侧各附加三个箍筋。

(4)梁上留洞应严格按图4要求埋设钢管和加强筋，不得自行留设孔洞，更不得后凿孔洞。

3.柱

(1)柱纵向钢筋连接采用搭接连接或焊接接头。

(2)柱中箍筋均为封闭箍。当设有拉筋时 拉筋应同时钩住主筋和箍筋。

九、基本构造规定

1.钢筋的混凝土保护层

构件	基础	现浇柱(地下)	现浇梁	现浇板	露天挑板雨篷
保护层厚度(mm)	50	25(35)	25	20	25

注：1.表中的混凝土保护层厚度从最外皮钢筋算起，包括箍筋和分布钢筋。
2.承台、基础梁外表面均涂聚合物水泥浆两遍。
3.地面以下部分柱采用扩大截面法增加保护层厚度。

2.钢筋的锚固和连接

(1)钢筋的锚固长度l_{aE}和钢筋的搭接长度l_{lE}详按平法图集22G101-1要求施工。

(2)构造详图选用：

①边跨板边节点做法按平法图集22G101-1第92页详图(a)充分利用钢筋抗拉强度构造。

②梁的上部纵向钢筋在端支座按平法图集22G101-1第86页铰接设计进行锚固。

(3)钢筋的接头优先采用焊接接头；当钢筋直径≥22时，采用焊接接头或机械连接。

(4)受力钢筋接头位置应在受力较小处，并相互错开，任一截面钢筋接头总量不得超过50%。

十、砌体结构构造

1.过梁构造

凡门窗洞顶无混凝土梁通过时均设预制过梁，过梁采用C20混凝土，过梁伸入洞边各300mm；当无法满足此要求时，在柱内预留相应过梁钢筋，改预制为现浇；墙体预留孔洞宽度大于300mm时，必须设置钢筋混凝土过梁。过梁表如下：

洞宽L_0	≤900	900<L_0≤1500	1500<L_0≤3000	3000<L_0≤3600
h	90	120	240	360
①	3Φ8	3Φ10	2Φ10	2Φ10
②			2Φ16	2Φ16

2.砌体构造

(1)每层墙高的中部增设高度为120mm的水平腰梁，详见图5，门窗过梁每边入墙不少于300mm，并设置钢筋混凝土窗台板，详见图6，每边入墙不少于600mm。

(2)本工程墙体除注明外均为填充墙，应先浇梁柱后砌墙，构造柱在墙体完成后施工。框架填充墙应设2φ6@500钢筋与框架柱连接，伸入柱不小于250mm，伸入墙内不小于墙长的1/5，且不小于1000mm。楼梯间四周的填充墙与混凝土墙、混凝土柱的拉结筋均全长拉通设置。

(3)墙厚不大于120mm且墙体净高大于3m时，或墙厚大于120mm且墙体净高大于4m时，墙体半高处或门窗洞上必须设置沿墙全长贯通的水平腰梁，具体详见图5，腰梁位于门窗洞口处应与过梁整浇；东西山墙及南北外墙第一开间预留的门窗洞口处设置混凝土加强框，具体详见图5；填充墙采用加气混凝土砌块时，砌体墙内宽度大于2m的门窗洞口均应设置加强框，具体详见图5。

(4)当墙顶无楼层梁、板时，应设压顶梁，作法同图7中腰梁。

(5)填充墙长大于5m或超过层高2倍时，内外墙体不同材料交接处，应设置钢筋混凝土构造柱；砌体无约束的端部须增设构造柱。外墙间距不大于3m的构造柱(门窗洞口除外)。构造柱纵筋必须锚入混凝土梁或板中，按图集11G329-1中第34页做法。

(6)填充墙与混凝土构件连接处采用钢丝网抹灰加强，钢丝网与填充墙、混凝土构件的搭接宽度每边各不小于300mm；顶层、楼梯间四周和走廊通道墙体两侧满布。顶层楼梯间墙体应沿墙体高每隔500mm设2φ6通长钢筋和φ4分布短钢筋平面内点焊组成的拉结网片或φ4点焊网片。

(7)女儿墙的构造柱应伸至与女儿墙顶并与现浇钢筋混凝土压顶整浇在一起。

(8)根据《××市建筑工程质量通病防治导则》，外墙加强构造详见图5。

3.其他构造

(1)卫生间、厨房，四周外墙等有防水要求的部位，在楼板面上应设置与墙同宽且高度不小于200mm的现浇素混凝土带。

(2)凡混凝土构件与钢门框、吊顶、卫生间设备及各类管道支架的连接，均应按各工种要求埋设预埋件。

十一、施工要求

1.本工程结构图须与其他专业图纸共同使用。施工单位在施工前应仔细阅读各专业图纸，一旦发现有冲突的地方应立即通知设计人员，由设计人员协调解决。

2.严格按施工验收规范的要求做好混凝土养护工作，在混凝土水化热较高的部位及重要构件，应用麻袋或薄膜等材料覆盖养护，按施工规范控制拆模时间。

3.梁跨度大于或等于4m时，模板按跨度的1/400起拱；悬臂梁按悬臂长度的1/300起拱，且起拱高度不小于20mm。

4.悬挑构件根部钢筋位置的锚固要求应严格按图施工，并加设临时支撑。待构件混凝土强度达到100%时，方可拆除。

5.现浇的挑檐、雨罩、女儿墙等混凝土外露构件，应沿每12m设置一道宽，20mm、深8mm的伸缩缝，详见图7。

6.在墙面与楼板混凝土浇注前，有关工种应在现场共同核对预埋件、预留管洞尺寸及位置等，准确无误后方可浇注混凝土，不得后凿。

7.楼面施工荷载不得超过1.5kN/m²，否则应加设支撑或采取其他措施，要特别注意板上集中负荷对结构的不利影响，保证楼面安全。

8.除本说明外，还须遵守现行的施工及验收规范进行施工。

十二、其他

1.本工程主要功能为住宅，在设计使用年限内未经技术鉴定或设计许可不得改变结构的用途和使用环境，不得拆改结构构件和进行加层改造。

2.本施工图须经图审机构审查，并根据图审意见调整后方可施工。

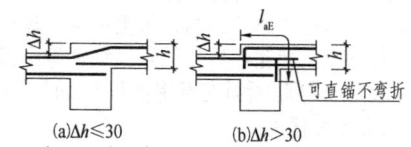

图1 板面标高不同处钢筋连接图

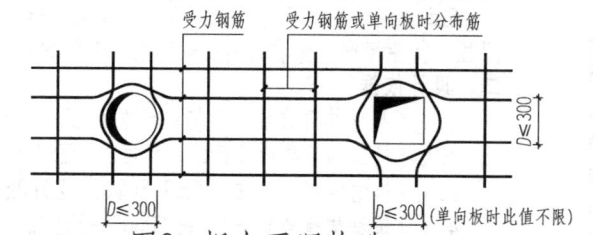

(a)Δh≤30 (b)Δh>30

图2 板上开洞构造

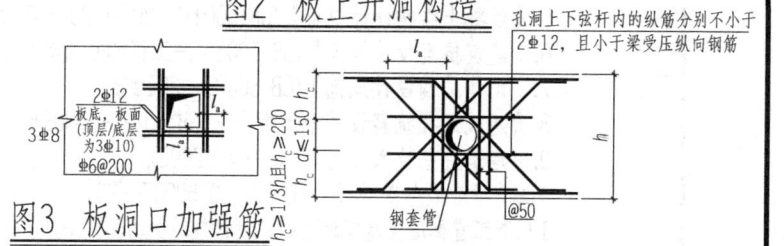

图3 板洞口加强筋

图4 梁上开孔配筋构造

梁上连接开孔时，两孔之间的距离不小于3d

图6 窗台板详图

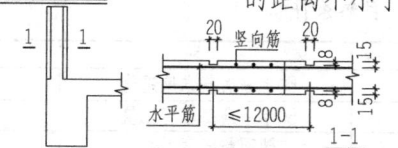

图7 外露构件伸缩缝示意图

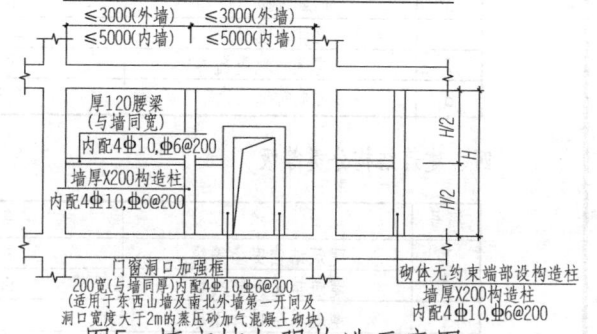

图5 填充墙加强构造示意图

单位出图专用章	执业资格专用章	××市规划建筑设计院		工程名称	某门卫消控室	工程号	
		审 定	设 计	项 目		日 期	
		审 核	计 算	图 名	结构设计总说明(二)	图 别	结施
		项目负责	校 对			图 号	02

基础平面布置图 1:100

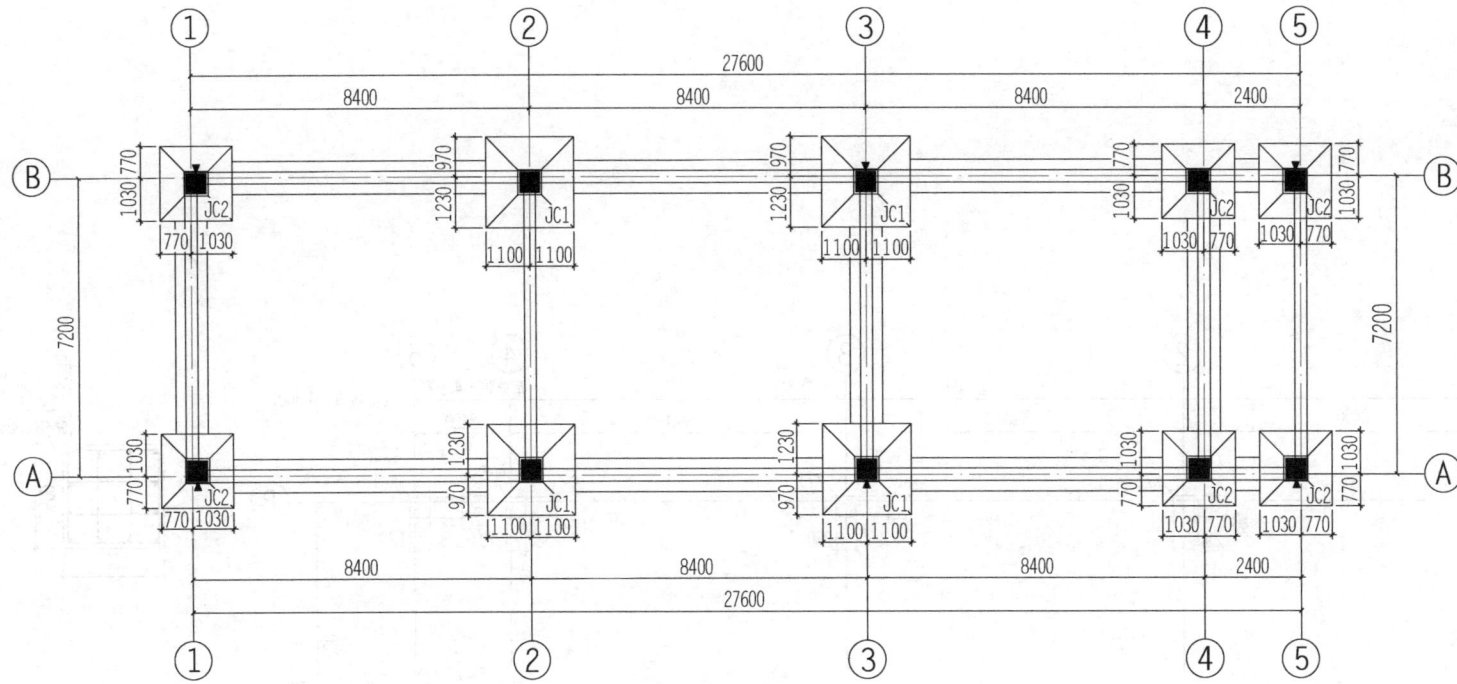

基础平面布置图 1:100

轴网尺寸：27600 = 8400 + 8400 + 8400 + 2400

轴号：① ② ③ ④ ⑤，B、A

各基础标注：JC2、JC1、JC1、JC2、JC2

基础尺寸标注：1030/770、770/1030、970、1230、1100/1100、1030/770、770/1030

7200

注：
1. 地基基础设计等级为[丙]级，取2粉质黏土层作为持力层，地基承载力特征值取f=120kPa，混凝土强度等级为C30。
2. 未标明的基础均为1-1，未注明的地梁为DL1。
3. 各TJ、DL均沿轴居中布置(图中已注明除外)，各TJ均穿越承台。
4. 墙基防潮层−0.060处设一道20厚1:2水泥砂浆(掺5%防水剂)。
5. 基础TJ钢筋采用电焊搭接方式，电焊搭接长度：双面焊6d，单面焊12d(d为钢筋直径)。
6. 基础平面图中集中力作用处附加箍筋均为每侧三根，间距50，直径、肢数均同本跨箍筋。
7. 地坪垫层以下及基础底面标高以上的压填土应采用素土分层夯实，压实系数不应小于0.94。
8. 基坑开挖后应做好排水工作，严禁积水，并经设计、勘察人员验槽后方可继续施工。
9. 基础长、宽≥2500，钢筋长度取0.9倍边长，并且交错布置。
10. 图中标有▼均为沉降观测点，做法详见图中大样。

JC

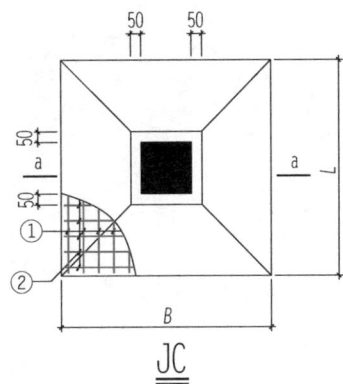

−2.800

JC

a-a

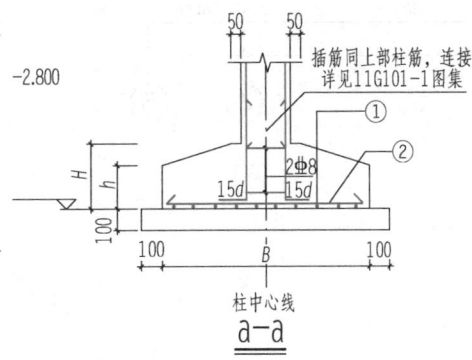

插筋同上部柱筋，连接详见11G101-1图集

柱中心线

a-a

1-1

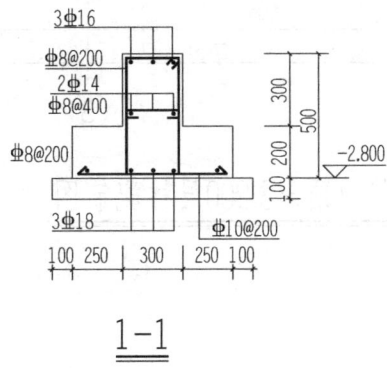

3Φ16
Φ8@200
2Φ14
Φ8@400
Φ8@200
3Φ18
Φ10@200
−2.800
100 250 300 250 100

1-1

DL-1

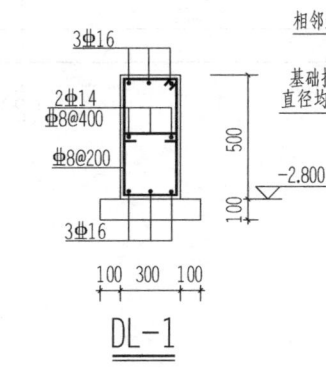

3Φ16
2Φ14
Φ8@400
Φ8@200
3Φ16
−2.800
100 300 100

DL-1

框架柱预埋插筋大样

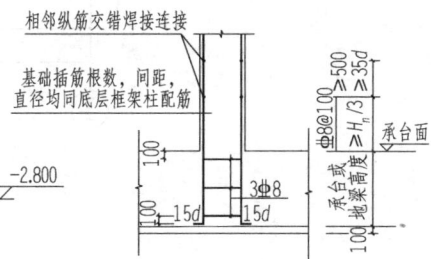

相邻纵筋交错焊接连接
基础插筋根数、间距、直径均同底层框架柱配筋
Φ8@100 ≥500
Φ8@100 ≥Hn/3 ≥35d
承台面
3Φ8
15d
承台或地梁高度

框架柱预埋插筋大样

注：Hn为所在楼层的柱净高。

独立基础详情

基础	B	L	h	H	a	b	①号筋	②号筋
JC1	2200	2200	250	500	见柱平面	见柱平面	Φ12@150	Φ12@150
JC2	1800	1800	250	500	见柱平面	见柱平面	Φ12@150	Φ12@150

注：基础长度大于或等于2500，钢筋长度取0.9倍边长，并且交错布置。

单位出图专用章	执业资格专用章	××市规划建筑设计院		工程名称	某门卫消控室	工程号	
		审 定	设 计	项 目		日 期	
		审 核	计 算	图 名	基础平面图及详图	图 别	结施
		项目负责	校 对			图 号	03

11

KZ1
500×500
12Φ16
Φ8@100/200

500

500

27600

8400　8400　8400　2400

(基础顶~4.100)

(基础顶~4.300)

⑴ ⑵ ⑶ ⑷ ⑸

Ⓑ

KZ1　KZ1　KZ1　KZ1　KZ1

380 120　380 120　380 120　380 120 380 120

120 380　250 250　250 250　380 120 380 120

7200

(基础顶~4.100) (基础顶~4.300)

7200

Ⓐ

380　380　380　380 380

120 120　250 250　250 250　380 120 380 120

KZ1　KZ1　KZ1　KZ1　KZ1

8400　8400　8400　2400

27600

⑴ ⑵ ⑶ ⑷ ⑸

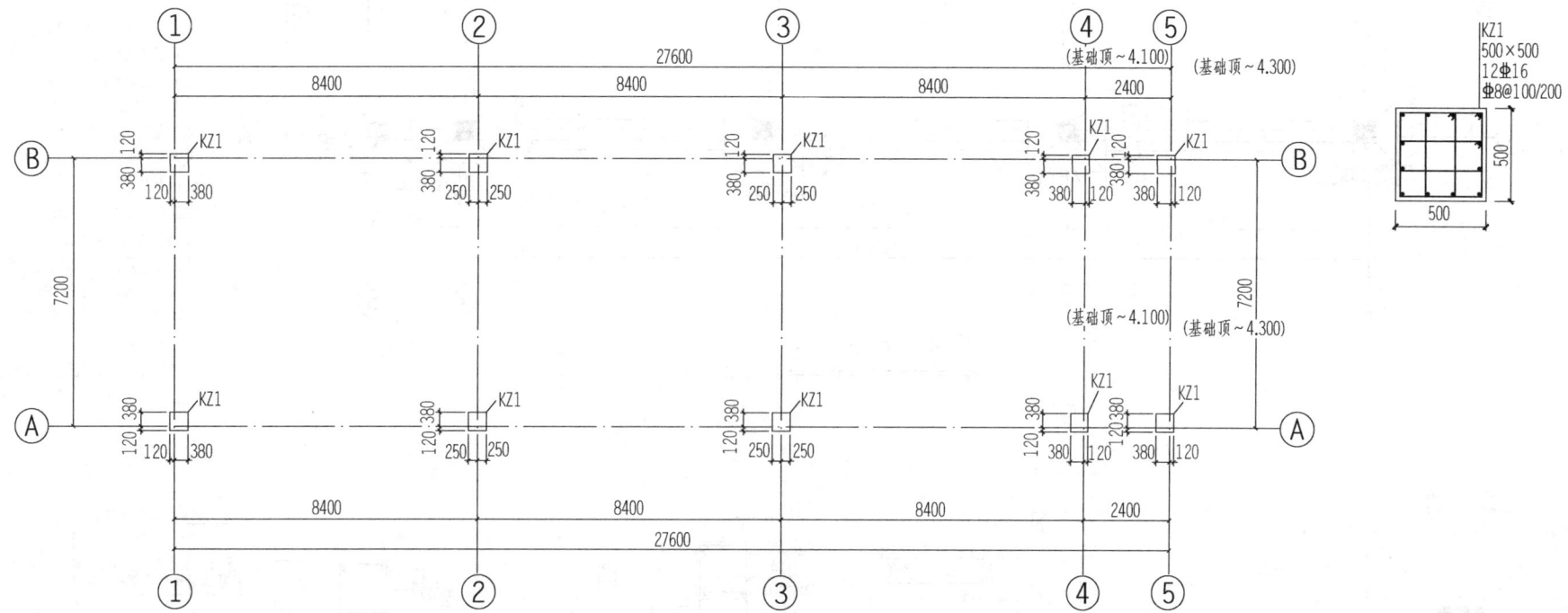

基础顶~3.900层柱配筋图
1:100

注：1.柱箍筋加密区段及箍筋加密间距见平法图集22G101-1，柱筋搭接详见平法图集22G101-1四级抗震等级。
2.楼梯、雨篷梁与框架柱相交形成短柱，当柱净高H_n<4h(h为柱截面高度)时，箍筋全高加密，箍筋直径小于10的改为10，箍筋间距改为100。
3.柱子尺寸线未标注或只标注一侧的，均按轴线居中布置。
4.未布置构造柱均按结构设计总说明设置。
5.混凝土强度等级为C30。

单位出图专用章	执业资格专用章	××市规划建筑设计院		工程名称	某门卫消控室	工程号	
		审　定	设　计	项　目		日　期	
		审　校	计　算	图　名	基础顶~3.900层柱配筋图	图别	结施
		项目负责	校　对			图号	04

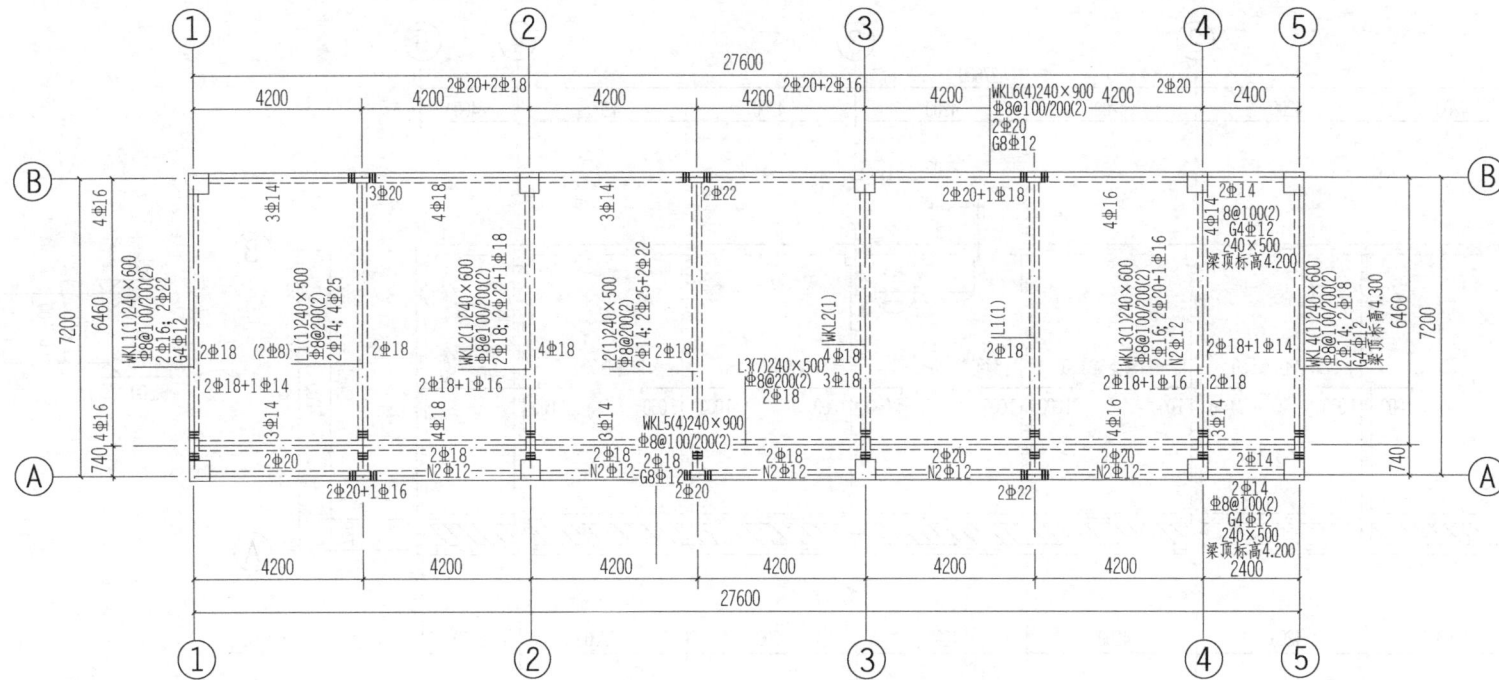

3.900层梁平法施工图
1:120

注：1.当次梁搁置在主梁上时，则在主梁上另设附加箍筋。
每侧各三根，间距50，直径同主梁箍筋，吊筋为2Φ12。
2.梁偏位未注明的按轴线居中布置。
3.混凝土强度等级为C30。
4.梁定位不明处详见板图。

单位出图专用章	执业资格专用章	××市规划建筑设计院		工程名称	某门卫消控室	工程号	
		审 定	设 计	项 目		日 期	
		审 核	计 算	图 名	3.900层梁平法施工图	图 别	结施
		项目负责	校 对			图 号	05

3.900层板配筋图 1:100

① 1:20

注：1.未注明板厚均为120mm。
2.板配筋：Φ8@150双层双向拉通布置。
3.▨▨▨区域降板300mm。
4.水、电管道井等管线安装就位后浇筑。
5.混凝土强度等级为C30。

单位出图专用章 | 执业资格专用章 | ××市规划建筑设计院 | 工程名称 | 某门卫消控室 | 工程号

审 定 | 设 计 | 项 目 | 日 期
审 核 | 计 算 | 图 别 | 结施
项目负责 | 校 对 | 图 名 | 3.900层板配筋图 | 图 号 | 06

14

工程量计算表(门卫消控室)目录

工程名称:门卫消控室

1.3　工程量计算表(门卫消控室)

表 1.3.1

序号	计算内容	计算过程
1	平整场地	$S_{平整场地} = S_{底} + 2m \times L_{外} + 16m^2$ $= (27.6 + 0.24) \times (7.20 + 0.24) + 2 \times (27.84 + 7.44) \times 2 + 16 = 364.25m^2$ 清单工程量计算:$S = (27.6 + 0.24) \times (7.20 + 0.24) = 207.13m^2$
2	基坑土方	交付施工地面相对标高:$-0.75m$ 挖土深度:$H = 2.9 - 0.75 = 2.15m$ 放坡系数:人工挖土,三类土 $K = 0.33$ 工作面:$C = 0.3m$ ②、③轴 JC1:$V = (a + 2c + KH)(b + 2c + KH)H + K^2H^3/3$ $= [(2.4 + 2 \times 0.3 + 0.33 \times 2.15)^2 \times 2.15 + 0.33^2 \times 2.15^3/3] \times 4 = 29.95 \times 4 = 119.80m^3$ ①轴 JC2:$V = (a + 2c + KH)(b + 2c + KH)H + K^2H^3/3$ $= [(2 + 2 \times 0.3 + 0.33 \times 2.15)^2 \times 2.15 + 0.33^2 \times 2.150^3/3] \times 2 = 23.91 \times 2 = 47.82m^3$ ④、⑤轴 JC2:$V = (a + 2c + KH)(b + 2c + KH)H + K^2H^3/3$ $= [(2.4 + 1.03 + 0.77 + 0.2 + 2 \times 0.3 + 0.33 \times 2.15 \times (2 + 2 \times 0.3 + 0.33 \times 2.15) \times 2.15 + 0.33^2 \times 2.150^3/3] \times 2 = 40.98 \times 2 = 81.97m^3$ 以上汇总:$V_{总} = \sum V = 119.8 + 47.82 + 81.87 = 249.49m^3$
3	基槽工程量	挖土深度:$H = 2.9 - 0.75 = 2.15m$ 放坡系数:人工挖土,三类土 $K = 0.33$ 工作面:$C = 0.3m$ 条形基础 1-1 剖:$V = (a + 2c + KH)HL$ $= (1 + 2 \times 0.3 + 0.33 \times 2.15) \times 2.15 \times [(27.600 - 1.13 - 2.4 \times 2 - 2 - 1.13] \times 2 + (7.2 - 1.330 \times 2) + (7.2 - 1.13 \times 2) \times 2]$ $= 255.72m^3$ 基础梁 DL1②、⑤轴:$V = (a + 2c + KH)HL$ $= [(0.5 + 2 \times 0.3 + 0.33 \times 2.15) \times 2.15 \times (7.2 - 1.130 - 1.130)] \times 2 = 38.44m^3$ 以上汇总:$V_{总} = \sum V = 255.72 + 38.44 = 294.16m^3$
4	土方回填	1.基槽基坑回填: 定额工程量 = 定额土方工程量 − 交付施工地坪以下的构件(垫层、基础、砌体等) $= 249.49 − 垫层 − 独立基础 − 条形基础 − 基础梁 − 交付地坪以下砖基础 − 交付地坪下柱$ $= 249.49 − 10.32 − 14.21 − 13.21 − 1.42 − 28.44 − 3.88 = 178.01m^3$ 2.室内回填: 消控室回填厚度:$H = 0.75 − 0.08 − 0.1 − 0.03 = 0.54m$ 门卫室、门廊回填厚度:$H = 0.75 − 0.08 − 0.1 − 0.02 − 0.02 − 0.01 = 0.52m$ 定额工程量 = 主墙间面积×回填厚度 $= (8.4 \times 2 − 0.24) \times (7.2 − 0.24) \times 0.54 + (8.4 + 2.4 − 0.24 − 0.24) \times (7.2 − 0.24) \times 0.52 = 99.59m^3$
5	余土外运	土方外运工程量 = 挖土总量 − 回填总量 $= 249.49 − 178.01 = 71.48m^3$

16

序号	计算内容	计算过程
1	混凝土垫层	独立基础 JC1 垫层:$V = 2.4 \times 2.4 \times 0.1 \times 4 = 2.30\text{m}^3$ 独立基础 JC2 垫层:$V = 2 \times 2 \times 0.1 \times 6 = 2.40\text{m}^3$ 条形基础垫层:$V = \left[(27.600 - 1.13 - 2.4 \times 2 - 2 - 1.13) \times 2 + (7.2 - 1.330 \times 2) + (7.2 - 1.13 \times 2) \times 2 \right] \times 1 \times 0.1 = 5.15\text{m}^3$ 地梁垫层:$V = 0.5 \times 0.1 \times \left[(7.2 - 1.33 \times 2) + (7.2 - 1.13 \times 2) \right] = 0.474\text{m}^3$ 基础垫层体积汇总:$\sum V = 2.30 + 2.40 + 5.15 + 0.474 = 10.32\text{m}^3$ 地面垫层:$V = $ 面积 × 厚度 $\quad = \left[(8.4 - 0.24) \times (7.2 - 0.24) + (8.4 - 0.24) \times (7.2 - 0.24) + (2.4 - 0.24) \times (7.2 - 0.24) \right] \times 0.15 = 19.29\text{m}^3$
2	混凝土独立基础	棱台:$V = H[AB + ab + (A + a)(B + b)]/6$ JC1:$V = \{2.2 \times 2.2 \times 0.25 + 0.25/6 \times [2.2 \times 2.2 + (0.6 + 2.2)(0.6 + 2.2) + 0.6 \times 0.6]\} \times 4 = 7.01\text{m}^3$ JC2:$V = \{1.8 \times 1.8 \times 0.25 + 0.25/6 \times [1.8 \times 1.8 + (0.6 + 1.8)(0.6 + 1.8) + 0.6 \times 0.6]\} \times 6 = 7.2\text{m}^3$ 以上汇总:$\sum V = 7.01 + 7.2 = 14.21\text{m}^3$
3	条形基础	条形基础长度:$L = (27.6 - 1.13 - 2.4 \times 2 - 2 - 1.13) \times 2 + (7.2 - 1.13 \times 2) \times 2 + 7.2 - 1.33 = 52.83\text{m}$ 条形基础断面:$S = 0.2 \times 0.8 + 0.3 \times 0.3 = 0.25\text{m}^2$ 条形基础与独立基础 JC1 的搭接:$V = 0.25 \times 0.3 \times (2.2/2 - 0.25 - 0.05) \times 0.5 \times 10 = 0.3$ 条形基础与独立基础 JC2 的搭接:$V = 0.25 \times 0.3 \times (1.8/2 - 0.25 - 0.05) \times 0.5 \times 12 = 0.27$ 条形基础体积汇总:$\sum V = 52.83 \times 0.25 + 0.3 + 0.27 = 13.78\text{m}^3$
4	基础梁	基础梁体积:$V = (7.2 - 1.33 \times 2 + 7.2 - 1.13 \times 2) \times 0.5 \times 0.3 = 1.42\text{m}^3$ 搭接部分:$V = 0.25 \times 0.3 \times (2.2/2 - 0.25 - 0.05) \times 0.5 \times 2 + 0.25 \times 0.3 \times (1.8/2 - 0.25 - 0.05) \times 0.5 \times 2 = 0.11\text{m}^3$ 基础梁体积汇总:$\sum V = 1.42 + 0.11 = 1.53\text{m}^3$
5	矩形柱	柱高 $H = $ 基础顶到屋顶的高度 ①~③柱 KZ1:$V = $ 柱长 × 柱宽 × 柱高 $= 0.5 \times 0.5 \times (3.9 + 2.3) \times 6 = 1.55 \times 6 = 9.3\text{m}^3$ ④轴 KZ1:$V = 0.5 \times 0.5 \times (4.1 + 2.3) \times 2 = 1.6 \times 2 = 3.2\text{m}^3$ ⑤轴 KZ1:$V = 0.5 \times 0.5 \times (4.3 + 2.3) \times 2 = 1.65 \times 2 = 3.3\text{m}^3$ 矩形柱混凝土体积汇总:$\sum V = 9.3 + 3.2 + 3.3 = 15.80\text{m}^3$ -0.75 标高以下柱:$V = 0.5 \times 0.5 \times (2.3 - 0.75) \times 10 = 3.88\text{m}^3$
6	构造柱	一层Ⓐ轴、Ⓑ轴处:$V = 0.24 \times (0.24 + 0.03 \times 2) \times (3.9 - 0.9) \times 6 = 0.216 \times 6 = 1.30$ ①、②、③、④轴处:$V = 0.24 \times (0.24 + 0.03 \times 2) \times (3.9 - 0.6) \times 4 = 0.2376 \times 4 = 0.95$ 基础层:$V = 0.24 \times (0.24 + 0.03 \times 2) \times (2.8 - 0.5) \times 10 = 0.1656 \times 10 = 1.66$ 女儿墙共 26 个构造柱:$V = 0.24 \times 0.24 \times (0.9 - 0.1) \times 26 + 0.03 \times 0.24 \times (0.9 - 0.1) \times 26 \times 2 = 1.50$ 以上汇总:$\sum V = 1.30 + 0.95 + 1.66 + 1.50 = 5.41\text{m}^3$

序号	计算内容	计算过程
7	矩形梁	3.9标高处: Ⓐ轴 KL5(4):$V=$梁长×梁宽×梁高$=(27.600-0.38-1.5-0.38)\times0.24\times0.9=5.47m^3$ Ⓐ轴~Ⓑ轴 L3(7):$V=(27.600-0.12-0.12-0.24-0.24-0.24-0.24-0.24-0.24)\times0.24\times0.5=3.11m^3$ Ⓑ轴 KL6(4):$V=(27.600-0.38-1.5-0.38)\times0.24\times0.9=5.47m^3$ ①轴 WKL1(1):$V=(7.200-0.38-0.38)\times0.24\times0.6=0.93m^3$ ①、②轴 L1(1):$V=(7.200-0.12-0.12)\times0.24\times0.5=0.83m^3$ ②轴 WKL2(1):$V=(7.200-0.38-0.38)\times0.24\times0.6=0.93m^3$ ②、③轴 L2(1):$V=(7.200-0.12-0.12)\times0.24\times0.5=0.83m^3$ ③轴 WKL2(1):$V=(7.200-0.38-0.38)\times0.24\times0.6=0.93m^3$ ③、④轴 L1(1):$V=(7.200-0.12-0.12)\times0.24\times0.5=0.83m^3$ ④轴 WKL3(1):$V=(7.200-0.38-0.38)\times0.24\times0.6=0.93m^3$ ⑤轴 WKL4(1):$V=(7.200-0.38-0.38)\times0.24\times0.6=0.93m^3$ 矩形梁体积汇总:$\sum V=5.47+3.11+5.47+0.93+0.83+0.93+0.83+0.93+0.83+0.93+0.93=22.02m^3$
8	圈梁(窗台处)	$V=[(8.4\times3-0.38\times2-0.5\times2)\times2+(7.2-0.38\times2)\times3-1.5\times3]\times0.12\times0.24=1.78m^3$
9	过梁	LPM1530、M1 上面过梁:$V=(1.5+0.25\times2)\times0.12\times0.24\times3=0.1728m^3$ LTC3021 上面过梁:$V=(3+0.25\times2)\times0.24\times0.24=0.2016m^3$ 以上汇总:$\sum V=0.1728+0.2016=0.37m^3$
10	女儿墙压顶	$V=(27.6\times2+7.2\times2)\times0.24\times0.12=2.0m^3$
11	现浇板	板厚 $H=120mm$ $V=$面积×板厚 $=[(4.2-0.24)\times(6.46-0.24)\times6+(2.4-0.24)\times(6.46-0.24)+(4.2-0.24)\times(0.74-0.24)\times6+(2.4-0.24)\times(0.74-0.24)]\times0.12=20.90m^3$
12	雨篷	$V=$平板+侧边$=0.9\times2\times0.1+(2.1+0.8\times2)\times0.2\times0.1=0.254m^3$

工程量计算表(砌筑工程)

表 1.3.3

序号	计算内容	计算过程
1	砖基础	砖基础长:$L=(27.6-0.38\times2-0.5\times3)\times2+(7.2-0.38\times2)\times4=76.44m$ 砖基础高度:$H=2.8-0.5=2.3m$ 面积:$S=76.44\times2.3=175.81m^2$ 应扣构造柱体积:$V=0.3\times0.24\times2.3\times19=3.15m^3$ 砖基础体积:$V=76.44\times2.3\times0.24-3.15=42.20-3.15=39.05m^3$ 室外地坪以下砖基础(包括构造柱):$V=76.44\times(2.3-0.75)\times0.24=28.44m^3$ 平面防水砂浆:$S=76.24\times0.24=18.30m^2$ 立面防水砂浆:$S=76.24\times2.3\times2=350.70m^2$

序号	计算内容	计算过程
2	砖墙	墙体工程量计算公式：$V = ($墙高×墙长$-$应扣面积$)×$墙厚$+$应增加体积$-$应扣体积 $S =$ 墙高×墙长 $\quad = (27.6-0.38×2-0.5×3)×(3.9-0.9)×2+(7.2-0.38×2)×(3.9-0.6)×3 = 154.82\text{m}^2$ 应扣门窗洞面积：$S = 53.10\text{m}^3$ 应扣构造柱体积：$V = 2.59+1.43 = 4.02\text{m}^3$ 应扣圈梁体积：$V = 1.78\text{m}^3$ 应扣过梁体积：$V = 0.37\text{m}^3$ 砖墙体积：$V = (154.82-53.10)×0.24-4.02-1.78-0.37 = 18.24\text{m}^3$
3	屋面女儿墙	$V = (27.6×2+7.2×2)×(0.9-0.1)×0.24-$应扣构造柱$= 13.36-1.5 = 11.86\text{m}^3$
4	地面碎石垫层	$V =$ 面积×厚度 $\quad = [(8.4×2-0.24)×(7.2-0.24)+(8.4-0.24)×(7.2-0.24)+(2.4-0.24)×(7.2-0.24)]×0.08 = 14.97\text{m}^3$

工程量计算表(门窗工程)　　　　　　　　　　　　　　　　　　　　　　表 1.3.4

序号	计算内容	计算过程
1	铝合金推拉窗	$S = 1.5×2.1×11+3×2.1 = 40.95\text{m}^2$
2	铝合金平开门	LPM1530：$S = 1.5×3×2 = 9\text{m}^2$
3	无亮胶合板门	M1：$S = 1.5×2.1 = 3.15\text{m}^2$

工程量计算表(屋面及防水)　　　　　　　　　　　　　　　　　　　　　表 1.3.5

序号	计算内容	计算过程
1	承台、基础梁表面聚合物水泥砂浆	承台 JC1：$S = (2.2×4×0.25+2.2×2.2)×4 = 28.16\text{m}^2$ 承台 JC2：$S = (1.8×4×0.25+1.8×1.8)×6 = 30.24\text{m}^2$ 基础梁：$S = (7.2-1.33×2+7.2-1.13×2)×(0.3+0.5×2) = 12.32\text{m}^2$ 合计：$\sum S = 28.16+30.24+12.32 = 70.72\text{m}^2$
2	砖基础平面防潮层	平面防水砂浆：$S = 76.24×0.24 = 18.30\text{m}^2$
3	砖基础立面防水砂浆	立面防水砂浆：$S = 76.24×2.3×2 = 350.70\text{m}^2$
4	屋面 50 厚 C30 防水细石混凝土	$S = (27.6-0.24)×(7.2-0.24-0.5) = 176.75\text{m}^2$
5	屋面分仓缝	$L = 27.6-0.24+(7.2-0.24-0.5)×6 = 66.12\text{m}$

序号	计算内容	计算过程
6	无纺布隔离层	$S = (27.6 - 0.24) \times (7.2 - 0.24 - 0.5) = 176.75 \text{m}^2$
7	SBS 防水卷材	1. 屋面： 平面：$S = (7.2 - 0.24) \times (27.6 - 0.24) = 190.43 \text{m}^2$ 檐口侧边：$S = 0.3 \times (27.6 - 0.24 - 0.24 \times 6) \times 2 = 15.56 \text{m}^2$ 女儿墙侧边：$S = [(27.6 - 0.24) \times 2 + (7.2 - 0.24 \times 2)] \times 0.5 = 30.72 \text{m}^2$ 防水附加层：$S = (0.25 + 0.25 + 0.3) \times (27.6 - 0.24 - 0.24 \times 6) + (0.24 + 0.3 \times 2) \times 2 \times 0.3 \times 6(\text{檐沟处}) + 27.6 - 0.24 + (7.2 - 0.24 + 0.3 \times 2) \times 2(\text{女儿墙}) = 64.43 \text{m}^2$ 以上汇总：$\sum S = 190.43 + 15.56 + 30.72 + 64.43 = 301.14 \text{m}^2$ 2. 雨篷： 平面：$S = 1.9 \times 0.8 = 1.52 \text{m}^2$ 侧面：$S = (0.8 \times 2 + 1.9) \times 0.3 + 1.9 \times 0.41 = 1.83 \text{m}^2$ 附加层：$S = (0.8 \times 2 + 1.9 \times 2) \times 0.25 = 1.35 \text{m}^2$
8	涂膜防水	屋面：$S = 190.43 + 15.56 + 30.72 = 236.71 \text{m}^2$ 雨篷：$S = 1.52 + 1.83 = 3.35 \text{m}^2$
9	20 厚水泥砂浆找平层	屋面：$S = 190.43 + 15.56 + 30.72 = 236.71 \text{m}^2$ 雨篷：$S = 1.9 \times 0.8 = 1.52$

工程量计算表(保温、隔热、防腐工程)　　　　表 1.3.6

序号	计算内容	计算过程
1	60 厚挤塑聚苯板	$S = (27.6 - 0.24) \times (7.2 - 0.24 - 0.5) = 176.75 \text{m}^2$
2	轻集料混凝土找坡	1. 屋面： 按坡度 2%：$H_1 = 6460 \times 2/100 = 129.2 \text{mm}$ 平均厚度：$(30 + 30 + 129.2)/2 = 95 \text{mm}$ $V = (27.6 - 0.24) \times (7.2 - 0.24 - 0.3) \times 0.095 = 17.31 \text{m}^3$ 2. 檐沟： $V = (27.6 - 0.24 \times 7) \times 0.5 \times 0.05 = 0.648 \text{m}^3$ 3. 雨篷： $V = 0.8 \times 1.9 \times 0.05 = 0.076 \text{m}^3$

工程量计算表(楼地面工程)　　　　表 1.3.7

序号	计算内容	计算过程
1	80 厚碎石垫层	$V = V_{消控室地面} + V_{门卫} + V_{走廊}$ $= (8.4 \times 2 - 0.24) \times (7.2 - 0.24) \times 0.08 + (8.4 - 0.24) \times (7.2 - 0.24) \times 0.08 + (2.4 - 0.24) \times (7.2 - 0.24) \times 0.08 = 14.97 \text{m}^3$

序号	计算内容	计算过程
2	100 厚 C15 混凝土垫层	$V = V_{消控室地面} + V_{门卫} + V_{走廊}$ $= (8.4 \times 2 - 0.24) \times (7.2 - 0.24) \times 0.1 + (8.4 - 0.24) \times (7.2 - 0.24) \times 0.1 + (2.4 - 0.24) \times (7.2 - 0.24) \times 0.1 = 19.29\text{m}^3$
3	30 厚细石混凝土随捣随抹	$S = S_{消控室地面}$ $= (8.4 \times 2 - 0.24) \times (7.2 - 0.24) = 115.26\text{m}^2$
4	地砖地面	$S = (8.4 - 0.24) \times (7.2 - 0.24) + (7.2 + 0.24) \times 2.4 + 1.5 \times 0.24 \times 2 - 0.13 \times 0.26 \times 2 - 0.26 \times 0.26 \times 2 - 0.5 \times 0.5 \times 2 = 74.73\text{m}^2$
5	砂浆找平层	$S = (8.4 - 0.24) \times (7.2 - 0.24) + (7.2 + 0.24) \times 2.4 = 74.65\text{m}^2$
6	干混砂浆踢脚线	$S = [(8.4 \times 2 - 0.24) \times 2 + (7.2 - 0.24) \times 2 - 扣门洞宽(1.5 \times 2 - 0.26 \times 2) + 门洞侧边(0.24 - 0.09) \times 2 + 中柱侧边(0.26 \times 4)] \times 0.1$ $= 4.59\text{m}^2$
7	地砖踢脚线	门框按 90 厚 门卫室:$S = [8.4 - 0.24 + 7.2 - 0.24 - 门洞 1.5 \times 2 + 门洞侧边(0.24 - 0.09) \times 2] \times 0.1 = 1.24\text{m}^2$ 走廊处:$S = [7.2 + 0.24 - 门洞 1.5 + 门洞侧边(0.24 - 0.09) \times 2 + 柱侧边(0.5 \times 4)] \times 0.1 = 0.82\text{m}^2$ 合计:$\sum S = 1.24 + 0.82 = 2.06\text{m}^2$

工程量计算表(墙柱面工程)

表 1.3.8

序号	计算内容	计算过程
1	内墙抹灰	外墙内侧:$S = (27.6 - 0.24 \times 2) \times (3.9 - 0.12) \times 2 + (7.2 - 0.24) \times (3.9 - 0.12) \times 2 = 257.64\text{m}^2$ 扣外墙门窗洞面积:$S = 40.9 + 9 = 49.9\text{m}^2$ ③轴内墙:$S = [(7.2 - 0.24) \times (3.9 - 0.12) - 3.15] \times 2 = 46.32\text{m}^2$ 增加柱侧面抹灰:$S = (0.26 \times 4) \times (3.9 - 0.12) = 3.63\text{m}^2$ 内墙抹灰面积汇总:$\sum S = 257.65 - 49.90 + 46.32 + 3.63 = 257.70\text{m}^2$
2	外墙抹灰	$S = 墙高 \times 墙长$ $= [(27.6 + 0.24) \times 2 + (7.2 + 0.24) \times 2] \times 3.9 = 275.18\text{m}^2$ 扣门窗洞面积:$S = 40.9 + 9 = 49.9\text{m}^2$ 外墙抹灰面积:$S = 275.18 - 49.9 = 225.28\text{m}^2$
3	女儿墙抹灰	女儿墙(包括内外侧及顶面):$S = (27.6 \times 2 + 7.2 \times 2) \times (0.9 \times 2 + 0.24) = 141.98\text{m}^2$
4	柱梁抹灰	⑤轴柱:$S = 0.5 \times 4 \times (3.9 - 0.12) \times 2 = 15.12\text{m}^2$
5	雨篷侧面抹灰	$S = 雨篷侧边中心线长 \times 内外侧及顶面长度和$ $= (0.9 \times 2 + 2) \times (0.3 + 0.2 + 0.1 + 0.03) = 2.39\text{m}^2$ 滴水线处按 30mm 计入

工程量计算表(天棚工程)

表 1.3.9

序号	计算内容	计算过程
1	天棚抹灰	平面：$S=(8.4\times2-0.24)\times(7.2-0.24)+(8.4-0.24)\times(7.2-0.24)=172.05\text{m}^2$ 梁侧面：$S=(7.2-0.24-0.24)\times0.4\times2\times6+(27.6-0.24\times7)\times0.4\times2=52.99\text{m}^2$ 天棚抹灰汇总：$\sum S=172.05+52.99=225.04\text{m}^2$

工程量计算表(油漆涂料)

表 1.3.10

序号	计算内容	计算过程
1	内墙涂料	应加窗洞侧壁(窗框按80厚)：$S=(1.5\times2+2.1\times2)\times9\times0.08=5.18\text{m}^2$ 应加门洞侧壁(门框按90厚)：$S=(1.5+3+3+1.5+2.1+2.1)\times(0.24-0.09)=1.98\text{m}^2$ 应扣踢脚线：$S=4.59+1.24=5.83\text{m}^2$ 应扣梁与墙交接处面积：$S=0.24\times0.38\times8=0.73\text{m}^2$ 内墙涂料汇总：$\sum S=S_{内墙抹灰面积}+S_{门窗洞侧面}-S_{踢脚线}-S_{构件交接处}=257.70+5.18+1.98-5.83-0.73=258.30\text{m}^2$
2	外墙涂料	墙面抹灰：$S=[(27.6+0.24)\times2+(7.2+0.24)\times2]\times(3.9+0.25)+2.48\times0.25\times2=292.82\text{m}^2$ 应加门窗洞侧壁：$S=(1.5\times2+2.1\times2)\times9\times0.08+(1.5+3+3)\times(0.24-0.09)=6.31\text{m}^2$ 女儿墙：$S=(27.6\times2+7.2\times2)\times(0.9\times2+0.24)=141.98\text{m}^2$ 雨篷侧面：$S=(0.9\times2+2)\times(0.3+0.2+0.1+0.03)=2.39\text{m}^2$ 独立柱：$S=0.5\times4\times(3.9-0.12)\times2-0.24\times0.38\times2-0.5\times0.1\times2=15.12\text{m}^2$ 扣门窗面积：$S=40.9+9=49.9\text{m}^2$ 应扣走廊踢脚线：$S=(7.2+0.24)\times0.1=0.74\text{m}^2$ 外墙涂料汇总：$\sum S=292.82+6.31+141.98+2.39+15.12-49.9-0.74=407.98\text{m}^2$
3	天棚涂料	$S=225.04\text{m}^2$
4	木门调和漆	$S=3.15\text{m}^2$
5	雨篷底面涂料	$S=0.9\times2.1=1.89\text{m}^2$

工程量计算表(附属工程)

表 1.3.11

序号	计算内容	计算过程
1	墙脚护坡	$S=外墙中心线长度\times散水宽=(27.6\times2+7.2\times2)\times0.6=41.76\text{m}^2$
2	坡道	$S=3\times1.2=3.6\text{m}^2$

工程量计算表(脚手架、垂直运输)

表 1.3.12

序号	计算内容	计算过程
1	综合脚手架	$S=(27.6+0.24)\times(7.2+0.24)=207.13\text{m}^2$
2	满堂脚手架	$S=(8.4\times2-0.24)\times(7.2-0.24)+(8.4-0.24)\times(7.2-0.24)+(2.4-0.12+0.25)\times(7.2+0.24)=190.87\text{m}^2$
3	垂直运输	$S=(27.6+0.24)\times(7.2+0.24)=207.13\text{m}^2$

1.4 编制说明(门卫消控室)

编 制 说 明

编 制 说 明

一、工程名称: 门卫消控室工程

二、工程地点: ××××市区

三、编制范围及内容: 门卫消控室工程土建及室内装饰。

四、计价方式: 采用综合单价(定额计价)方式进行计价。

五、编制依据及口径:

(一)工程量:根据建设单位提供的施工图。

(二)定额套用:《浙江省建筑工程预算定额》(2018 版)、《浙江省建设工程计价规则》(2018 版)、《浙江省建设工程施工机械台班费用定额》(2018 版)及浙江省有关补充规定。

(三)费用计取:

1. 企业管理费、利润按房屋建筑与装修工程中值计取,风险金暂不计取。

2. 施工组织措施费仅计取安全文明施工基本费,安全文明施工基本费按"市区工程"中值计取。

3. 规费按相应专业工程规费费率计取。

(四)所选用材料及人工的计价依据:

人工、材料、机械单价按《浙江省建筑工程预算定额》(2018 版)定额基期价格,暂不调整。

六、其他说明:

1. 本工程的工程质量为合格,工期按正常施工工期考虑。

2. 土方采用机械开挖,原土回填,余土外运 5km。

3. 本工程不考虑设置垂直运输机械。

1.5 工程计价表(门卫消控室)

工程名称:门卫消控室

序号	名称	计算公式	金额(元)	备注
1	分部分项工程费	Σ(分部分项工程数量×综合单价)	364547.39	
1.1	其中:人工费+机械费	Σ分部分项(人工费+机械费)	95391.61	
2	措施项目费	2.1+2.2	61834.4	
2.1	施工技术措施项目	Σ(技术措施工程数量×综合单价)	48319.16	
2.1.1	其中:人工费+机械费	Σ技措项目(人工费+机械费)	28035.24	
2.2	施工组织措施项目	按实际发生项之和进行计算	13515.24	
2.2.1	其中:安全文明施工基本费		13515.24	
3	其他项目费	3.1+3.2+3.3+3.4		
3.1	暂列金额	3.1.1+3.1.2+3.1.3		
3.1.1	标化工地增加费	按招标文件规定额度列计		
3.1.2	优质工程增加费	按招标文件规定额度列计		
3.1.3	其他暂列金额	按招标文件规定额度列计		
3.2	暂估价	3.2.1+3.2.2+3.2.3		
3.2.1	材料(工程设备)暂估价	按招标文件规定额度列计(或计入综合单价)		
3.2.2	专业工程暂估价	按招标文件规定额度列计		
3.2.3	专项技术措施暂估价	按招标文件规定额度列计		
3.3	计日工	Σ计日工(暂估数量×综合单价)		
3.4	施工总承包服务费	3.4.1+3.4.2		
3.4.1	专业发包工程管理费	Σ专业发包工程(暂估金额×费率)		
3.4.2	甲供材料设备管理费	甲供材料暂估金额×费率+甲供设备暂估金额		
4	规费	计算基数×费率	31819.44	
5	增值税	计算基数×费率	41238.11	
	投标报价合计	1+2+3+4+5	499439.34	

工程名称:门卫消控室

清单序号	项目编码(定额编码)	清单(定额)项目名称	计量单位	数量	综合单价(元)						合计(元)
					人工费	材料(设备)费	机械费	管理费	利润	小计	
		土石方工程									
1	1-76	平整场地,机械	1000m²	0.36425	70		344.75	68.72	33.59	517.06	188.34
2	1-21	挖掘机挖槽坑土方,不装车,三类土	100m³	2.4949	265.13		232.85	82.52	40.34	620.84	1548.93
3	1-21	挖掘机挖槽坑土方,不装车,三类土	100m³	2.9416	265.13		232.85	82.52	40.34	620.84	1826.26
4	1-36	挖掘机装车土方	100m³	0.7138	48		239.86	47.7	23.32	358.88	256.17
5	1-39 换	自卸汽车运土方,运距1000m以内,实际运距(km):5	100m³	0.7138	32.5		1150.98	196.1	95.86	1475.44	1053.17
6	1-80	人工就地回填土,夯实	100m³	1.7801	1172.5		50.99	202.73	99.1	1525.32	2715.22
7	1-80	人工就地回填土,夯实	100m³	0.9959	1172.5		50.99	202.73	99.1	1525.32	1519.07
		砌筑工程									
8	4-1 换	混凝土实心砖基础,墙厚1砖换为【水泥砂浆M10.0】	10m³	3.905	1170.26	2564.52	59.62	203.79	99.62	4097.81	16001.95
9	4-41 换	非黏土烧结多孔砖,墙厚1砖换为【混合砂浆M5.0】	10m³	3.01	1180.17	2502.1	49	203.67	99.56	4034.5	12143.85
		混凝土及钢筋混凝土工程									
10	5-1	现浇混凝土,垫层	10m³	1.029	408.78	4087.85	6.87	68.87	33.67	4606.04	4739.62
11	5-3	现浇混凝土,基础混凝土	10m³	1.421	240.44	4673.58	2.53	40.26	19.68	4976.49	7071.59
12	5-3	现浇混凝土,基础混凝土	10m³	1.378	240.44	4673.58	2.53	40.26	19.68	4976.49	6857.6
13	5-8	现浇混凝土,基础梁	10m³	0.1587	271.62	4699.12	4.21	45.71	22.34	5043	800.32
14	5-6	现浇混凝土,矩形柱、异形柱、圆形柱	10m³	1.58	876.15	4703.85	4.21	145.88	71.31	5801.4	9166.21
15	5-7 换	现浇混凝土,构造柱,换为【非泵送商品混凝土C20】	10m³	0.541	1486.76	4170.95	6.36	247.41	120.94	6032.42	3263.54
16	5-9	现浇混凝土,矩形梁、异形梁、弧形梁	10m³	2.202	366.53	4698.24	4.21	61.43	30.03	5160.44	11363.29
17	5-10 换	现浇混凝土,圈梁,换为【非泵送商品混凝土C20】	10m³	0.178	997.52	4236.62	6.36	166.34	81.31	5488.15	976.89
18	5-10 换	现浇混凝土,过梁,换为【非泵送商品混凝土C20】	10m³	0.037	997.52	4236.62	6.36	166.34	81.31	5488.15	203.06
19	5-16	现浇混凝土,平板	10m³	2.09	423.09	4740.88	7.83	71.4	34.9	5278.1	11031.23
20	5-22	现浇混凝土,雨篷	10m³	0.0254	707.94	4769.53	6.2	118.33	57.85	5659.85	143.76
21	5-27 换	现浇混凝土,扶手、压顶,换为【泵送商品混凝土C20】	10m³	0.2	1435.86	4465.66	6.36	238.98	116.82	6263.68	1252.74
22	5-36	现浇构件圆钢筋 HPB300,直径10mm以内	t	0.505	666.9	4120.67	23.4	114.38	55.91	4981.26	2515.54

清单序号	项目编码(定额编码)	清单(定额)项目名称	计量单位	数量	综合单价(元)						合计(元)
					人工费	材料(设备)费	机械费	管理费	利润	小计	
23	5-38	现浇构件带肋钢筋 HRB400 以内,直径 10mm 以内	t	2.554	554.45	4054.77	23.49	95.76	46.81	4775.28	12196.07
24	5-39	现浇构件带肋钢筋 HRB400 以内,直径 18mm 以内	t	4.378	477.5	3922.42	68	90.39	44.19	4602.5	20149.75
25	5-40	现浇构件带肋钢筋 HRB400 以内,直径 25mm 以内	t	1.123	328.05	3903.47	55.32	63.52	31.05	4381.41	4920.32
26	5-48	箍筋带肋钢筋 HRB400 以内,直径 10mm 以内	t	2.066	1103.09	4084.41	57.1	192.24	93.98	5530.82	11426.67
27	5-53	砌体内加固钢筋	t	0.093	1646.19	4060.62	56.71	282.17	137.93	6183.62	575.08
28	5-79	直螺纹钢筋接头(钢筋直径 25mm 以内)	10 个	0.4	40.5	42.65	5.23	7.58	3.7	99.66	39.86
		门窗工程									
29	8-110	隔热断桥铝合金,推拉窗	100m²	0.4095	1813.66	49140.91		300.52	146.91	51402	21049.12
30	8-41	隔热断桥铝合金门安装,平开	100m²	0.09	2220.38	49278.21		367.92	179.85	52046.36	4684.17
31	8-6	普通木门,无亮胶合板门	100m²	0.0315	6600.06	9836.18	114.01	1112.52	543.84	18206.61	573.51
32	8-166	门特殊五金,执手锁,双开	10 把	0.1	385.33	1393.8		63.85	31.21	1874.19	187.42
33	8-176	门特殊五金,门吸	10 个	0.2	50.07	43.53		8.3	4.06	105.96	21.19
		屋面及防水工程									
34	9-44	防水砂浆,砖基础上	100m²	0.183		1162.82	20.62	3.42	1.67	1188.53	217.5
35	9-43	防水砂浆,立面	100m²	3.507	1041.8	1162.82	20.62	176.04	86.06	2487.34	8723.1
36	9-45 换	聚合物水泥防水砂浆,厚度 5mm,实际厚度 10mm	100m²	0.7072	625.46	1221.03	9.92	105.28	51.47	2013.16	1423.71
37	9-1 换	刚性屋面,细石混凝土面层,厚度 40mm,实际厚度 50mm,换为【非泵送商品混凝土 C30】	100m²	1.8222	1155.87	2800.32	14.43	193.92	94.79	4259.33	7761.35
38	9-117	嵌填缝,建筑油膏,缝断面(mm²)30×20	100m	0.6612	399.6	223.5		66.21	32.37	721.68	477.17
39	9-38 换	种植屋面,土工布过滤层,换为【无纺土工布】	100m²	1.8222	106.92	967.07		17.72	8.66	1100.37	2005.09
40	9-47	改性沥青卷材热熔法,一层,平面	100m²	2.3671	297.14	3045.77		49.24	24.07	3416.22	8086.53
41	9-49	改性沥青卷材热熔法,每增一层,平面	100m²	0.6443	254.75	2781.81		42.21	20.63	3099.4	1996.94
42	9-80 换	聚合物水泥防水涂料,厚度 1.2mm,平面,实际厚度 1.5mm	100m²	2.3671	357.08	2730.01		59.17	28.92	3175.18	7515.97

清单序号	项目编码(定额编码)	清单(定额)项目名称	计量单位	数量	综合单价(元)						合计(元)
					人工费	材料(设备)费	机械费	管理费	利润	小计	
43	11-1 换	干混砂浆找平层,混凝土或硬基层上 20mm 厚,换为【干混地面砂浆 DSM15.0】	100m²	2.3671	803.21	923.65	19.85	136.38	66.67	1949.76	4615.28
44	9-47	改性沥青卷材热熔法,一层,平面	100m²	0.0335	297.14	3045.77		49.24	24.07	3416.22	114.44
45	9-49	改性沥青卷材热熔法,每增一层,平面	100m²	0.0135	254.75	2781.81		42.21	20.63	3099.4	41.84
46	9-80 换	聚合物水泥防水涂料,厚度 1.2mm,平面,实际厚度 1.5mm	100m²	0.0335	357.08	2730.01		59.17	28.92	3175.18	106.37
47	11-1 换	干混砂浆找平层,混凝土或硬基层上 20mm 厚,换为【干混地面砂浆 DS M15.0】	100m²		803.21	923.65	19.85	136.38	66.67	1949.76	
		保温、隔热、防腐工程									
48	10-33	屋面保温隔热,聚苯乙烯泡沫保温板,厚度 50mm,换为【聚苯乙烯泡沫板δ60】	100m²	0.18034	479.42	2821.35	1.24	79.65	38.93	3420.59	616.87
49	10-40	屋面保温隔热,炉(矿)渣混凝土	10m³	17.675	695.25	2330.85	102.29	132.15	64.6	3325.14	58771.85
		楼地面工程									
50	4-87	碎石垫层,干铺	10m³	1.497	496.8	1844.16	11.33	84.2	41.16	2477.65	3709.04
51	5-1	现浇混凝土,垫层	10m³	1.929	408.78	4087.85	6.87	68.87	33.67	4606.04	8885.05
52	11-5	细石混凝土找平层,30mm 厚	100m²	1.1526	1189.01	1276.31	3.06	197.53	96.56	2762.47	3184.02
53	11-7	混凝土面上干混砂浆,随捣随抹	100m²	1.1526	314.65	185.44	1.95	52.46	25.64	580.14	668.67
54	11-95 换	踢脚线,干混砂浆,换为【干混抹灰砂浆 DP M20.0】	100m²	0.0459	3449.68	1217.36	24.71	575.71	281.43	5548.89	254.69
55	11-97	踢脚线,陶瓷地面砖,干混砂浆铺贴	100m²	0.0206	5768.17	4208.46	9.92	957.43	468.03	11412.01	235.09
56	11-1	干混砂浆找平层,混凝土或硬基层上 20mm 厚	100m²	0.7465	803.21	923.65	19.85	136.38	66.67	1949.76	1455.5
57	11-44	地砖楼地面(干混砂浆铺贴)周长 1200mm 以内密缝	100m²	0.7473	3194.4	5669.29	19.85	532.6	260.35	9676.49	7231.24
58	11-12 换	干混砂浆礓磋面层,换为【107 胶纯水泥浆】	100m²	0.036	4797.56	1447.18	26.85	799.4	390.78	7461.77	268.62
		墙、柱面装饰与隔断、幕墙工程									
59	12-1 换	墙面一般抹灰,内墙 14mm＋6mm,换为【干混抹灰砂浆 DP M10.0】	100m²	2.577	1498.23	1004.46	22.57	252	123.18	2900.44	7474.43

工程名称:门卫消控室

清单序号	项目编码 (定额编码)	清单(定额)项目名称	计量单位	数量	综合单价(元)						合计 (元)
					人工费	材料 (设备)费	机械费	管理费	利润	小计	
60	12-2 换	墙面一般抹灰,外墙 14mm+6mm,实际厚度 18mm	100m²	2.2528	2151.71	939.07	20.23	359.89	175.93	3646.83	8215.58
61	12-21	柱(梁)面一般抹灰,柱,(梁)14mm+6mm	100m²	0.1512	2095.76	1017.33	21.99	350.91	171.54	3657.53	553.02
62	12-2 换	墙面一般抹灰,外墙 14mm+6mm,实际厚度 18mm	100m²	1.4198	2151.71	939.07	20.23	359.89	175.93	3646.83	5177.77
63	12-2 换	墙面一般抹灰,外墙 14mm+6mm,实际厚度 18mm	100m²	0.0239	2151.71	939.07	20.23	359.89	175.93	3646.83	87.16
64	12-8	挂钢丝网	100m²	2.1891	409.2	668.61		67.8	33.15	1178.76	2580.42
		天棚工程									
65	13-1 换	混凝土面天棚抹灰,一般抹灰,换为【干混抹灰砂浆 DP M10.0】	100m²	2.2504	1249.3	729.44	16.54	209.75	102.53	2307.56	5192.93
		油漆、涂料、裱糊工程									
66	14-17	单层木门调和漆底油一遍、刮腻子、调和漆二遍	100m²	0.0315	2730.02	707.78		452.36	221.13	4111.29	129.51
67	14-141	批刮腻子(满刮两遍)抹灰面	100m²	3.9158	900.24	270.51		149.17	72.92	1392.84	5454.08
68	14-147	外墙涂料弹性涂料	100m²	3.9158	1522.57	1140.9		252.29	123.33	3039.09	11900.47
69	14-141	批刮腻子(满刮两遍)抹灰面	100m²	2.583	900.24	270.51		149.17	72.92	1392.84	3597.71
70	14-128	乳胶漆墙、柱、天棚面二遍	100m²	2.583	638.6	470.36		105.82	51.73	1266.51	3271.4
71	14-141	批刮腻子(满刮两遍)抹灰面	100m²	2.2504	900.24	270.51		149.17	72.92	1392.84	3134.45
72	14-130	涂料墙、柱、天棚面二遍	100m²	2.2504	570.71	54.08		94.57	46.23	765.59	1722.88
73	14-141	批刮腻子(满刮两遍)抹灰面	100m²	0.0189	900.24	270.51		149.17	72.92	1392.84	26.32
74	14-146	外墙涂料丙烯酸涂料	100m²	0.0189	1025.64	912.8		169.95	83.08	2191.47	41.42
		构筑物、附属工程									
75	17-179 换	墙脚护坡混凝土面,换为【非泵送商品混凝土 C20】	100m²	0.4176	2274.08	5678.74	37.93	383.1	187.27	8561.12	3575.12
76	17-189 换	坡道,换为【非泵送商品混凝土 C20】	10m²	0.36	309.96	751.82	2.04	51.7	25.27	1140.79	410.68
77	9-114 换	嵌填缝,沥青玛蹄脂嵌缝,缝断面(mm²)30×150	100m	0.7072	254.45	1343.69		42.16	20.61	1660.91	1174.6
合计											364547.39

表 1.5.3
第 1 页　共 1 页

施工技术措施项目综合单价计算表

工程名称:门卫消控室

清单序号	项目编码（定额编码）	清单(定额)项目名称	计量单位	数量	综合单价(元)						合计(元)
					人工费	材料(设备)费	机械费	管理费	利润	小计	
1	5-97	基础垫层	100m²	0.18436	2616.98	1093.7	91.69	448.83	219.4	4470.6	824.2
2	5-103	独立基础,复合木模	100m²	0.1545	1940.22	1536.2	67.43	332.67	162.62	4039.14	624.05
3	5-127	基础梁,复合木模	100m²	0.1058	2287.04	1826.78	191.86	410.75	200.79	4917.22	520.24
4	5-101	带形基础,有梁式,复合木模	100m²	0.575	2067.12	1494.68	103.34	359.65	175.81	4200.6	2415.35
5	5-119 换	矩形柱,复合木模,实际支模高度 3.9m	100m²	1.2448	2814.08	1623.81	155.86	492.12	240.57	5326.44	6630.35
6	5-123	构造柱	100m²	0.8018	2083.86	1902.81	72.27	357.27	174.65	4590.86	3680.95
7	5-131 换	矩形梁,复合木模,实际支模高度 3.9m	100m²	1.799	3593.97	2002.7	239.97	635.28	310.55	6782.47	12201.66
8	5-140	直形圈过梁,复合木模	100m²	0.1513	3037.64	1167.57	56.16	512.64	250.6	5024.61	760.22
9	5-140	直形圈过梁,复合木模	100m²	0.038	3037.64	1167.57	56.16	512.64	250.6	5024.61	190.94
10	5-144 换	板,复合木模,实际支模高度 3.9m	100m²	1.7452	2302.02	1781	194.89	413.74	202.25	4893.9	8540.83
11	5-174	阳台、雨篷	10m² 水平投影面积	0.376	659.88	331.93	48.97	117.46	57.42	1215.66	457.09
12	5-179	单独扶手压顶,复合模板	100m²	0.1392	3315.33	1231.93	21.75	552.95	270.3	5392.26	750.6
13	18-1	综合脚手架,混凝土结构,檐高7m 以内,层高6m 以内	100m²	2.0713	1174.91	397.45	84.16	208.63	101.98	1967.13	4074.52
14	19-4 换	混凝土结构,建筑物檐高20m 以内,实际层高3.9m	100m²	2.0713			1702.42	282.09	137.9	2122.41	4396.15
15	18-47	单项脚手架,满堂脚手架基本层3.6~5.2m	100m²	1.8847	805.95	147.13	34.48	139.26	68.07	1194.89	2252.01

表 1.5.4

第 1 页 共 2 页

主要材料和工程设备一览表

工程名称:门卫消控室

序号	名称、规格、型号	单位	数量	单价(元)	合价(元)	备注
1	热轧带肋钢筋,HRB400,Φ10	t	4.7124	3938	18557.43	
2	热轧带肋钢筋,HRB400,Φ18	t	4.48745	3759	16868.32	
3	热轧带肋钢筋,HRB400,Φ25	t	1.151075	3759	4326.89	
4	热轧光圆钢筋,HPB300,φ10	t	0.5151	3981	2050.61	
5	热轧光圆钢筋,HPB300,φ6	t	0.09486	3981	377.64	
6	普通硅酸盐水泥,P·O 42.5 级综合	kg	3191.006428	0.34	1084.94	
7	黄砂,净砂	t	22.28207	92.23	2055.08	
8	碎石,综合	t	35.37312	102	3608.06	
9	非黏土烧结页岩多孔砖,240×115×90	千块	10.1437	612	6207.94	
10	混凝土实心砖,240×115×53 MU10	千块	20.65745	388	8015.09	
11	干混地面砂浆,DS,M15.0	kg	26238.7775	0.26	6822.08	
12	干混地面砂浆,DS,M20.0	kg	4298.28	0.26	1117.55	
13	干混抹灰砂浆,DP,M10.0	kg	16158.5622	0.26	4201.23	
14	干混抹灰砂浆,DP,M15.0	kg	13299.00495	0.27	3590.73	
15	地砖,300×300	m²	76.9719	44.83	3450.65	
16	铝合金断桥隔热平开门,2.0 厚,5+9A+5 中空玻璃	m²	8.6436	431	3725.39	
17	铝合金断桥隔热推拉窗,1.4 厚,5+9A+5 中空玻璃	m²	39.078585	431	16842.87	
18	弹性涂料面涂	kg	81.44864	15.52	1264.08	
19	弹性涂料中涂	kg	271.521572	10.34	2807.53	
20	乳胶漆	kg	74.49372	15.52	1156.14	
21	成品腻子粉	kg	2630.43	0.86	2262.17	

表 1.5.4
第 2 页 共 2 页

主要材料和工程设备一览表

工程名称:门卫消控室

序号	名称、规格、型号	单位	数量	单价(元)	合价(元)	备注
22	弹性体改性沥青防水卷材,3.0mm,IGM	m²	345.5992	23.28	8045.55	
23	聚合物水泥基复合防水涂料,JS,Ⅰ型	kg	756.189	8.62	6518.35	
24	复合模板,综合	m²	143.721757	32.33	4646.52	
25	木模板	m³	2.481844	1445	3586.26	
26	炉渣混凝土,CL7.5	m³	179.40125	229.64	41197.7	
27	泵送商品混凝土,C20	m³	2.02	431	870.62	
28	泵送商品混凝土,C30	m³	89.43651	461	41230.23	
29	非泵送商品混凝土,C15	m³	29.8758	399	11920.44	
30	非泵送商品混凝土,C20	m³	14.88609	412	6133.07	
31	非泵送商品混凝土,C30	m³	9.794325	438	4289.91	

2 某厂房

××市规划建筑设计院

设计资质证号：

设计阶段：

年　月

建筑施工图图纸目录

2.1　某厂房建筑施工图

建筑设计总说明

一、设计依据

1. 东发计×××文件。
2. 东规局×××文件。
3. 东公消×××文件。
4. 甲方提出的设计任务书及可行性报告。
5. 《总图制图标准》(GB/T 50103—2010)。
6. 《建筑制图标准》(GB/T 50104—2010)。
7. 《民用建筑设计通则》(GB 50352—2020)。
8. 《工业企业总平面设计规范》(GB 50187—2012)。
9. 《建筑设计防火规范》(GB 50016—2014)。

二、工程概况

1. 工程名称:某厂房。
2. 建设地点:×××。
3. 建设单位:××股份有限公司。
4. 设计主要内容:2号厂房。
5. 本工程总建筑面积:1788.32m²。
6. 本工程建筑基底总面积:344.10m²。
7. 建筑类别:丙类厂房。
8. 建筑层数、高度:地上五层,建筑高度18.900m。建筑结构形式为框架结构。
9. 合理使用年限为50年,抗震设防烈度为6度。
10. 建筑物耐火等级为二级,建筑防雷类别三类。屋面防水等级为二级。

三、设计标高

1. 本工程±0.000相当于绝对标高为15.000m;比室外地坪高0.300m。
2. 各层标注标高为建筑完成面标高,屋面标高为结构面标高。
3. 本工程标高以米(m)为单位,总平面图尺寸以米(m)为单位,其他尺寸以毫米(mm)为单位。

四、墙体工程

1. 墙体的基础部分详见结施图。
2. 需做基础的隔墙除另有要求者外,均随混凝土垫层做元宝基础,上底宽500mm,下底宽300mm,高300mm;位于楼层的隔墙可直接安装于结构梁(板)面上。
3. 墙身防潮层:在室内地坪下约60处做20厚1:2水泥砂浆内加3%~5%防水剂的墙身防潮层(在此标高为钢筋混凝土构造,或室内为砖石结构时可不做),室内地坪标高变化处防潮层应重叠搭接150mm,并在有高低差埋土一侧的墙身做20厚1:2水泥砂浆防潮层,如埋土一侧为室外,还应加 聚氨酯防水涂料(1.5厚)。
4. 墙体留洞及封堵:
(1)钢筋混凝土墙上的留洞见结施和设备图。
(2)砌筑墙预留洞见建施和设备图。
(3)预留洞的封堵:混凝土墙的封堵见结施,其余砌筑墙留洞待管道设备安装完毕后,用C20细石混凝土填实;变形缝处双墙留洞的封堵,应在双墙分别增设套管,套管与穿墙管之间嵌填聚氨酯建筑密封膏。

五、屋面工程

(1)本工程的屋面防水等级为二级,防水合理使用年限为15年,做法见节点详图。
(2)屋面做法及屋面节点索引见建施图,屋面平面图、露台、雨篷等见各层平面图及详图。
(3)屋面排水组织见屋面平面图,内排雨水管见水施图,外排雨水斗、雨水管采用φ100PVC。

六、门窗工程

1. 建筑外门窗抗风压性能分级为5级,气密性能分级为3级,水密性能分级为3级,保温性能分级为6级,隔热性能分级为6级,隔声性能分级为4级。
2. 门窗玻璃的选用应遵照《建筑玻璃应用技术规程》和《建筑安全

玻璃管理规定》(发改运行〔2003〕2116号)及地方主管部门的有关规定。
3. 门窗立面均表示洞口尺寸,门窗加工尺寸要按装修面厚度由承包商予以调整。
4. 外门窗立樘见详墙身节点图,内门窗立樘除图中另有注明者外,立樘位置为内侧平,管道竖井设门门槛高为300mm。
5. 门窗选料、颜色、玻璃见门窗表附注,门窗五金件要求为不锈钢配件。
6. 防火墙和公共走廊上疏散用的平开防火门应设闭门器,双扇平开防火门安装闭门器和顺序器,常开防火门须安装信号控制关闭和反馈装置。

门窗汇总表

类别	设计编号	洞口尺寸(mm) 宽	洞口尺寸(mm) 高	樘数	采用标准图集及编号 图集代号	采用标准图集及编号 编号	备注
门	M0721	700	2100	10	浙J2-93		板材采用实木门扇,框料需经防火浸渍剂处理
	M1221	1200	2100	1	浙J2-93		
	M1521	1500	3600	2	浙J2-93		
	乙级MFM1321	1300	2100	10	浙J23-95		
	乙级MFM1521	1500	2100	1	浙J23-95		乙级防火门
窗	C1			16	99浙J7		
	C2			64	99浙J7		
	LTC0912	900	1200	4	99浙J7		香槟色铝合金型材5厚白色浮珐玻璃
	LTC0918	900	1800	6	99浙J7		
	LTC1218	1200	1800	4	99浙J7		
	LTC2118	2100	1800	10	99浙J7		

七、外装修工程

1. 外装修设计和做法索引见立面图及外墙详图。
2. 外装修选用的各项材料,其材质、规格、颜色等,均由施工单位提供样板,经建设和设计单位确认后封样,并据此验收。

八、内装修工程

1. 内装修工程执行现行《建筑内部装修设计防火规范》,楼地面部分执行现行《建筑地面设计规范》,一般装修见室内装修做法表。
2. 楼地面构造交接处和地坪高度变化处,除图中另有注明者外均位于齐平开启面处。
3. 凡设有地漏房间就应做防水层,图中未注明整个房间做坡度者,均在地漏周围1m范围内做1%~2%坡度坡向地漏;有水房间的楼地面应低于相邻房间大于20mm或做挡水门槛。邻水侧墙中楼地面上翻素混凝土挡水,高200mm,宽120mm,C20混凝土。
4. 防静电、防震、防腐蚀、防爆、防辐射、防尘、屏蔽等特殊装修,做法详见相关图集。
5. 内装修选用的各项材料,均由施工单位提供样板,经建设和设计单位确认后封样,并据此验收。

九、油漆涂料工程

1. 室内装修所采用的油漆涂料见:室内装修做法表。
2. 外木(钢)门窗油漆选用本色醇酸磁漆,做法为一底二度:内木门窗油漆选用本色醇酸磁漆,做法为一底二度(含门套构造)。
3. 楼梯、平台、护臂钢栏杆选用银白色醇酸磁漆,做法为一底二度(钢构件除锈后先刷防锈漆二道)。
4. 木扶手油漆选用本色调和漆,做法为一底二度。
5. 露于室内外露明金属件的油漆为刷防锈漆二道后,再做同室内外部位相同颜色的调和漆,做法为一底二度。
6. 各种油漆涂料,均由施工单位提供样板,经建设和设计单位确认后封样,并据此验收。

室内、外装修做法表

层数	房间名称	部位	楼地面 名称	楼地面 编号	踢脚 名称	踢脚 编号	内墙面 名称	内墙面 编号	顶棚 名称	顶棚 编号	备注
一层	车间		地面1		踢1		内墙1		顶棚1		面层设缝,缝宽小于1;内墙涂料面,基层须细拉毛;顶棚涂料面
	卫生间		地面2		踢2		内墙1		顶棚1		
二至五层	车间		地面1		踢1		内墙1		顶棚1		面层设缝,缝宽小于1;内墙涂料面,基层须细拉毛;顶棚涂料面
	卫生间		地面2		踢2		内墙1		顶棚1		
	楼梯间		地面1		踢1		内墙1		顶棚1		楼梯路面板须加设防滑条
	室外基层		外墙涂料面:15厚1:3水泥砂浆分层抹平;6厚1:0.5水泥砂浆细拉毛		外墙面砖面:15厚1:3水泥砂浆分层抹平;6厚1:2水泥砂浆粘贴层;内掺SN建筑黏结剂						花岗岩板面:15厚1:3水泥砂浆分层抹平;6厚1:2水泥砂浆找平层;清理基层,墙、柱面布设φ6钢筋,用铜丝连结件;25~30厚1:2水泥砂浆分层灌浆,20厚花岗岩板面草酸擦净,地板蜡擦光
	柱,墙基层		阳角部位:采用20厚1:1水泥砂浆护角,每边50mm宽,高2000mm;面层同同层其他面								
	电梯井道,管道井基层		15厚1:3水泥砂浆分层抹平;6厚1:2水泥砂浆找平层								

十、建筑设备、设施工程

1. 本工程电梯设计,选型见电梯选型表,电梯对建筑技术要求见电梯图。
2. 卫生洁具。成品隔断由建设单位与设计单位商定,并应与施工配合。
3. 灯具。送回风口等影响美观的器具须经建设单位与设计单位确认样品后,方可批量加工、安装。

十一、其他施工中注意事项

1. 图中所选用标准图中有对应结构工种的预埋件、预留洞,如楼梯、平台钢栏杆、门窗、建筑配件等,本图所标注的各种预留洞、预埋件,与各工种密切配合,确认无误方予施工。
2. 两种材料的墙体交接处,应根据饰面材质在做饰面前加钉金属网或在施工中加贴玻璃丝网格布,防止裂缝。
3. 预埋木砖及贴邻墙体的木质面均做防腐处理,露明铁件均做防锈处理。
4. 楼板洞待设备管线安装完毕后,用C20细石混凝土封堵密实:管道竖井每隔层进行封堵。
5. 施工中应严格执行国家各项施工验收规范。

附注:

1. 踢脚高度均为120mm。
2. 图中所注防水涂料均为:聚氨酯防水涂膜(1.5厚)。
3. 卫生间淋浴部位四周墙做1.5厚聚氨酯防水涂膜防水层至窗顶上150mm。
4. 所有窗台低于900的均做1050高不锈钢护栏。
5. 本工程所使用的地砖为300×300防滑地砖。

电梯选型表

名称	电梯载质量(kg)	额定速度(m/s)	停层	站数	提升高度(m)	台数	备注
载货电梯	2000	0.5	5	5	15.000	1	

单位出图专用章	执业资格专用章	××市规划建筑设计院		工程名称	某厂房	工程号	
		审 定	设 计	项 目		日 期	
		审 核	计 算	图 名	建筑设计总说明	图 别	建施
		项目负责	校 对			图 号	01

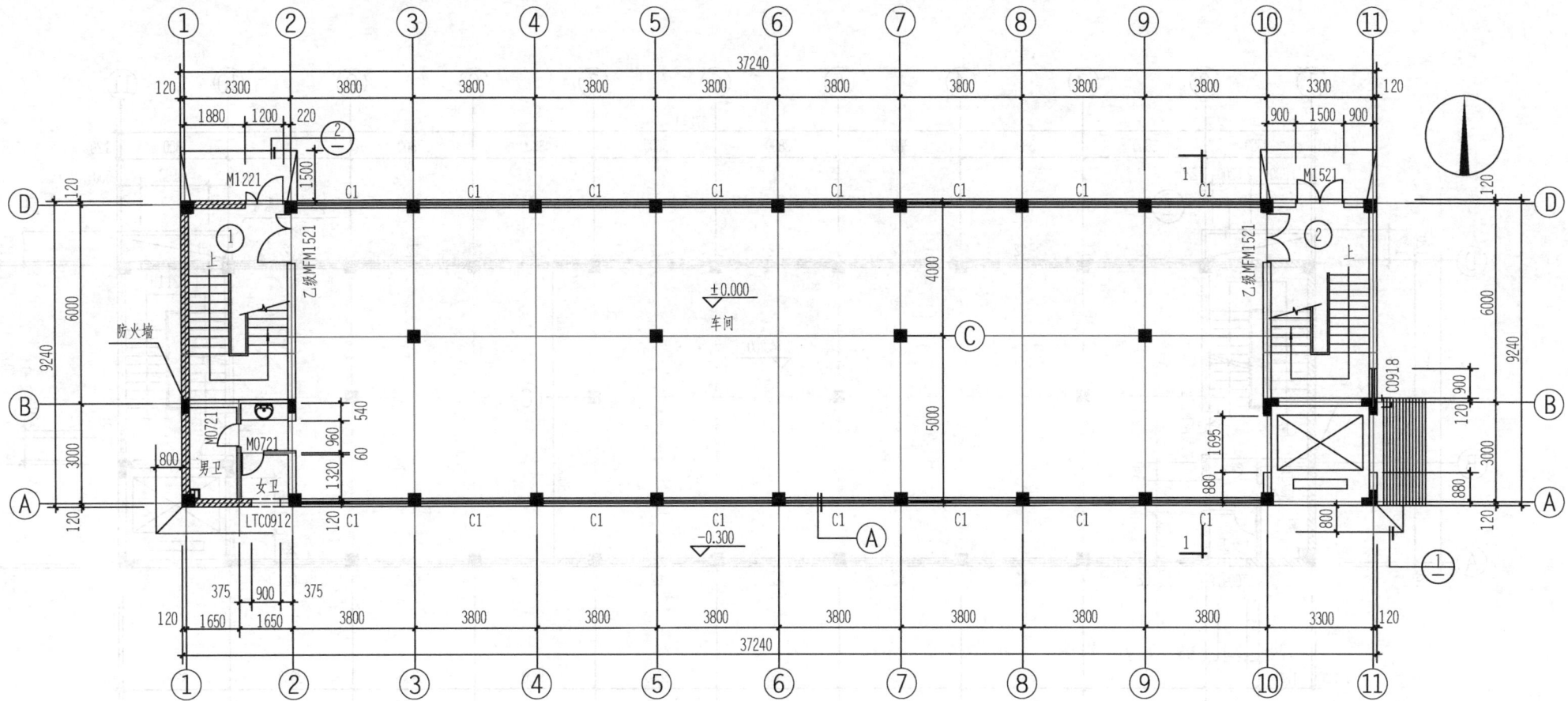

底层平面图 1:100

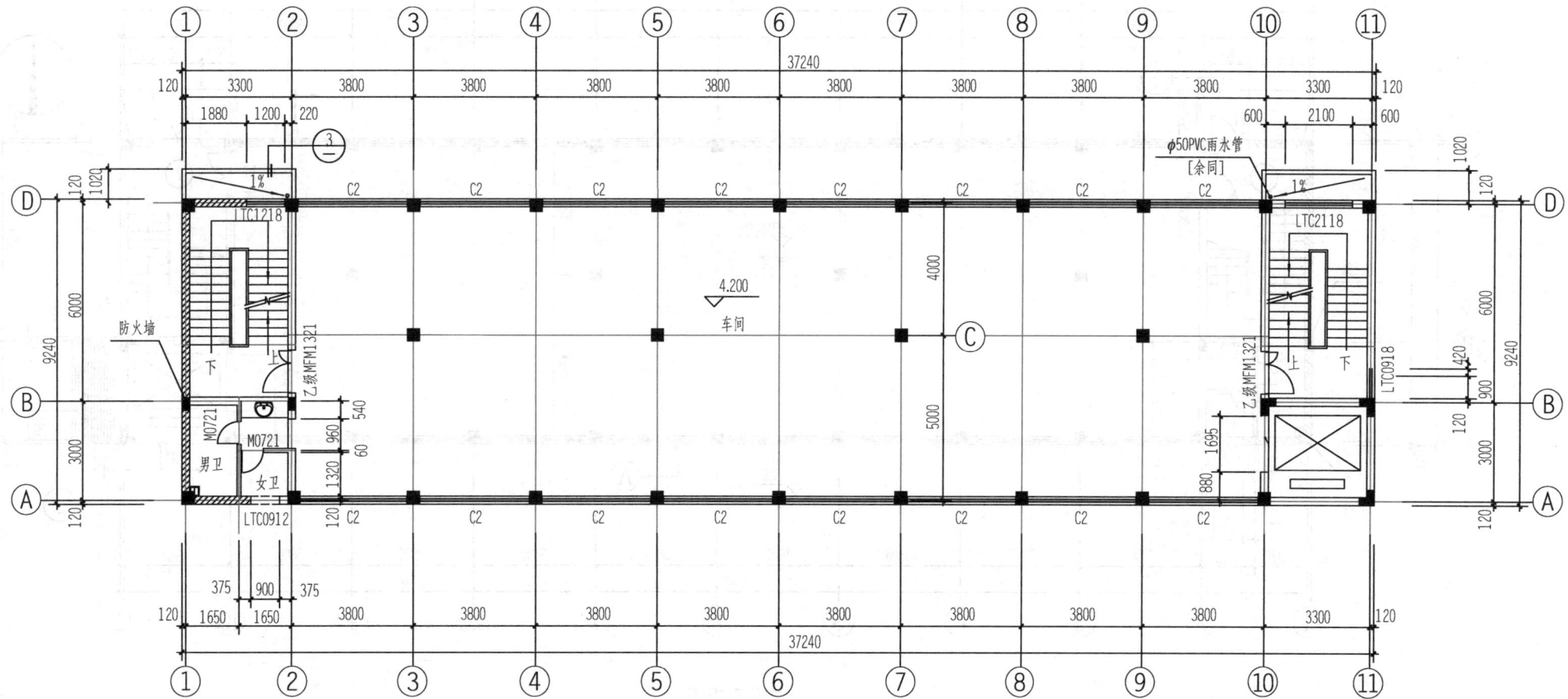

二层平面图 1:100

单位出图专用章	执业资格专用章	××市规划建筑设计院		工程名称	某厂房	工程号	
		审　定	设　计	项　目		日　期	
建施		审　核	计　算	图　名	二层平面图	图别	建施
		项目负责	校　对			图号	03

36

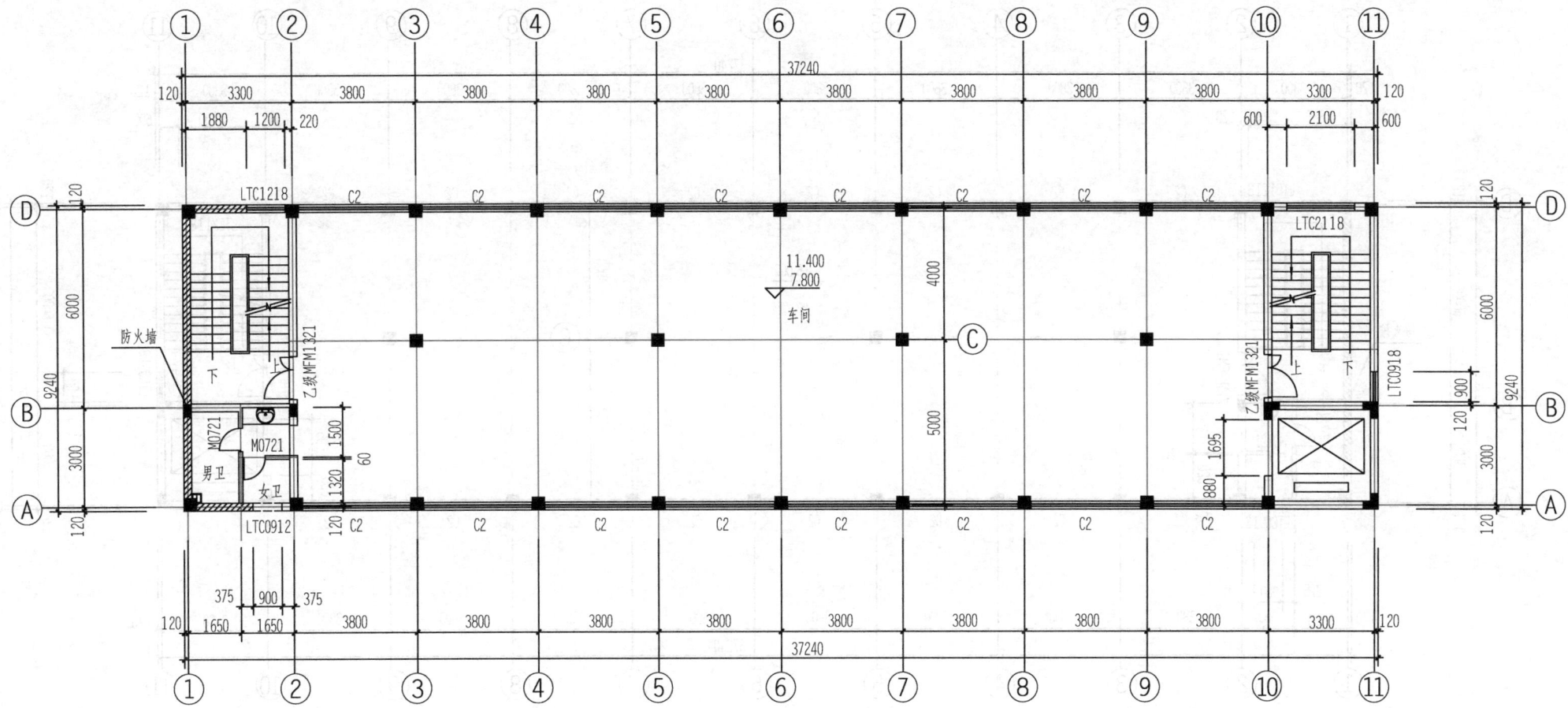

三、四层平面图 1:100

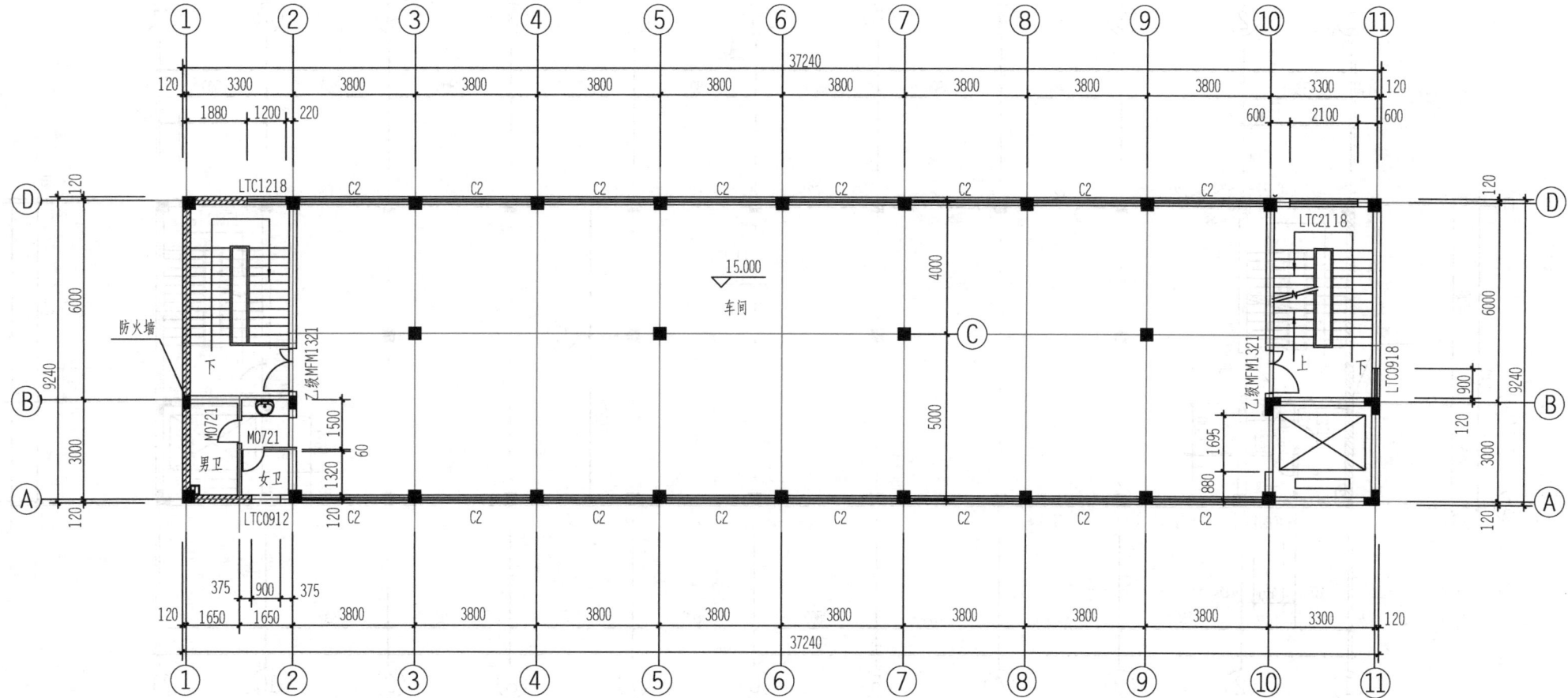

五层平面图 1:100

LTC1218
LTC2118
LTC0912
LTC0918
防火墙
乙级MFM1321
乙级MFM1321
M0721
M0721
男卫
女卫
车间
下
上
下

15.000

37240
3300 3800 3800 3800 3800 3800 3800 3800 3300
120 120
1880 1200 220
600 2100 600

120 6000 9240 3000 120

4000 5000

1695 880

375 900 375
120 1650 1650 3800 3800 3800 3800 3800 3800 3300 120
37240

1500 60 1320

900

120 120

C2 C2 C2 C2 C2 C2 C2 C2
C2 C2 C2 C2 C2 C2 C2

①②③④⑤⑥⑦⑧⑨⑩⑪
ⒶⒷⒸⒹ

单位出图专用章	执业资格专用章	××市规划建筑设计院	工程名称	某厂房	工程号	
		审 定	设 计	项 目		日 期	
		审 核	计 算	图 名	五层平面图	图 别	建施
建		项目负责	校 对			图 号	05

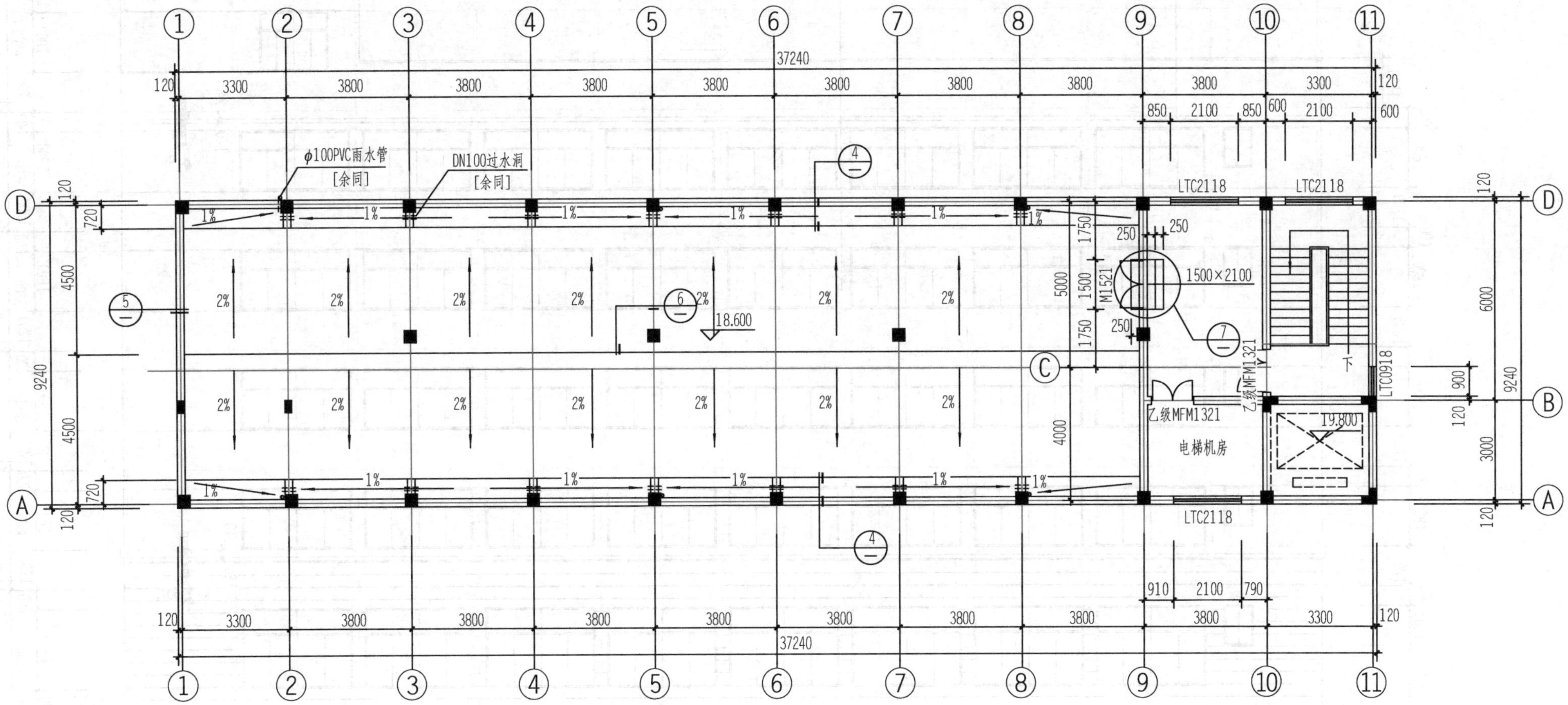

屋面、电梯机房层平面图 1:100

单位出图专用章	执业资格专用章	××市规划建筑设计院	工程名称	某厂房	工程号
		审 定	设 计	项 目	日 期
		审 核	计 算		图 别 建施
		项目负责	校 对	图 名 屋面、电梯机房层平面图	图 号 06

φ100PVC雨水管 [余同]
DN100过水洞 [余同]

LTC2118
乙级MFM1321 电梯机房

乳白色外墙喷砂

23.700

乳白色外墙喷砂

22.800
900
1200
1800   4200

乳白色外墙喷砂   浅灰白色外墙喷砂

20.100

240
120
60 60

18.600
1200
600   1800   3600

1500

600

1800

1200

15.000
1200
600   1800   3600

600

1800

1200

11.400
1200
600   1800   3600

600

1800

1200

7.800
1200
600   1800   3600

600

1800

240
120
60 60

4.200
1200
600   2400   4200

1200

600

1200

0.300
±0.000
1200
300   -0.300

2400

300

600mm高1:2水泥砂浆勒脚

水平分隔线
[$B×H=25×8@300$]

① ⑪

①~⑪轴立面图 1:100

单位出图专用章	执业资格专用章	××市规划建筑设计院	工程名称	某厂房	工程号	
		审 定　　设 计	项　目		日　期	
		审 核　　计 算	图　名	①~⑪轴立面图	图 别	建施
		项目负责　校 对			图 号	07

40

乳白色外墙喷砂

23.700

乳白色外墙喷砂

浅灰白色外墙喷砂

20.100

22.800

18.600

15.000

11.400

7.800

4.200

±0.000

−0.300

600mm高1:2水泥砂浆勒脚

水平分隔线
[B×H=25×8@300]

乳白色外墙喷砂

⑪

①

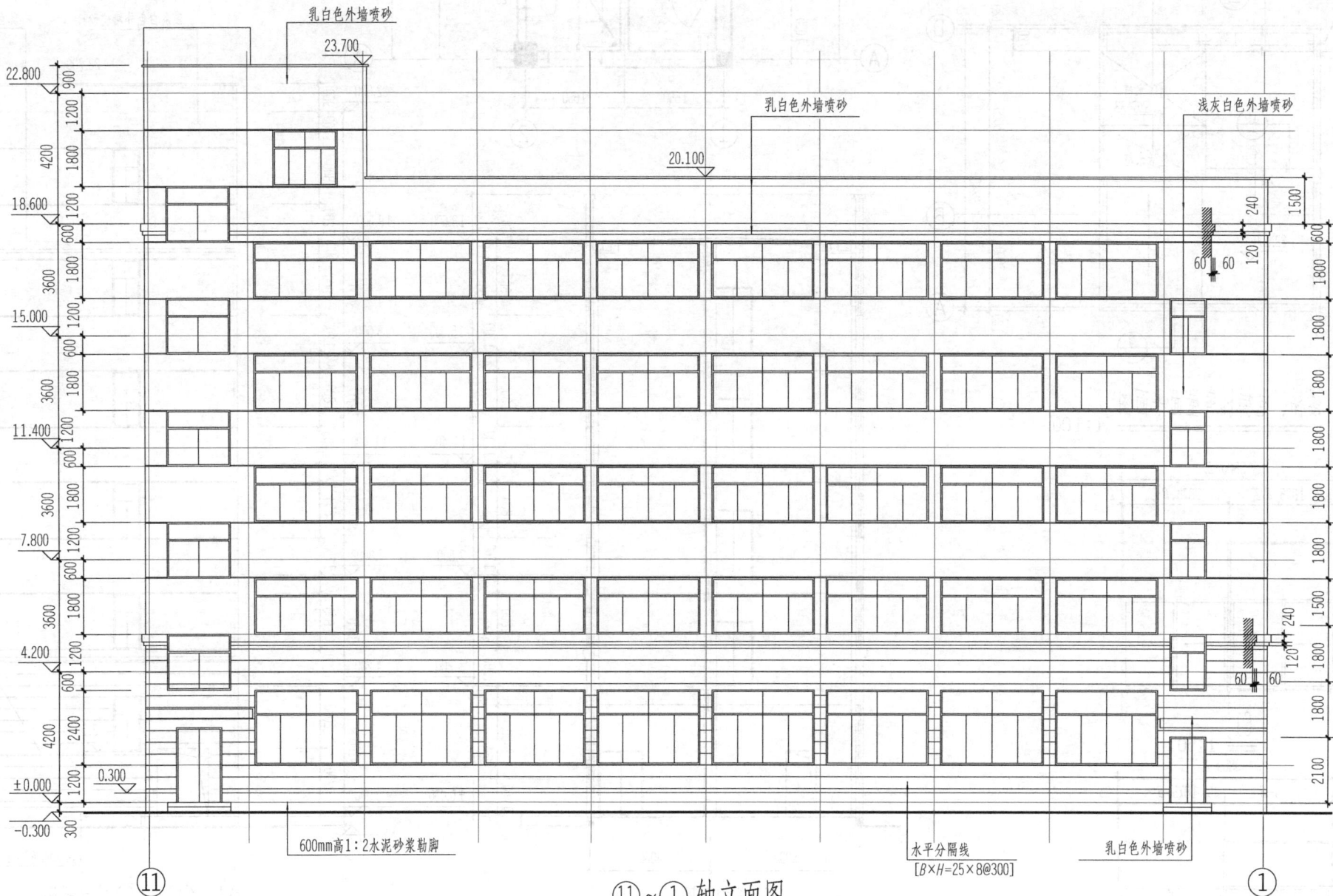

⑪~①轴立面图 1:100

单位出图专用章	执业资格专用章	××市规划建筑设计院		工程名称	某厂房	工程号	
		审 定	设 计	项 目		日 期	
		审 核	计 算	图 名	⑪~①轴立面图	图 别	建施
		项目负责	校 对			图 号	08

41

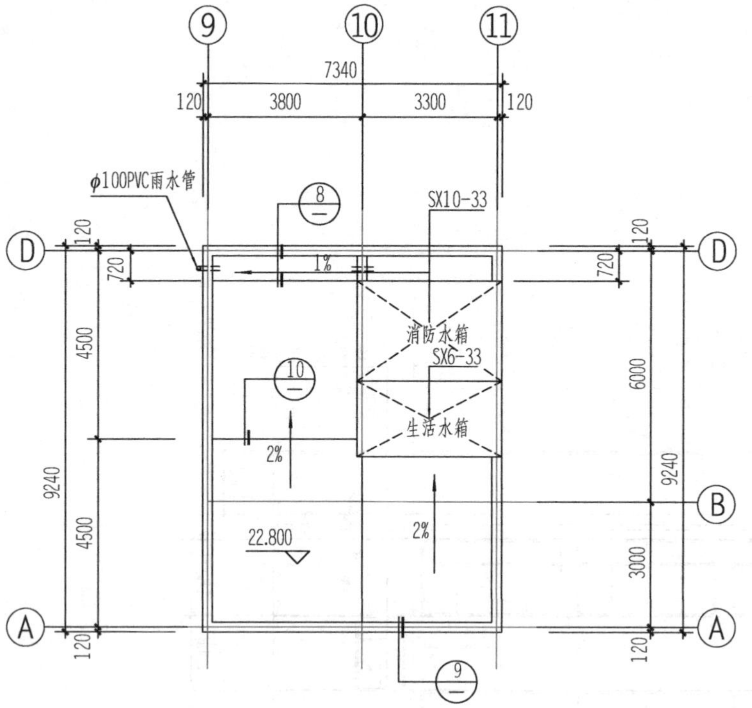

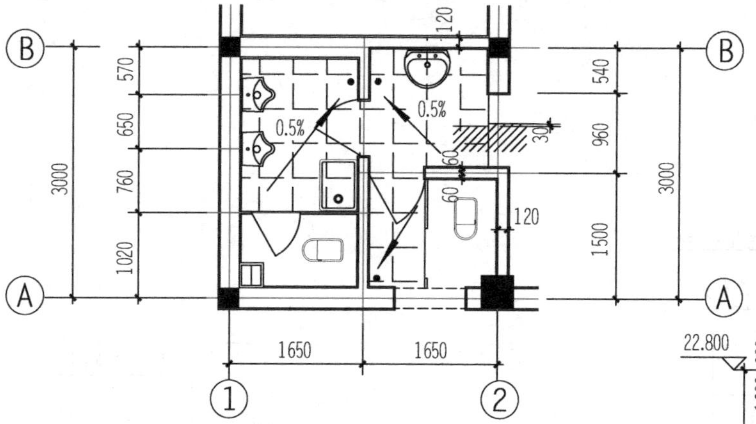

7340
3800
3300
120
φ100PVC雨水管
SX10-33
消防水箱
SX6-33
生活水箱
1%
2%
2%
22.800
9240
4500
4500
6000
3000
720

楼梯、电梯机房屋面平面图 1:100

0.5%
0.5%
570
650
760
1020
3000
540
960
1500
1650
1650
120

卫生间平面布置图 1:50

3800-B
1875-B/2
1875-B/2
25
2400
900
1450

C1 1:50

3800-B
1875-B/2
1875-B/2
25
2100
600
1450

C2 1:50

18.600
15.000
11.400
7.800
4.200
±0.000
5000
4000

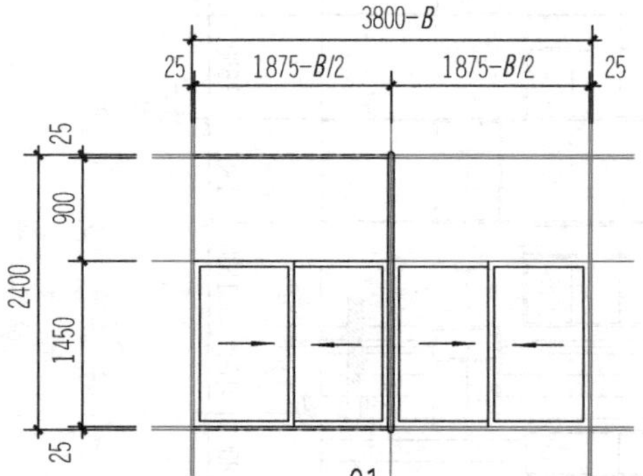

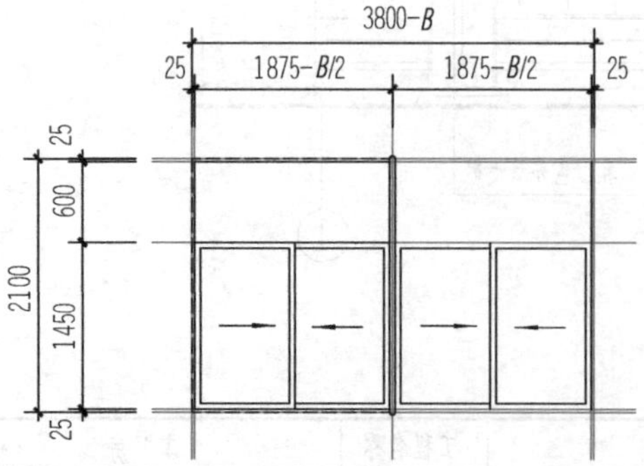

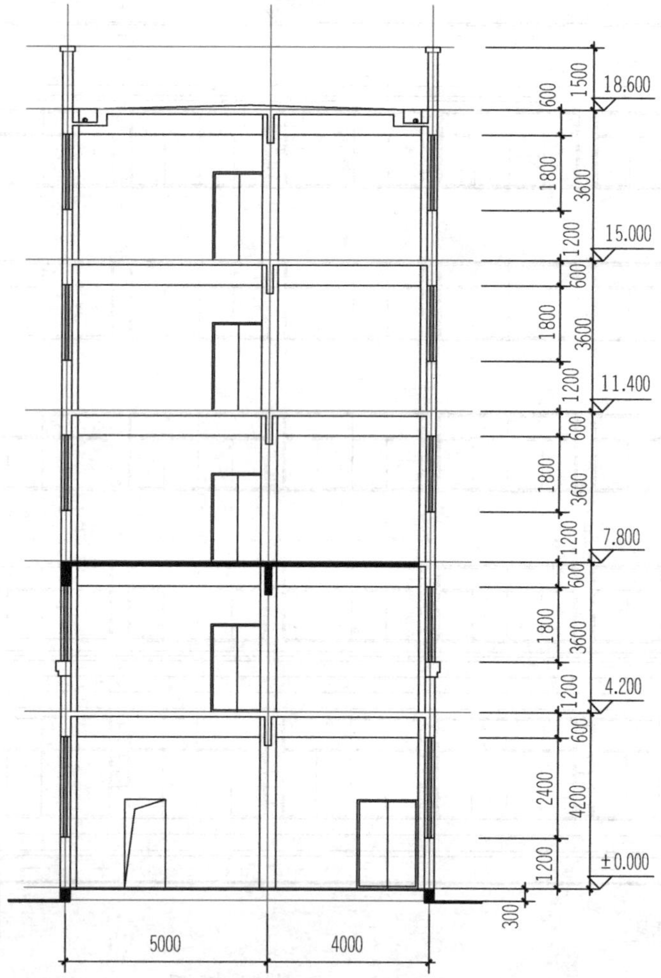

1—1剖面图 1:100

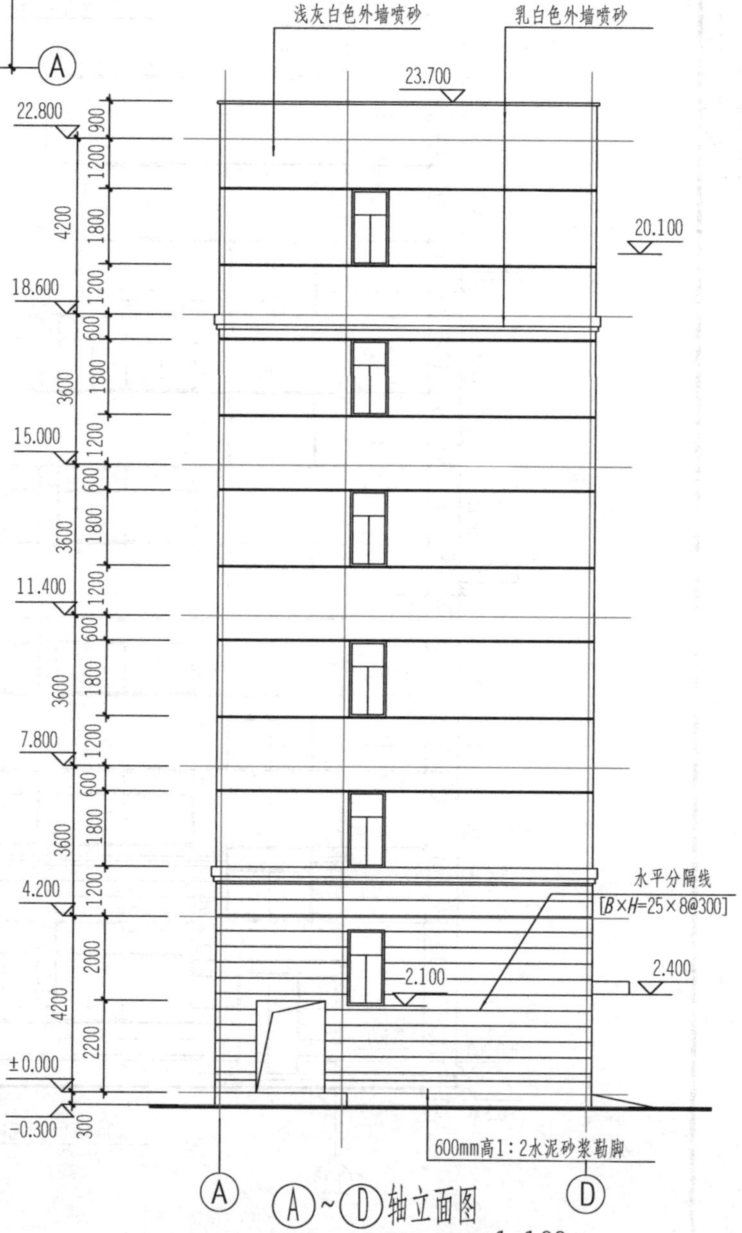

浅灰白色外墙喷砂
乳白色外墙喷砂
23.700
22.800
20.100
18.600
15.000
11.400
7.800
4.200
±0.000
-0.300
水平分隔线
[B×H=25×8@300]
2.100
2.400
600mm高1:2水泥砂浆勒脚

Ⓐ~Ⓓ轴立面图 1:100

单位出图专用章	执业资格专用章	××市规划建筑设计院		工程名称	某厂房	工程号	
		审 定	设 计	项 目		日 期	
		审 核	计 算	图 名	Ⓐ~Ⓓ轴立面图 1—1剖面图 C1、C2 楼梯、电梯机房屋面平面图 卫生间平面布置图	图 别	建施
		项目负责	校 对			图 号	09

节点① (1:20)
沥青胶泥
10 / 60
800 / 20
3%~5%
30厚1:2水泥砂浆面
60厚C15细石混凝土
素土夯实

节点② (1:20)
120 / 1500
20厚花岗石板条面层,上下差开5mm
30厚1:3干硬性水泥砂浆结合层
素水泥浆结合层一道
100厚C15混凝土
100厚碎石垫层
素土夯实
300

节点③ (1:20)
浅色反光涂料
丙烯酸防水涂料(厚1.2mm)
20厚1:3水泥砂浆
C15细石混凝土找坡1%
30
R50
10
300 / 2.400 / 30
60
900 / 120 / 120
1020
D
20.100
18.550
18.000
1550 / 550

节点④ (1:20)
30 / 240 / 30
10
40厚C25细石混凝土防水层
(内配φ6@200双向钢筋网片)
10厚1:4灰砂隔离层
3厚SBS改性沥青防水卷材
20厚1:3水泥砂浆找平层
1:8水泥陶粒找坡层(>30)
50厚聚苯板
20厚1:3水泥砂浆找平层
钢筋混凝土层面板
空铺1厚聚氯乙烯防水卷材一层300宽
聚氨酯密封膏
聚氨酯密封膏
水泥钉@300
3厚SBS改性沥青防水卷材
20厚1:3水泥砂浆找平层
C15细石混凝土找坡1%
300 / 150
18.150
840
60 / 60 / 120 / 120

节点⑤ (1:20)
30 / 240 / 30
20.100
120
40厚C25细石混凝土防水层
(内配φ6@200双向钢筋网片)
10厚1:4灰砂隔离层
3厚SBS改性沥青防水卷材
20厚13水泥砂浆找平层
1:8水泥陶粒找坡层(>30)
50厚聚苯板
20厚1:3水泥砂浆找平层
钢筋混凝土层面板
聚氨酯密封膏
水泥钉@300
R50
250 / 250
聚氨酯密封膏
1:3水泥砂浆抹圆角
2厚聚氯乙烯防水涂膜附加层
1550
18.550
18.550
60 / 60

节点⑥ (1:5)
100 / 120 / 30 / 120 / 100
密封膏封实
铺贴卷材一层
细石混凝土防水层
40 / 60 / 15
聚乙烯泡沫塑料棒
隔离层
聚苯乙烯泡沫塑料条
25

节点⑩ (1:5)
100 / 30 / 100
密封膏封实
铺贴卷材一层
细石混凝土防水层
40 / 15
聚乙烯泡沫塑料棒
隔离层
25

节点⑧ (1:20)
30 / 240 / 30
23.700
120 / 30
40厚C25细石混凝土防水层
(内配φ6@200双向钢筋网片)
10厚1:4灰砂隔离层
3厚SBS改性沥青防水卷材
20厚1:3水泥砂浆找平层
1:8水泥陶粒找坡层(>30)
50厚聚苯板
20厚1:3水泥砂浆找平层
钢筋混凝土层面板
空铺1厚聚氯乙烯防水卷材一层300宽
聚氨酯密封膏
水泥钉@300
聚氨酯密封膏
950
150
22.750
3厚SBS改性沥青防水卷材
50厚聚苯板
20厚1:3水泥砂浆找平层
C15混凝土找坡1%
22.450
120 / 120 / 120 / 120
840

节点⑨ (1:20)
30 / 240 / 30
23.700
120
40厚C25细石混凝土防水层
(内配φ6@200双向钢筋网片)
10厚1:4灰砂隔离层
3厚SBS改性沥青防水卷材
20厚1:3水泥砂浆找平层
1:8水泥陶粒找坡层(>30)
50厚聚苯板
20厚1:3水泥砂浆找平层
钢筋混凝土层面板
聚氨酯密封膏
水泥钉@300
R50
250 / 250
22.750
22.750
1:3水泥砂浆抹圆角
2厚聚氯乙烯防水涂膜附加层
120 / 120

节点⑦ (1:20)
1:2水泥砂浆面
C20细石混凝土[两端伸入墙内250]
4φ8
φ6@200
密封膏封严
附加涂膜层
聚氨酯密封膏
密封膏封严
120 / 30
H/2 / H / 250
250 / 250 / 240 / 370
18.550
20 / 160 / 160 / 160 / 160 / 40

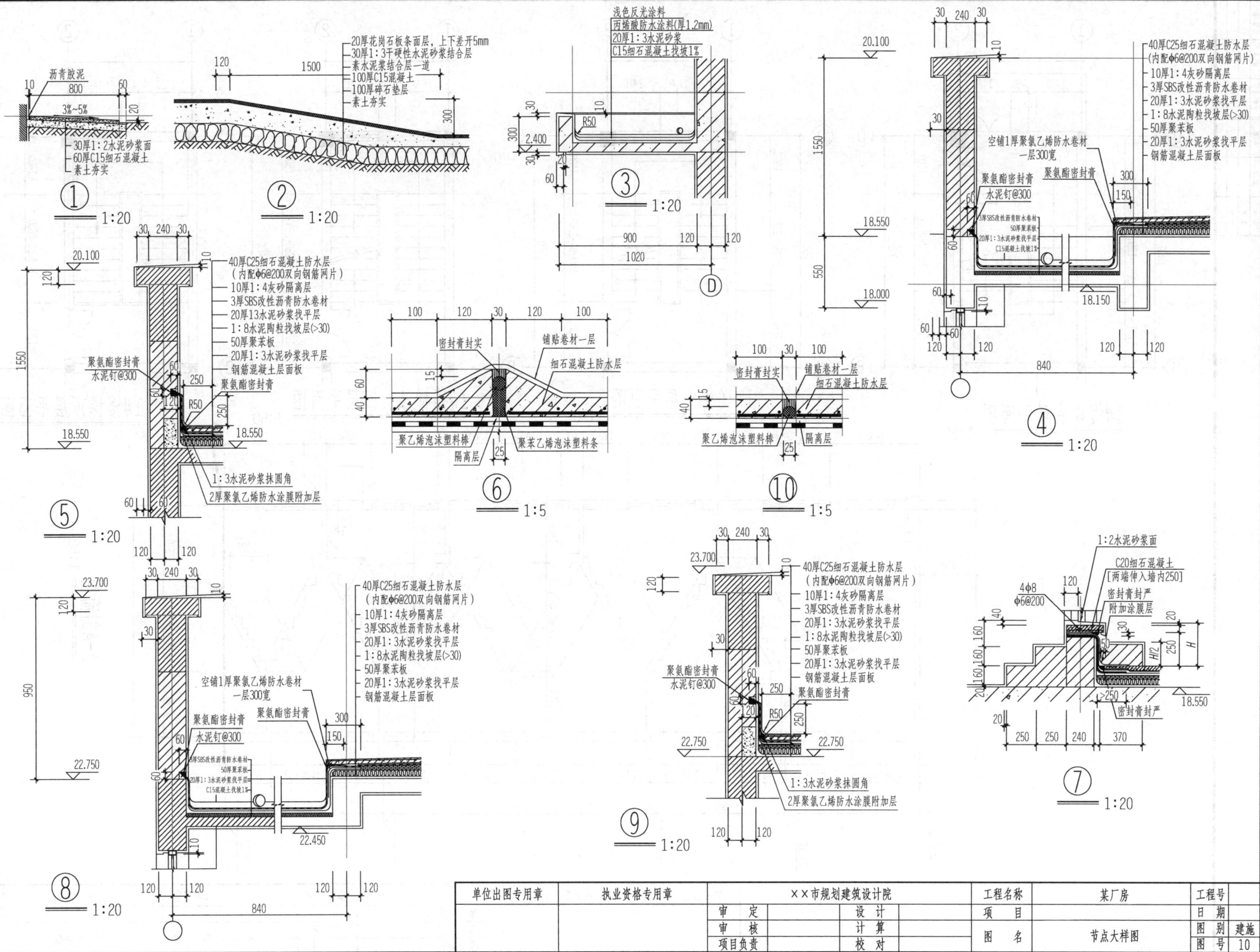

单位出图专用章	执业资格专用章	××市规划建筑设计院	工程名称	某厂房	工程号	
		审 定	设 计	项 目		日 期
		审 核	计 算	图 名	节点大样图	图 别 建施
		项目负责	校 对			图 号 10

43

1#楼梯底层平面图 1:50

1#楼梯二层平面图 1:50

1#楼梯三、四层平面图 1:50

1#楼梯顶层平面图 1:50

A—A剖面图 1:50

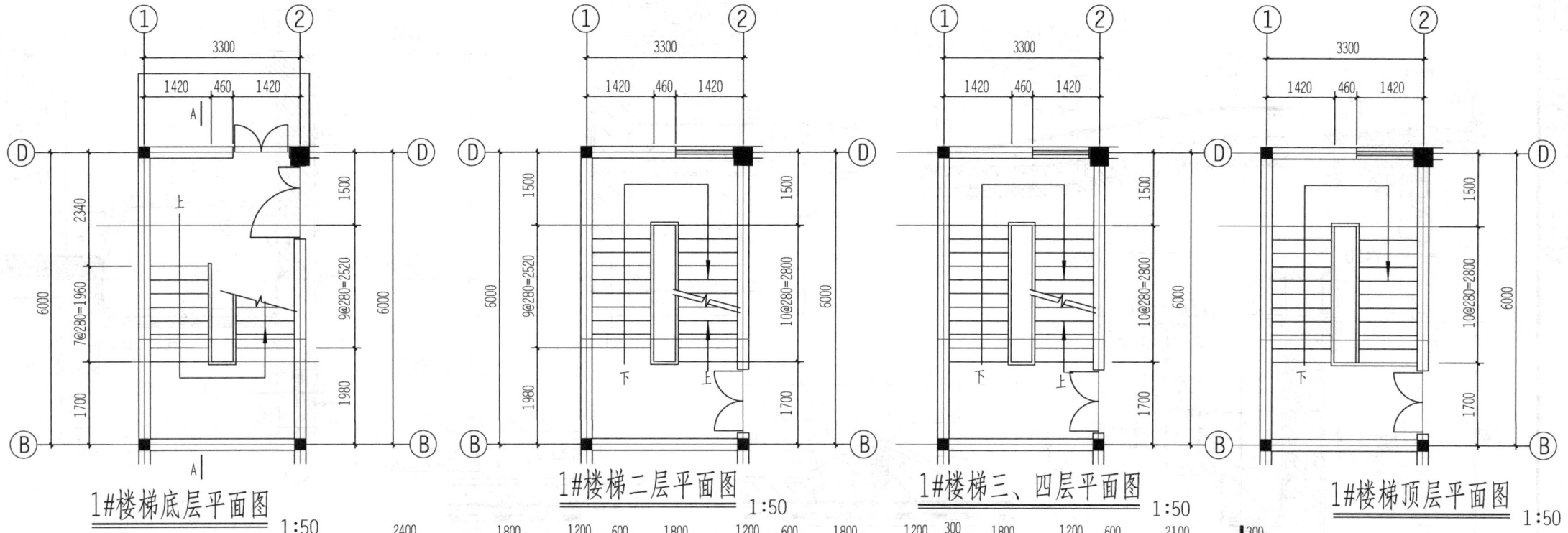

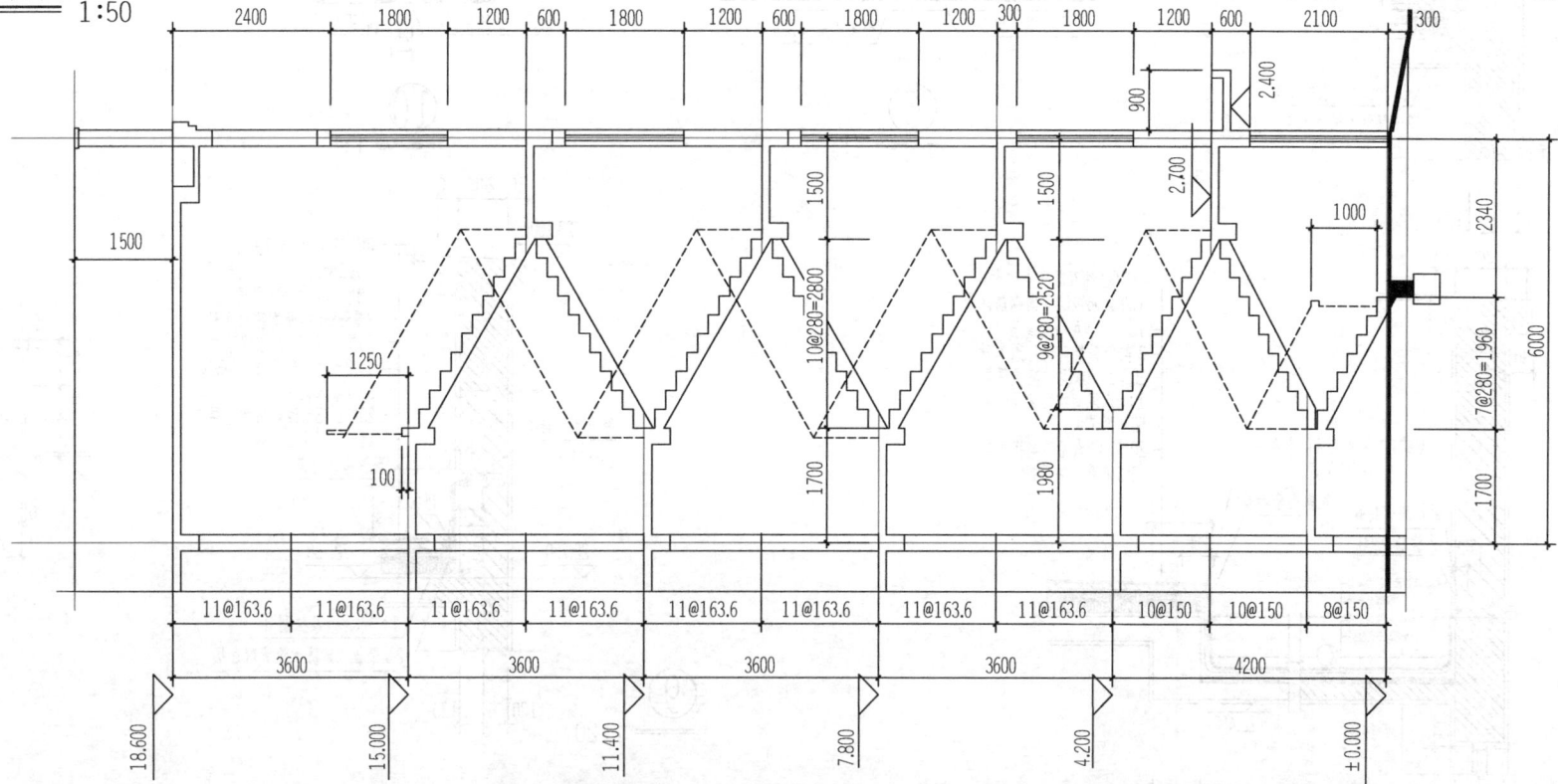

单位出图专用章	执业资格专用章	××市规划建筑设计院		工程名称	某厂房	工程号	
		审　定	设　计	项　目		日　期	
		审　核	计　算	图　名	1#楼梯详图	图　别	建施
		项目负责	校　对			图　号	11

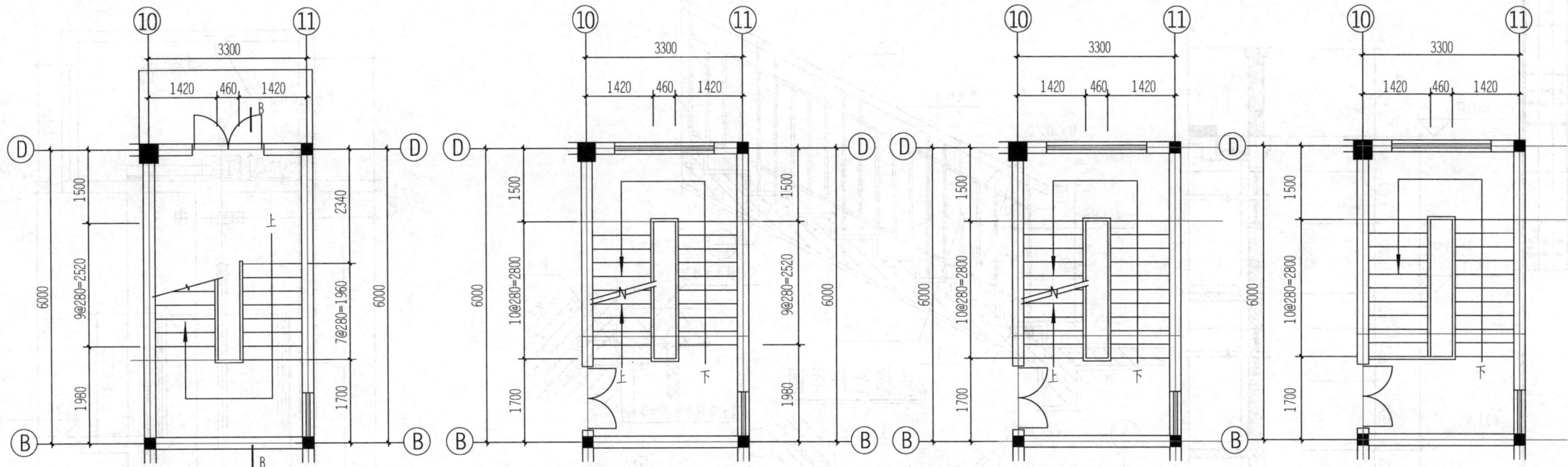

2#楼梯底层平面图 1:50

2#楼梯二层平面图 1:50

2#楼梯三、四、五层平面图 1:50

2#楼梯顶层平面图 1:50

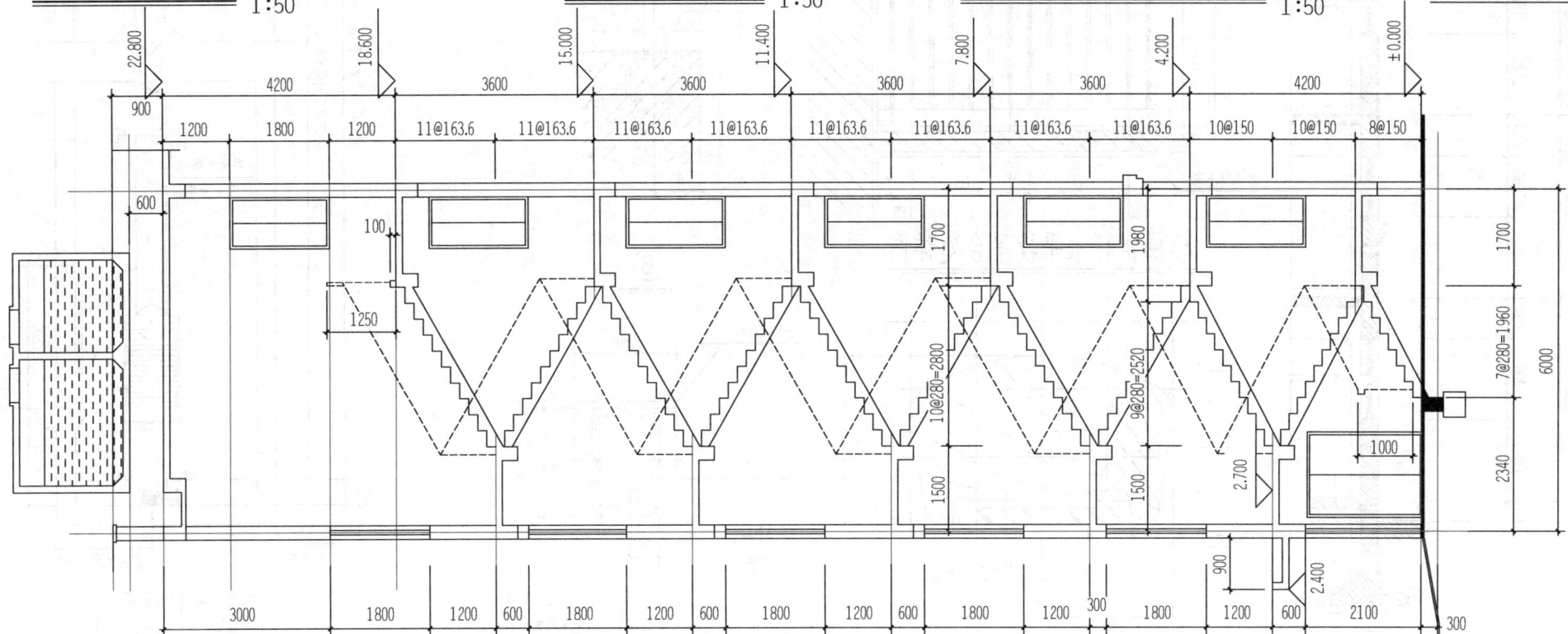

B—B剖面图 1:50

单位出图专用章	执业资格专用章	××市规划建筑设计院		工程名称	某厂房	工程号	
		审 定	设 计	项 目		日 期	
		审 核	计 算	图 名	2#楼梯详图	图 别	建施
		项目负责	校 对			图 号	12

45

楼梯栏杆详图

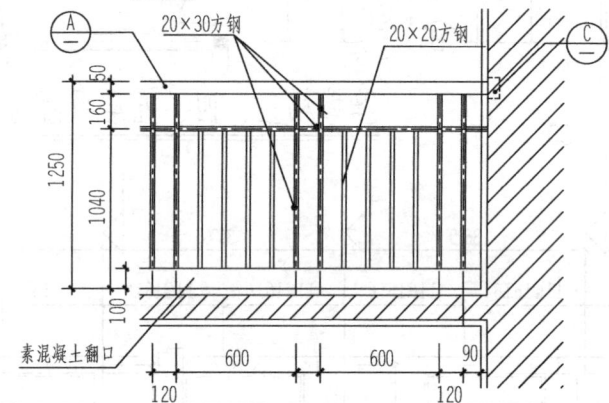

硬木扶手

20×30方钢

20×30方钢

固定扶手木螺丝

20×20方钢

M-1

通长扁钢与预埋件焊牢

M-1

楼梯栏杆水平段平台处详图

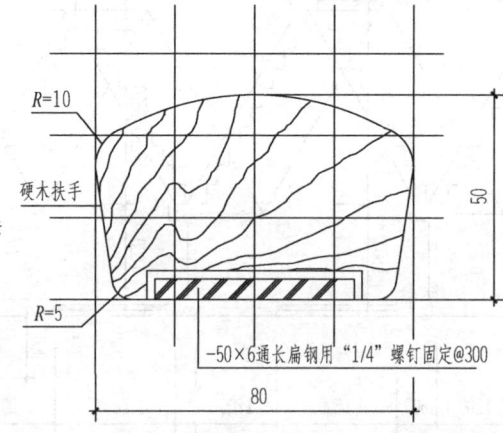

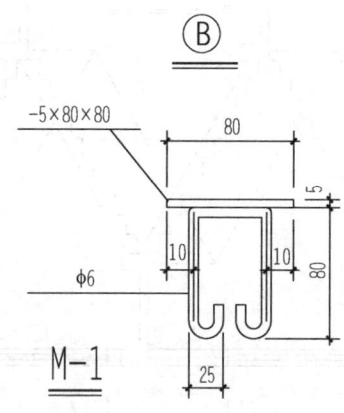

20×30方钢

20×30方钢

M-1

素混凝土翻口

硬木扶手

R=10

R=5

-50×6通长扁钢用"1/4"螺钉固定@300

80

M-1

-5×80×80

80

φ6

25

注：方钢均为满焊接，防锈漆刷两遍，黑色烤漆罩面，本色水曲柳硬木扶手。

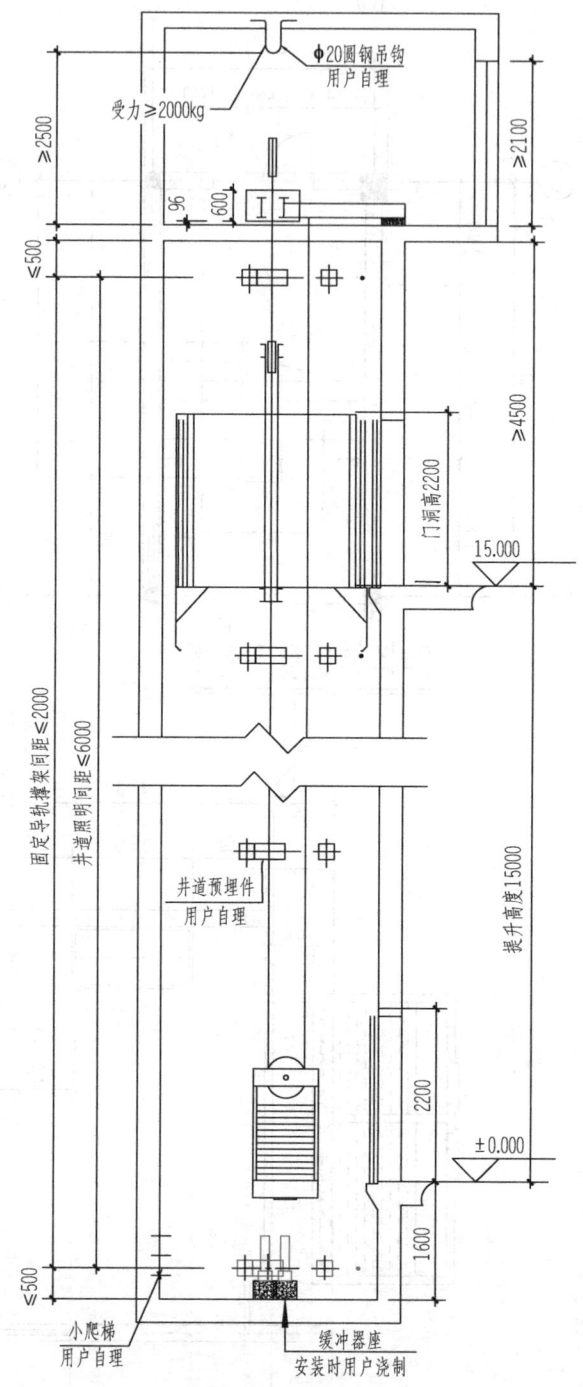

电梯剖面图 1:50

φ20圆钢吊钩 用户自理

受力≥2000kg

固定导轨楼间距≤2000

井道预埋件 用户自理

小底梯 用户自理

缓冲器座 安装时用户浇制

门洞高2200

15.000

±0.000

提升高度15000

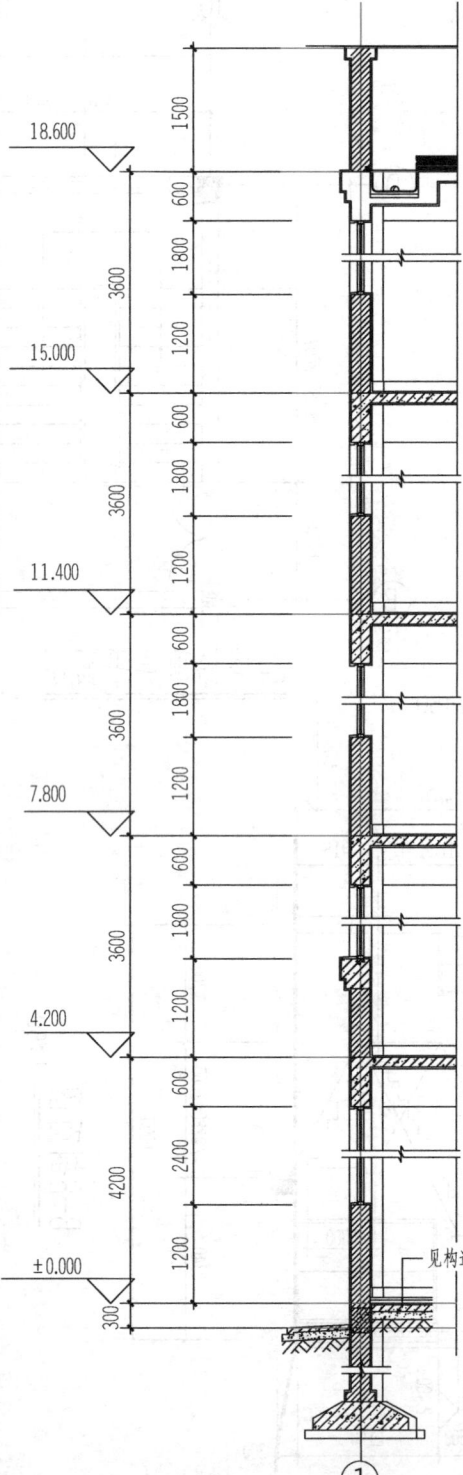

A 外墙墙身详图 1:50

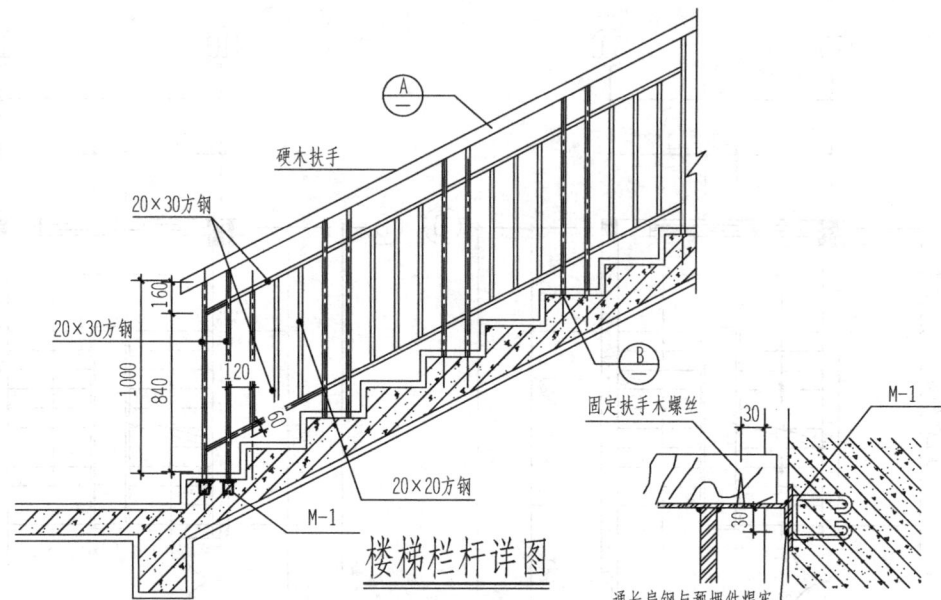

18.600

15.000

11.400

7.800

4.200

±0.000

见构造做法

单位出图专用章	执业资格专用章	××市规划建筑设计院		工程名称	某厂房	工程号	
		审 定	设 计	项 目		日 期	
		审 核	计 算	图 名	电梯剖面图 外墙墙身详图 楼梯栏杆详图	图 别	建施
		项目负责	校 对			图 号	13

结构施工图图纸目录

2.2　某厂房结构施工图

结构设计总说明

一、工程概况

某厂房,建筑面积约为1788m²。
概况见下表。

项目名称	地上层数	地下层数	高度(m)	结构形式	基础类型	人防情况
某厂房	五层		15.050	框架	柱下独基	

二、建筑结构的安全等级及设计使用年限

概况见下表。

建筑结构的安全等级	设计使用年限	建筑抗震设防类别	地基基础设计等级
二级	五十年	无	丙级

三、自然条件

1.概况见下表。

基本风压	基本雪压	地面粗糙度	场地地震基本烈度	抗震设防烈度	建筑场地类别
$W_0=0.35kN/m^2$	$S_0=0.55kN/m^2$	B类	<6度	不设防	II类

2.场地的工程地质及地下水条件:

(1)依据的岩土工程勘察报告为×××工程勘察院×年×月×日提供的《岩土工程勘察报告(详勘)》。

(2)地形地貌:本工程场地地貌属丘陵,地形基本平坦,场地内无溶洞、坟墓;场地上空有通信线、高压线通过,场地内无地下管线等障碍物,地形地貌简单。

(3)场地自上而下各土层的工程地质特征如下:

1:素填土,厚度 0.20~1.10m;
2-1:全风化泥质粉砂岩,厚度 0.13~0.93m;
2-2:强风化泥质粉砂岩,厚度 0.33~1.98m;
2-3:中风化泥质粉砂岩,厚度 0.55~2.15m。

(4)地下水:场地内地下水主要为第四系孔隙潜水及风化基岩裂隙水,水位埋深为3.540~3.8m,该区地下水及地基土对混凝土无侵蚀作用。

(5)场地类型及建筑场地类别:场地土类型为中软土,建筑场地类别为II类,非地震液化区。

(6)地基基础方案及结论:本工程基础采用浅基持力层钢筋混凝土柱下独基,独基持力层为2-2强风化泥质粉砂岩,持力层地基承载力特征值为350kPa。

四、本工程标高

本工程相对标高±0.000,相当于绝对标高15.00m。

五、本工程设计遵循的标准、规范、规程和图集

1.《建筑结构可靠性设计统一标准》(GB 50068—2018);
2.《建筑结构荷载规范》(GB 50009—2012);
3.《混凝土结构设计规范》(GB 50010—2010);
4.《建筑地基基础设计规范》(GB 50007—2011);
5.《建筑桩基技术规范》(JTG 94—2008);
6.《建筑地基处理技术规范》(JGJ 79—2012);
7.《砌体结构通用规范》(GB 55007—2021);
8.《钢筋混凝土连续梁和框架考虑内力重分布设计规程》(CECS 51:93)
9.国家的其他有关规范、规程及法律法规;
10.选用图集目录:

序号	图集名称	图集代号	备注
1	混凝土结构施工图平面整体表示方法制图规则和构造详图	22G101-1	
2	钢筋混凝土过梁	03G322-2	
3	钢筋混凝土水箱	2004浙S3	
4	多孔砖墙体结构构造	96SG612	

六、本工程设计计算所采用的计算程序

1.采用"多层建筑结构空间有限元分析与设计软件——SATWE"进行结构整体分析。

2.采用"土木工程地基基础计算机辅助设计系统——基础CAD"进行基础设计。

七、本工程设计均布活荷载取值

依据建筑图中标明使用功能、用途和《建筑结构荷载规范》(GB

50009—2012),以及由业主和工艺特殊要求确定,在施工和实际使用过程中,不得任意更改。

部位	二~五层楼面	楼梯	消防楼梯	电梯机房	上人平屋面	不上人坡屋面
荷载(kN/m²)	4.0	3.5	3.5	7.0	2.0	0.55

八、地基基础

1.本工程地基基础设计等级为丙级。

2.本工程采用钢筋混凝土条基浅基方案,基坑采用放坡开挖局部支护,基础持力层为2-2强风化泥质粉砂岩,持力层地基承载力特征值为350kPa,基槽埋设深度暂定1.200,基础超深部分用C15毛石混凝土。当垫层基槽开挖完毕后必须经有关单位进行基槽验收合格后方可进入下一道工序,基础开始施工后,不得扰动地基的原有结构。

3.基槽底应保持水平,当基槽底面在同一轴线上有较大高差时,可采用台阶式处理,台阶的高宽比应小于1:2,并且台阶高度每级不得超过500mm,基础混凝土除设计预留外应整体连续一次浇灌。

4.基础砌体两侧用20厚1:2防水水泥砂浆粉刷。

5.水、电管线需穿基础梁时,均应在基础梁上预留孔洞或预埋套管。

6.本工程防雷接地系统应按电施图要求实施。

九、主要结构材料

1.钢筋:符号φ为HPB300(Q300)热轧钢筋,$f_y=270N/mm^2$,$f'_y=270N/mm^2$;
符号Φ为HRB335(20MnSi)热轧钢筋,$f_y=300N/mm^2$,$f'_y=300N/mm^2$;
符号Φ为HRB400(20MnSiv)热轧钢筋,$f_y=360N/mm^2$,$f'_y=360N/mm^2$。

注:普通钢筋的抗拉强度实测值与屈服强度实测值的比值不应小于1.25;且钢筋的屈服强度实测值与强度标准值不应大于1.3。

2.焊条:E43系列用于焊接HPB300钢筋、Q235B钢板及型钢;E50系列用于焊接HRB335钢筋;E55系列用于焊接RRB400钢筋。

3.混凝土:

项目名称	构件部位	混凝土强度等级	备注
某厂房	桩基、桩帽、基础板梁	C40	
	柱	C40	
	梁、板	C40	
	构件	C40	
	基础垫层	C25	
	圈梁、构造柱、现浇过梁	C40	
	标准构件		按标准图要求
	后浇带		采用高一级的膨胀混凝土

注:1.本工程环境类别:地下部分及屋面、雨篷、檐沟钢筋混凝土的环境类别为二类,其余均为一类。
2.结构混凝土耐久性的基本要求如下表。

环境类别		最大水灰比	最低混凝土强度等级	最大氯离子含量(%)	最大碱含量(kg/m³)
一		0.60	C20	0.30	不限制
二	a	0.55	C25	0.20	3.0
	b	0.50	C30	0.15	3.0
三	a	0.50	C30	0.15	3.0
	b	0.40	C40	0.10	3.0

4.本工程耐火等级为二级,主要构件耐火极限见下表。

主要构件	多孔砖承重墙	钢筋混凝土柱	钢筋混凝土梁	钢筋混凝土楼板	楼梯
耐火极限(h)	2.50	2.50	1.50	1.00	1.00

5.建议电梯地坑采用FS型防水外加剂。外加剂供应方应提供详细的实验数据,实验数据必须符合国家对外加剂的要求。供应方还应提供详细的施工方案和施工要求,保证外加剂的正确使用。

6.施工时应严格控制水灰比,加强养护,采取合理的施工工序。

7.砌体工程施工质量控制等级为B级。

砌体工程施工方法见下表。

材料 部位 标高	基础砌体 $\leq$ ±0.000 以下	内外墙体 $\leq$ ±0.000 以上	女儿墙 $\leq$ ±0.000 以上
砖种类	水泥标准砖	非烧结黏土多孔砖	水泥标准砖
砖强度	MU10	MU10	MU7.5
砂浆种类	干混砂浆	干混砂浆	干混砂浆
砂浆强度	DMM10.0	DMM7.5	DMM7.5

注:1.±0.000以下砖砌体砌体两侧用20厚1:2防水水泥砂浆粉刷。
2.防潮层:建筑墙身防潮层在-0.060处,做法为30厚1:2水泥砂浆加5%防水剂。
3.非烧结黏土多孔砖:圆孔直径≥22,孔洞率≥25%,且≤35%。水泥标准砖:水泥标准砖为MU7.5和MU10。砌体多孔砖施工应遵守《多孔砖砌体结构技术规范》(JGJ 137—2001)。非烧结黏土多孔砖施工应采用一顺一丁砌法。

8.型钢、钢板、钢管:Q235-B。

十、钢筋混凝土结构构造

本工程混凝土主体结构为框架砖混结构,框架抗震等级为五级。本工程采用平法图集22G101-1的表示方法。施工图中未注明的构造要求应按照标准图的有关要求执行。

1.主筋的混凝土保护层厚度:

基础地梁:40mm (有防水要求改为50mm)
梁: 25mm (环境类别为二a类要求时改为30mm)
板: 15mm (环境类别为二a类要求时改为20mm)
柱: 30mm

注:1.各部分主筋混凝土保护层厚度同时应满足不小于钢筋直径的要求。
2.柱梁混凝土保护层厚度大于40mm时,在柱梁混凝土保护层厚度中间增加φ4@200×200钢筋网片。

2.钢筋接头形式及要求:

(1)框架梁、框架柱主筋采用直螺纹机械连接接头,其余构件当受力钢筋连接接头直径≥Φ22时,应采用直螺纹机械连接接头,当受力钢筋直径<Φ22时,可采用绑扎接头。

(2)接头位置宜设置在受力较小处,在同一根钢筋上宜少设接头。

(3)受力钢筋接头的位置应相互错开,当采用机械接头时,在任一35d且不小于500mm区段内,和当采用绑扎搭接接头时,在任一1.3搭接长度的区段内,有接头的受力钢筋截面面积占受力钢筋总截面面积的百分率应符合下表要求。

接头形式	受拉区接头数量	受压区接头数量
机械连接	50	不限
绑扎连接	25	50

3.纵向钢筋的锚固长度、搭接长度:

(1)非抗震设计的普通钢筋的受拉锚固长度l_a:

钢筋种类 混凝土 钢筋直径(mm)	C25 ≤25	C25 >25	C30 ≤25	C30 >25	C40 ≤25	C40 >25
HPB300	34d	—	30d	—	25d	—
HRB400	40d	42d	35d	39d	29d	32d
HRB500	48d	53d	43d	47d	36d	40d

注:1.按上表计算的锚固长度为l_a,但不小于200mm。
2.采用环氧树脂涂层钢筋时,其锚固长度乘以修正系数1.25。
3.当钢筋在施工中易受扰动(如滑模施工)时,乘以修正系数1.1。

(2)纵向钢筋搭接长度l_l按照平法图集22G101-1规定执行。

(3)梁的上部钢筋在跨中搭接,搭接长度为l_a且不小于300mm;下部钢筋在支座处搭接,伸入支座,并伸至梁(柱)中心线。

4.现浇钢筋混凝土板:

除具体施工图中有特别规定者外,现浇钢筋混凝土板的施工应符合以下要求:

(1)板的底部钢筋伸入支座长度按照平法图集22G101-1规定执行。

(2)板的边支座和中间支座顶标高不同时,负筋在梁或墙内的锚固应满足受拉钢筋最小锚固长度l_a。

单位出图专用章	执业资格专用章	××市规划建筑设计院		工程名称	某厂房	工程号	
		审 定	设 计	项 目		日 期	
		审 核	计 算	图 名	结构设计总说明(一)	图 别	结施
		项目负责	校 对			图 号	01

(3)双向板的底部钢筋，短跨钢筋置于下排，长跨钢筋置于上排。

(4)当板底与梁底平时，板的下部钢筋伸入梁内须弯折后置于梁的下部纵向钢筋之上。

(5)板上孔洞应预留，一般结构平面图中只表示出洞口尺寸≥300mm的孔洞，施工时各工种必须根据各专业图纸配合土建预留全部孔洞，不得后凿或截断，见图1。当孔洞尺寸≤300mm时，洞边不再另加钢筋，板内外钢筋由洞边绕过，不得截断，见图1。当洞口尺寸＞300mm时，应设洞边加筋，按平面图示的要求施工。当平面图未交代时，一般按图2要求。加筋的长度为单向板受力方向或双向板的两个方向沿跨度通长，并锚入支座＞5d，且应伸入到支座中心线。单向板非受力方向的洞口加筋长度为洞口宽加两侧各40d，且应放置在受力钢筋之上。

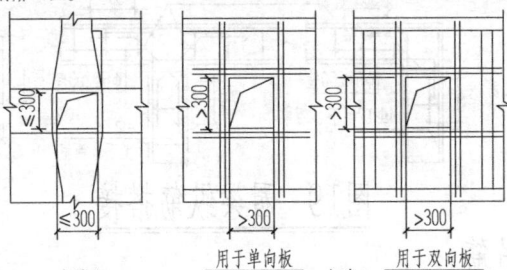

图1　图2　用于单向板　用于双向板

(6)图中注明的后浇板，当注明配筋时，钢筋不断；未注明配筋时，均双向φ8@150置于板底，待设备安装完毕后，再用同强度等级的混凝土浇筑，板厚同周围板。

(7)板内分布钢筋，除注明者外见下表。

楼板厚度	100~140	150~170	180~200	200~220	230~250
分布钢筋	φ8@200	φ8@150	φ10@250	φ10@200	φ12@200

(8)对于外露的现浇钢筋混凝土女儿墙、挂板、栏板、檐口等构件，当其水平直线长度超过2m时，应按图3设置伸缩缝。伸缩缝间距≤12m。

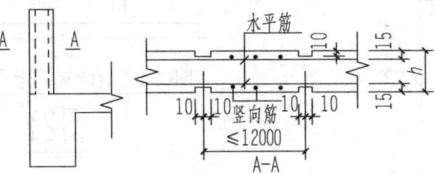

图3　A-A　≤12000

(9)楼板上后砌隔墙的位置应严格遵守建筑施工图，不可随意砌筑。

(10)对短向跨度≥3.6m的板，其模板应起拱，起拱高度为跨度的0.3%。

(11)对短向跨度≥3.6m的板，其四周角应设5φ10@200放射负筋，长度取该板对角线长度的1/4，以防止板四角产生切角裂缝。

5.钢筋混凝土梁：

梁、次梁的设计说明详见平法图集22G101-1，必须按图集规定施工。

(1)梁内箍筋除单肢箍外，其余采用封闭形式，并做成135°，纵向钢筋为多排时，应增加直线段，弯钩在两排或三排钢筋间不弯折。上下主钢筋锚固长度按钢筋的受拉锚固度l_a锚固；梁抗扭时：箍筋的末端应做成135°弯钩，按搭接长度搭接，弯钩端头平直段长度≥10d（d为箍筋直径），或参结施03图17。

(2)梁第一根箍筋距柱边或梁边50mm起。

(3)主梁内在次梁两侧未另注明箍筋者，均在次梁两侧各设3道箍筋，箍筋肢数、直径同梁箍筋，间距50mm。次梁吊筋在梁配筋图中表示。

(4)主次梁高度相同时，次梁的下部纵向钢筋应置于主梁下部纵向钢筋之上。

(5)梁的纵向钢筋需要设置接头时，底部钢筋应在距支座1/3跨度范围内接头，上部钢筋应在跨中1/3跨度范围内接头。同一接头范围内的接头数量不应超过总钢筋数量的50%。

(6)在梁跨中开不大于φ150的洞，在具体设计中未说明做法时，洞的位置应在梁跨中的2/3范围内，梁的中间1/3范围内。洞边及洞上下的配筋见图4。

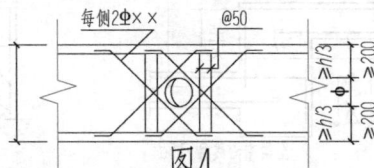

图4　每侧2φ×× @50 ≥h/3 ≥200 ≥h/3 ≥200

(7)梁跨度大于或等于4m时，模板按跨度的0.2%起拱；悬臂梁按悬臂长度的0.4%起拱。起拱高度不小于20mm。

(8)楼梯休息平台梁与框架下梁用短柱连接，短柱配筋同GZ，且楼梯休息平台板上增加现浇板垫，板垫配筋同QL。

6.钢筋混凝土柱：

(1)柱子箍筋，除拉结钢筋外均采用封闭形式，并做成135°弯钩，直钩长度为10d。当柱中全部纵向钢筋的配筋超过3%时，箍筋应焊成封闭环式。

(2)柱应按建施图中填充墙的位置预留拉结筋。

(3)柱与现浇过梁、圈梁相连接处，在柱内应预留插铁，插铁伸出柱外皮长度为1.2l_a，锚入柱内长度为l_a。

(4)女儿墙均设置240×240构造柱，柱内配4φ14主筋，箍筋φ6@200构造柱每隔4.00m设置一个，女儿墙顶部设置360×120钢筋混凝土压顶梁，梁内配主筋4φ10，箍筋φ6@200。

7.当柱混凝土强度等级高于梁混凝土一个等级时，梁柱节点处混凝土可随梁混凝土强度等级浇筑。当柱混凝土强度等级高于梁混凝土两个等级时，梁柱节点处混凝土应按柱混凝土强度等级浇筑。此时应先浇筑柱的高等级混凝土，然后再浇筑梁的低等级混凝土。也可同时浇注，但应特别注意，不应使低等级混凝土扩散到高等级混凝土的结构部位中去，以确保高强混凝土结构质量。柱高等级混凝土浇筑范围见图5。

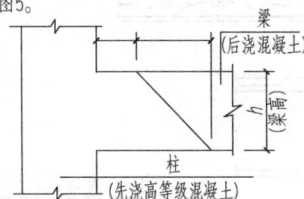

图5　梁（后浇混凝土）　柱　（先浇高等级混凝土）

8.填充墙：

(1)填充墙的材料、平面位置见建筑图，不得随意更改。

(2)当首层填充墙下无基础梁或结构梁板时，墙下应做基础，基础作法详见图6。

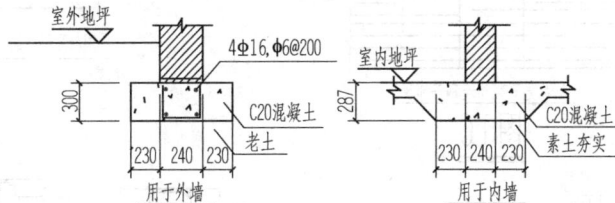

图6　室外地坪　4φ16,φ6@200　室内地坪　300　287　C20混凝土　老土　230 240 230　用于外墙　用于内墙　C20混凝土　素土夯实　230 240 230

(3)砌体填充墙沿墙体高度每隔500mm设置2φ6拉筋，拉筋与主体结构的拉接作法详见标准图集。墙板构造及与主体结构的拉接作法详见各墙体的相应构造图集，或参结施03图12。

(4)当砌体填充墙长度大于层高2倍时，应在建筑图表示的位置设置钢筋混凝土构造柱。构造柱配筋见图7，构造柱上下端各层约400mm高度范围内，箍筋距加密至100。构造柱与楼面相交处在施工楼面时应留出相应插筋，见图8。构

柱钢筋绑扎完后，应先砌墙，后浇筑混凝土，在构造柱处，墙体中应留好拉结筋。浇筑构造柱混凝土前，应将柱根处杂物清理干净，并用压力水冲洗。然后才能浇筑混凝土。

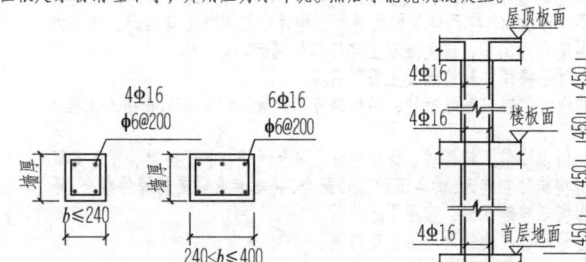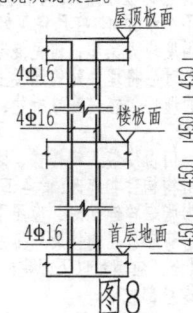

图7　图8

(5)填充墙应在主体结构施工完毕后，由上而下逐层砌筑，或将填充墙砌筑到梁、板底附近，最后再由上而下按下述(9)条要求完成。

(6)填充墙洞口过梁可根据建筑图纸的洞口尺寸按03G322-2选用，荷载按一级取用，或参结施03图17。当洞口紧贴柱或钢筋混凝土墙时，过梁改为现浇。施工主体结构时，应按相应的梁配筋，在柱(墙)内预留插筋，见图9。现浇过梁截面、配筋可按下表形式给出。

填充墙洞口过梁表

洞口净跨L_0	L_0<1000	1000≤L_0<1500	1500≤L_0<2100	2100≤L_0<2700	2700≤L_0<3000	3000≤L_0<3600
梁高h	120	120	180	200	250	300
支座长度a	240	240	240	370	370	370
②	2φ10	2φ10	2φ10	2φ2	2φ12	2φ12
①	2φ10	2φ12	2φ14	3φ14	3φ14	3φ16
③	φ6@200	φ6@200	φ6@200	φ6@200	φ6@150	φ6@150

(7)洞顶离梁底距离小于混凝土过梁高度时，采用与梁同浇的下挂板替代过梁，见图10。

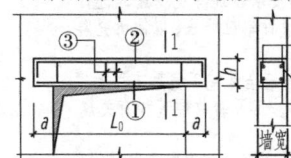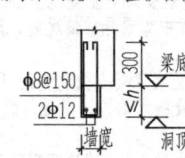

图9 过梁　图10 洞口顶挂板处理

(8)当砌体填充墙高度大于4m时应设钢筋混凝土圈梁。作法为：一内墙门洞上设一道，兼作过梁，外墙窗及窗顶处各设一道。内墙圈梁宽度同墙厚，高度120mm。外墙圈梁宽度见建筑墙身剖面图，高度180mm。圈梁宽度b≤240mm时，配筋上下各2φ12，φ6@200箍；b＞240mm时，配筋上下各2φ14，φ6@200箍。圈梁兼作过梁时，应在洞口上方按过梁要求确定截面并另加钢筋。

(9)填充墙砌至板底附近，应待砌体沉实后再用斜砌法把下部砌体与上部板、梁间砌块逐块嵌紧砌实，构造柱顶采用干硬性混凝土捣实。参见图11。

9.预埋件

所有钢筋混凝土构件均应按各工种的要求，如建筑吊顶、门窗、栏杆管道吊架等设置预埋件，各工种应配合土建施工、将需要的埋件全部留齐。

图11 填充墙顶部构造

混凝土表面抹灰，必须对基层采取抹1:0.5水泥砂浆(内掺粘结剂)　梁或板　顶部斜砌墙须待下部砖墙沉实后，在砌筑时须逐块嵌紧砌实，砂浆饱满　在梁、柱与墙连接处应用钢丝网加强后再粉面，钢丝网宽不小于500

十一、其他

1.本工程图示尺寸以毫米(mm)为单位，标高以米(m)为单位。

2.防雷接地做法详见电气施工图。

3.设备定货与土建关系：

(1)电梯定货必须符合本图所提供的电梯井道尺寸、门洞尺寸以及建筑图纸的电梯机房设计。门洞边的预留孔洞、电梯机房楼板、检修井勾等，需待电梯定货后，经核实无误方能施工。

(2)地下室设备基础待设备定货后再行设计施工。

4.水箱图集选用(2004浙S3)图集，X10-33、SX6-33水箱图，位置见结施13。

单位出图专用章	执业资格专用章	××市规划建筑设计院		工程名称	某厂房	工程号	
		审定	设计	项目		日期	
		审核	计算	图名	结构设计总说明(二)	图别	结施
		项目负责	校对			图号	02

5.预埋件:
(1)预埋件锚脚与锚板采用T形焊,优先采用埋弧焊,所有焊缝均满焊,焊缝高度除注明者外均不小于6mm。在已浇筑好的混凝土构件中的埋件上焊接时,应注意间隔施焊,减少温度应力集中,避免混凝土烧杯钢板翘起。
(2)浇筑混凝土时应将埋件处的混凝土捣制密实。
(3)设在板底的埋件,在锚筋弯折处,沿板筋方向放置2φ12钢筋,并锚入支座不小于l_a。
(4)建筑吊顶、门窗安装、钢楼梯、楼梯栏杆、阳台栏杆、电缆桥梁、管道支架及电梯导轨等与结构构件相连时,请各工种密切配合,将本专业需要的埋件留全,不要遗漏。如采用膨胀螺栓连接时,应照下条执行。
(5)预埋件的锚筋应放在构件最外排主筋内侧。
6.设置膨胀螺栓,应满足以下规定:
(1)可设膨胀螺栓部位:
a.除梁宽范围外的楼板;b.梁高(h)中部1/3的梁侧面。
(2)禁止设置膨胀螺栓部位:
a.柱;b.梁底部、顶部,梁高(h)的上、下1/3范围。
上述禁止设置膨胀螺栓部位如需联结时,必须预设埋件。
7.钢筋混凝土结构的施工应遵照《混凝土结构工程施工质量验收规范》(GB 50204—2015)。
8.钢筋混凝土构件施工中应与建筑、设备各工种的图纸密切配合,浇筑混凝土前应仔细检查埋件、插铁、预留孔洞及预埋管是否遗漏,位置是否正确,经查对无误,方可浇筑,不得浇筑后剔凿。
9.对于体积、厚度较大的混凝土构件,应选用发热值较低的硅酸盐水泥,并采用必要的浇注和养护措施,防止水化热及收缩应力对结构造成不良影响。对钢筋布置较密的构件及梁柱节点核心区混凝土应采取措施,切实捣固。冬季施工时,应采取混凝土防冻措施。
10.沉降观测:
本工程应按《建筑变形测量规范》(JGJ 8—2016)的要求设沉降观测点,进行沉降观测,施工过程中如遇异常情况时,请及时与建筑设计单位联系,以便研究解决方法。
11.雨篷、挑梁应在混凝土强度达到100%后及上部砖墙全部施工完后方可拆模。
12.本工程施工及验收均按国家现行的建筑安装工程施工及验收规范和有关规定执行。
13.本施工图中未详之处,遵照现行施工及验收规范执行。施工中若发现问题或因某种原因需修改设计时请与设计单位联系,共同协商处理,切勿单独修改设计。

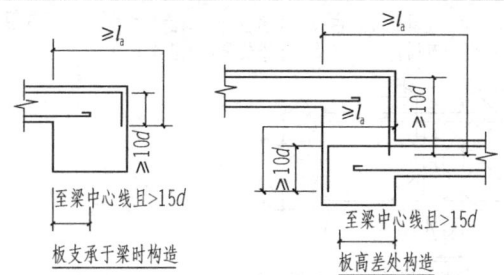
图13

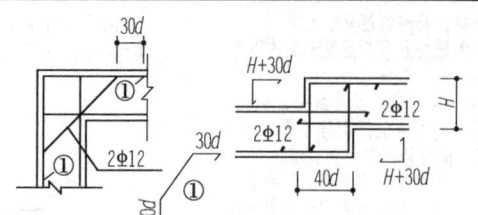
图14 圈梁加筋

QL

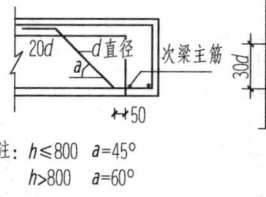
注: $h \leq 800$ $a=45°$
$h > 800$ $a=60°$
图18 挑梁头部吊筋

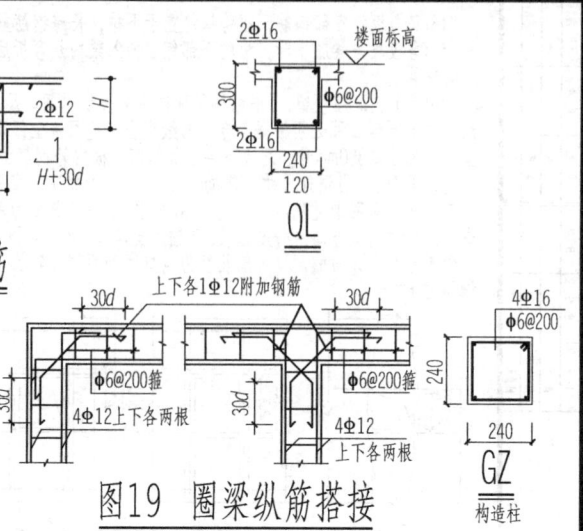
图19 圈梁纵筋搭接

GZ
构造柱

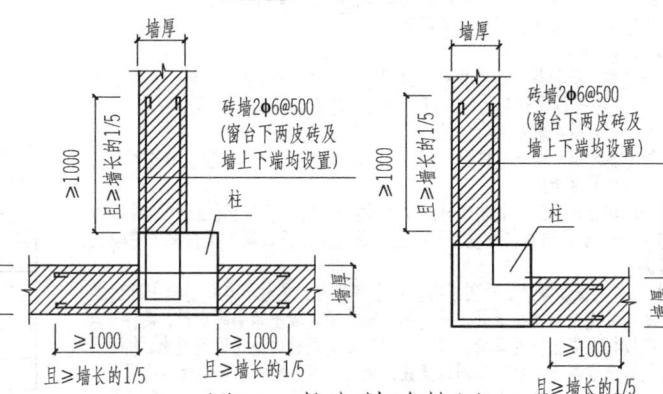
图15 柱与墙连接图

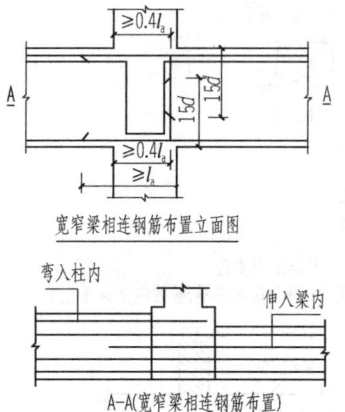
宽窄梁相连钢筋布置立面图

A—A(宽窄梁相连钢筋布置)
图16

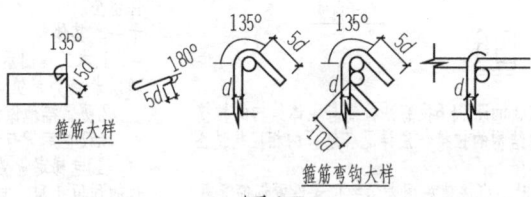
箍筋大样
图17

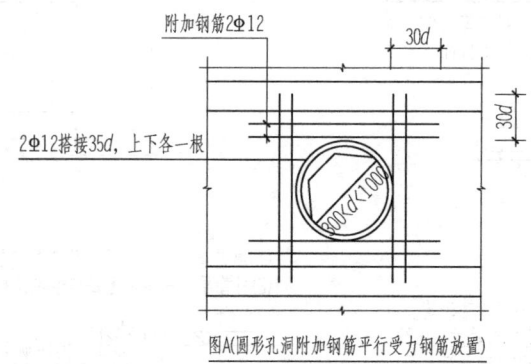
图A(圆形孔洞附加钢筋平行受力钢筋放置)
图20

箍筋弯钩大样

梁侧面纵向构造筋和拉筋
图23

注:1.间距$a \leq 200$,从现浇板底算起。
2.施工图中未注明侧面筋时,按本图构造配筋。

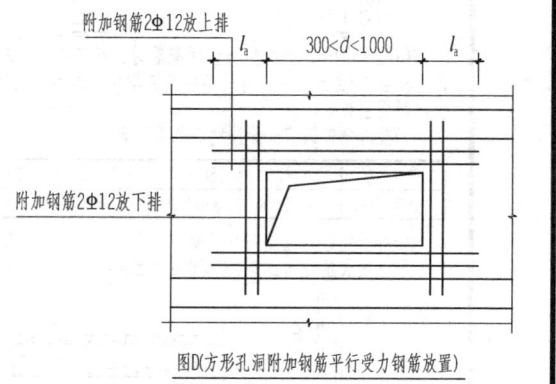
图D(方形孔洞附加钢筋平行受力钢筋放置)
图21

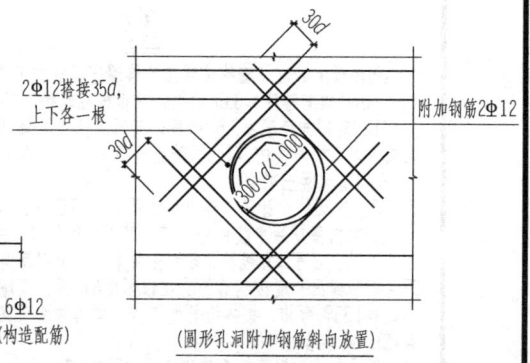
(圆形孔洞附加钢筋斜向放置)
图22

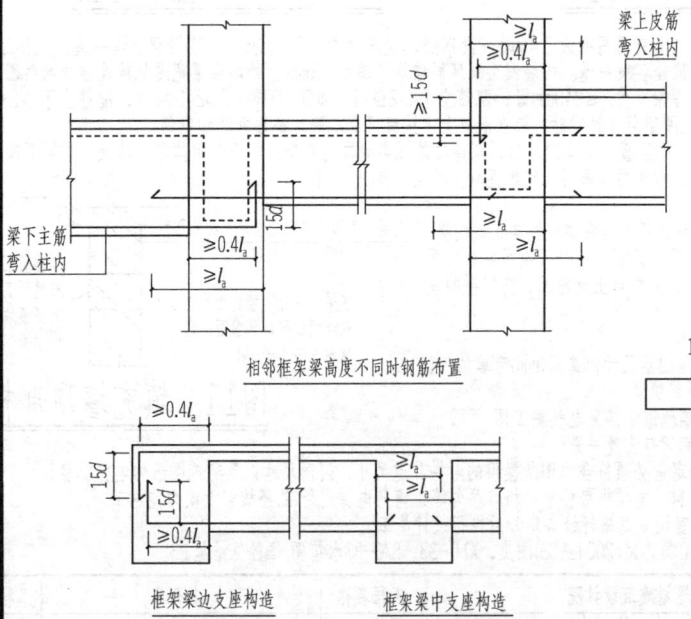
框架梁边支座构造　框架梁中支座构造
图12

单位出图专用章 | 执业资格专用章 | ××市规划建筑设计院
工程名称　某厂房　工程号
审定　设计　项目　日期
审核　计算　图别　结施
项目负责　校对　图名　结构设计总说明(三)　图号　03

-0.050~22.750柱平法施工图 1:100

左侧楼层表：

层号	标高(m)	层高(m)
屋面	22.750	
6	18.550	3.60
5	14.950	3.60
4	11.350	3.60
3	7.750	3.60
2	4.150	3.60
1	-0.050	4.20

结构层楼面标高
结构层高

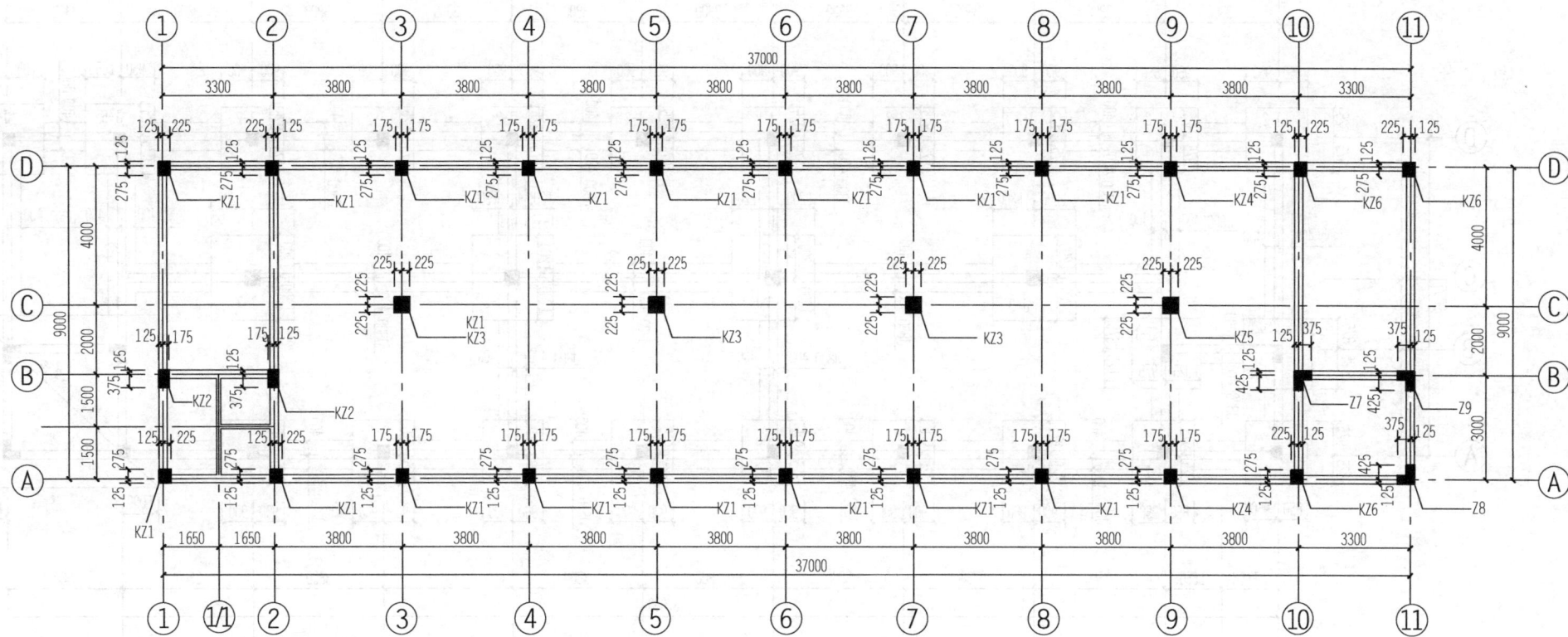

柱截面图

	9-9	10-10	11-11	12-12	13-13
	Z7	Z7	Z7	Z8	Z9
	-0.050~4.150	4.150~18.550	18.550~22.750	-0.050~22.750	-0.050~22.750
	(8Φ20)+2Φ20	(8Φ18)+2Φ18	(4Φ18)+4Φ18	(8Φ18)+2Φ18	(8Φ20)+2Φ20
	Φ8@100/200	Φ8@100/200	Φ6@100/200	Φ8@100/200	Φ8@100/200

柱表

柱编号	标高(m)	b×h(mm×mm)	b₁(mm)	b₂(mm)	h₁(mm)	h₂(mm)	全部纵筋	角筋	b侧一边中部筋	h侧一边中部筋	箍筋类型编号	箍筋	备注
KZ1	-0.050~18.550	350×400	125	225	125	275	2Φ16+6Φ18	4Φ18	2Φ18	2Φ16	1(2×3)	φ6@100/200	
KZ2	-0.050~18.550	300×500	125	175	375	125	8Φ18	4Φ18	2Φ18	2Φ18	1(2×3)	φ8@100/200	
KZ3	-0050~4.150	450×450	225	225	225	225	8Φ22	4Φ22	2Φ22	2Φ22	2	φ8@100/200	
	4.150~18.550	450×450	225	225	225	225	8Φ20	4Φ20	2Φ20	2Φ20	2	φ6@100/200	
KZ4	-0.050~7.750	350×400	175	175	275	125	2Φ16+6Φ18	4Φ18	2Φ18	2Φ16	1(2×3)	φ6@100/200	
	7.750~22.750	300×400	150	150	275	125	2Φ16+6Φ18	4Φ18	2Φ18	2Φ16	1(2×3)	φ6@100/200	
KZ5	-0.050~4.150	450×450	225	225	225	225	8Φ22	4Φ22	2Φ22	2Φ22	2	φ8@100/200	
	4.150~11.350	450×450	225	225	225	225	8Φ20	4Φ20	2Φ20	2Φ20	2	φ6@100/200	
	11.350~22.750	350×450	175	175	225	225	8Φ20	4Φ20	2Φ20	2Φ20	1(2×3)	φ6@100/200	
KZ6	-0.050~4.150	350×400	125	225	275	125	8Φ22	4Φ22	2Φ22	2Φ22	1(2×3)	φ6@100/200	
	4.150~18.550	350×400	125	225	275	125	8Φ20	4Φ20	2Φ20	2Φ20	1(2×3)	φ6@100/200	

单位出图专用章	执业资格专用章	××市规划建筑设计院	工程名称	某厂房	工程号
		审定　　设计	项目		日期
		审核　　计算	图名	柱平法施工图	图别 结施
		项目负责　校对			图号 04

51

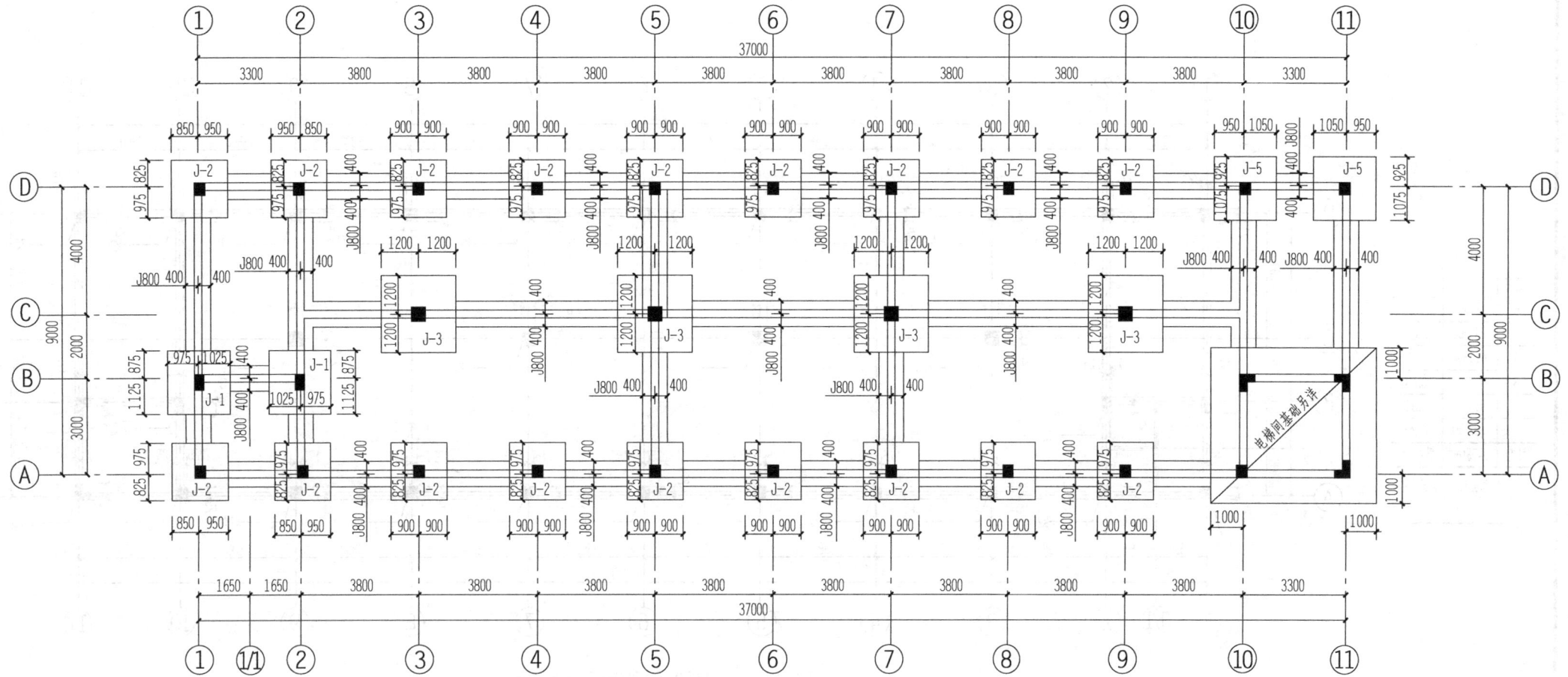

基础平面布置图 1:100

注：1.-0.050以下柱配筋(主筋和箍筋)均参同-0.050以上的底层柱配筋。
2.钢筋混凝土条形基础底板在T形及十字板交接处，底板横向受力钢筋仅沿一个主要受力方向通长布置，另一方向的横向受力钢筋可布置到主要受力方向底板宽度1/4处；在拐角处底板横向受力钢筋应沿两个方向布置。见图1。

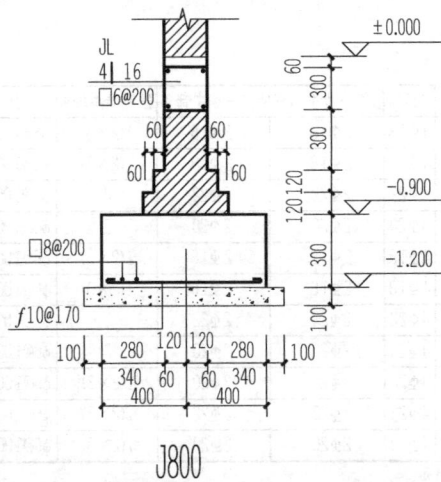

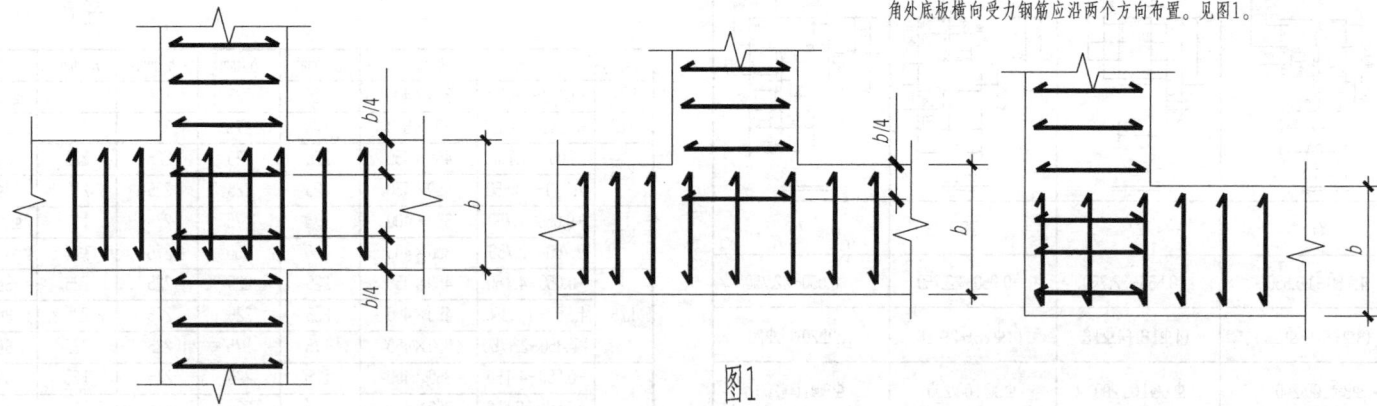

图1

单位出图专用章	执业资格专用章	××市规划建筑设计院		工程名称	某厂房	工程号	
		审 定	设 计	项 目		日 期	
		审 核	计 算	图 名	基础平面布置图	图 别	结施
		项目负责	校 对			图 号	05

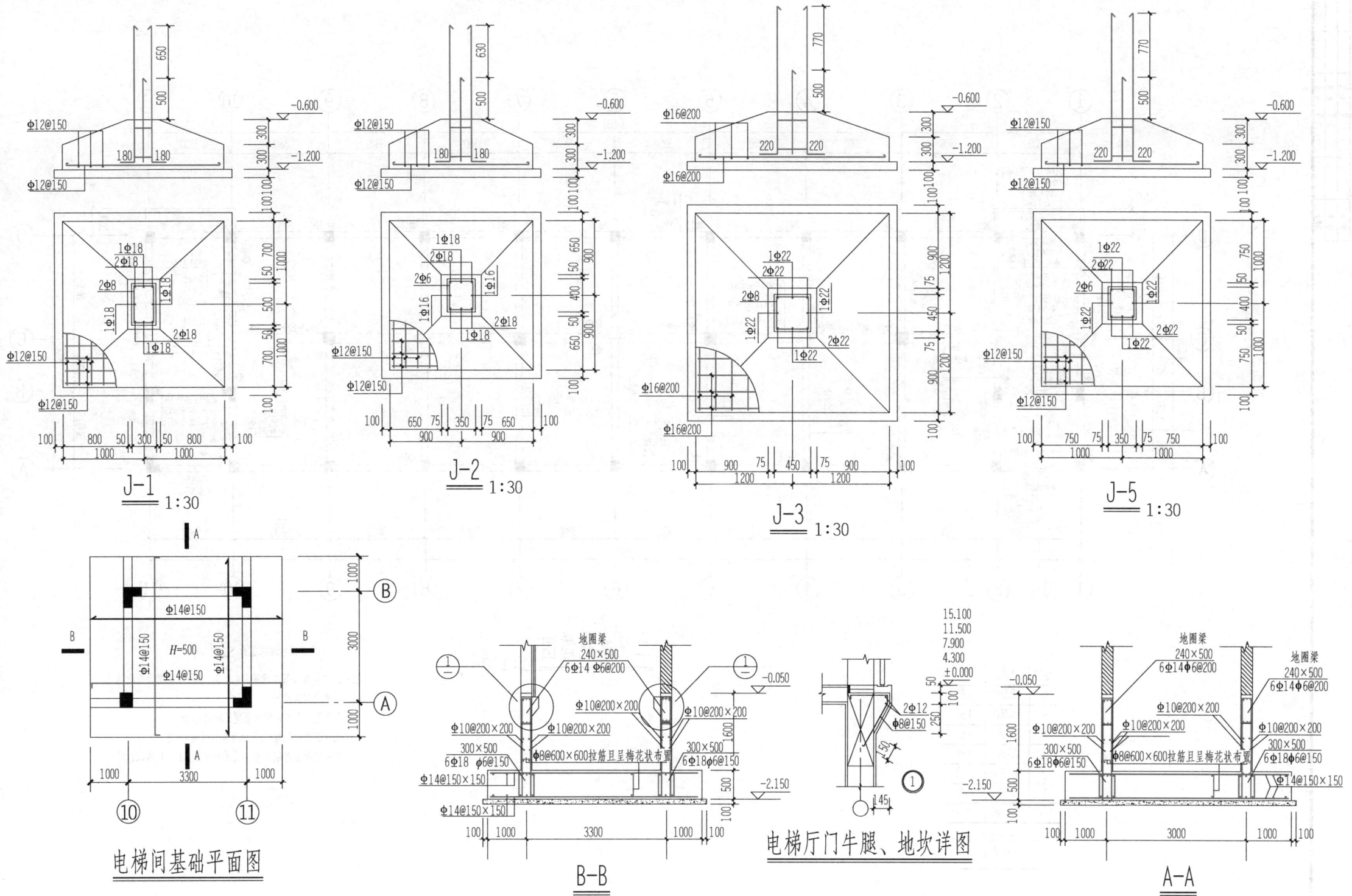

$\Phi12@150$
$\Phi12@150$
$1\Phi18$
$2\Phi18$
$2\Phi8$
$1\Phi18$
$1\Phi18$
$2\Phi18$
$\Phi12@150$
$\Phi12@150$

J-1 1:30

$\Phi12@150$
$\Phi12@150$
$1\Phi18$
$2\Phi18$
$2\Phi6$
$1\Phi16$
$1\Phi16$
$1\Phi18$
$2\Phi18$
$\Phi12@150$
$\Phi12@150$

J-2 1:30

$\Phi16@200$
$\Phi16@200$
$1\Phi22$
$2\Phi22$
$2\Phi8$
$1\Phi22$
$1\Phi22$
$2\Phi22$
$\Phi16@200$
$\Phi16@200$

J-3 1:30

$\Phi12@150$
$\Phi12@150$
$1\Phi22$
$2\Phi22$
$2\Phi6$
$1\Phi22$
$1\Phi22$
$2\Phi22$
$\Phi12@150$
$\Phi12@150$

J-5 1:30

$\Phi14@150$
$\Phi14@150$
$H=500$
$\Phi14@150$
$\Phi14@150$

电梯间基础平面图

地圈梁 240×500 $6\Phi14$ $\phi6@200$
$\Phi10@200\times200$
$\Phi10@200\times200$
$\Phi10@200\times200$
300×500 $6\Phi18$ $\phi6@150$
$\Phi8@600\times600$拉筋且呈梅花状布置
$\Phi14@150\times150$
$\Phi14@150\times150$

B—B

电梯厅门牛腿、地坎详图
$2\Phi12$
$\phi8@150$

①

地圈梁 240×500 $6\Phi14$ $\phi6@200$
地圈梁 240×500 $6\Phi14$ $\phi6@200$
$\Phi10@200\times200$
$\Phi10@200\times200$
$\Phi10@200\times200$
300×500 $6\Phi18$ $\phi6@150$
$\Phi8@600\times600$拉筋且呈梅花状布置
$\Phi14@150\times150$

A—A

注：1.-0.050以下柱配筋(主筋和箍筋)均参同-0.050以上的底层柱配筋。

2.电梯井基础底板及侧壁采用C25防水混凝土，抗渗等级S6；电梯
间地下层混凝土墙外侧钢筋保护层：50mm；电梯间地下层混凝
土墙内侧钢筋保护层：25mm；柱插筋参柱配筋图。

单位出图专用章	执业资格专用章	××市规划建筑设计院		工程名称	某厂房		工程号	
		审 定	设 计	项 目			日 期	
		审 核	计 算				图 别	结施
		项目负责	校 对	图 名	电梯间基础平面图及大样图		图 号	06

53

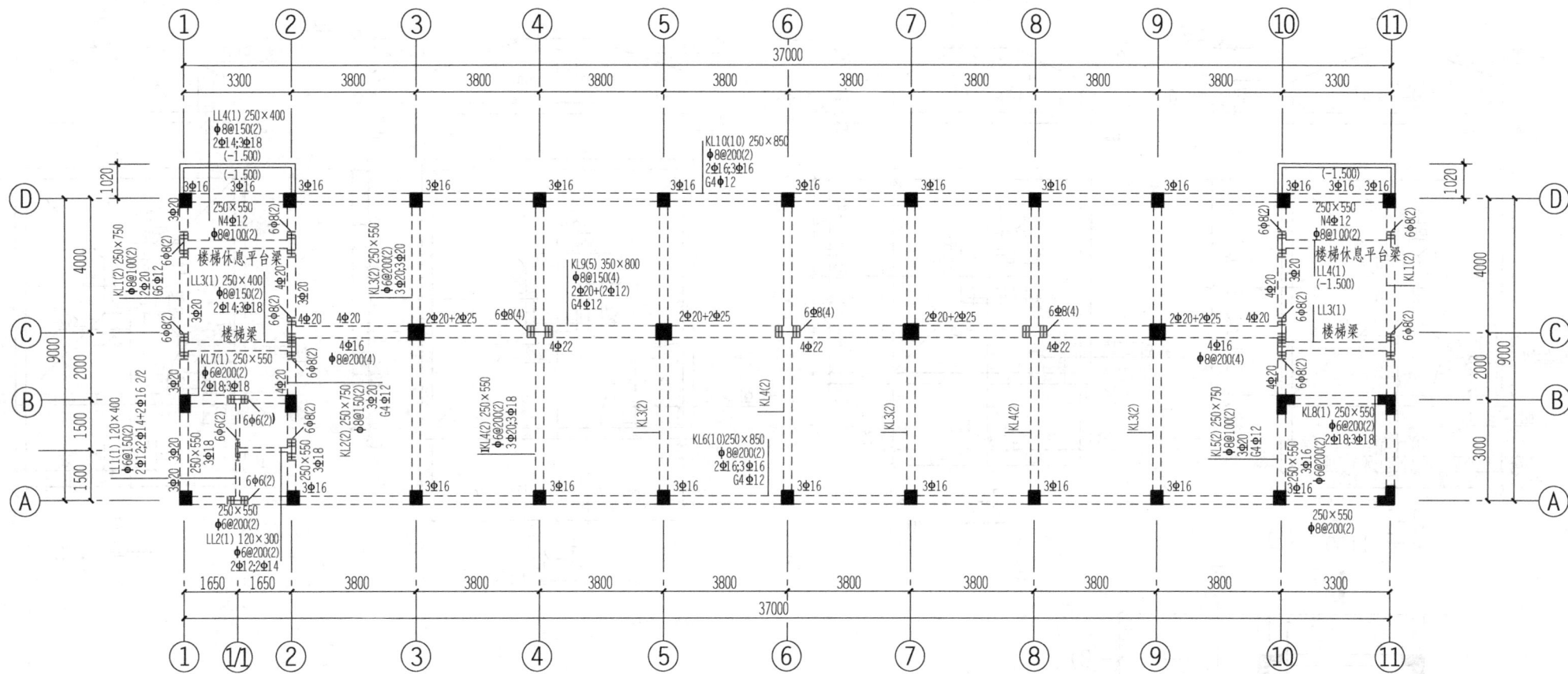

二层梁配筋图 1:100

梁顶基准标高为 $\dfrac{4.150}{\triangledown}$

屋面	22.750	
6	18.550	3.60
5	14.950	3.60
4	11.350	3.60
3	7.750	3.60
2	4.150	3.60
1	-0.050	4.20
层号	标高(m)	层高(m)

结构层楼面标高
结构层高

注：1.本层梁顶基准标高为4.150，括号中数据为与此标高的相对高差。
2.框架梁箍筋加密区长度S_1取1.5倍梁高。
3.拉筋直径同箍筋，间距为箍筋间距的2倍。
4.框架梁上部钢筋当不贯通时截断点L_1、L_2均取$L_0/3$。

主要梁标注（图中）：
LL4(1) 250×400 φ8@150(2) 2Φ14;3Φ18 (-1.500)
KL10(10) 250×850 φ8@200(2) 2Φ16;3Φ16 G4Φ12
250×550 N4Φ12 φ8@100(2)
KL3(2) 250×550 φ8@200(2) 3Φ20;3Φ20
KL9(5) 350×800 φ8@150(4) 2Φ20+(2Φ12) G4Φ12
楼梯休息平台梁
楼梯梁
KL11(2) 250×750 φ8@100(2) 6Φ8
KL11(1) 120×400 2Φ12;2Φ14+2Φ16 2Φ2
KL7(1) 250×550 φ6@200(2) 2Φ18;3Φ18
KL2(2) 250×750 φ8@200(2) G4Φ12
KL4(2) 250×550 φ8@200(2) 3Φ20;3Φ18
KL6(10) 250×850 φ8@200(2) 2Φ16;3Φ16 G4Φ12
LL1(1) 120×400 2Φ12;2Φ14+2Φ16 2Φ2
LL2(1) 120×300 φ6@200(2) 2Φ12;2Φ14
250×550 φ6@200(2)
KL5(2) 250×750 φ8@200(2) G4Φ12
KL8(1) 250×550 φ6@200(2) 2Φ18;3Φ18
LL3(1) 250×400 φ8@150(2) 2Φ14;3Φ18
KL1(2) 250×750

轴线尺寸：3300 3800 3800 3800 3800 3800 3800 3800 3800 3300 （总计37000）
①1/1②③④⑤⑥⑦⑧⑨⑩⑪
1650 1650 3800 3800 3800 3800 3800 3800 3300
竖向：1020 4000 2000 1500 1500 / 9000

单位出图专用章　执业资格专用章　××市规划建筑设计院　工程名称　某厂房　工程号
审定　设计　项目　日期
审核　计算　图名　二层梁配筋图　图别　结施
项目负责　校对　图号　07

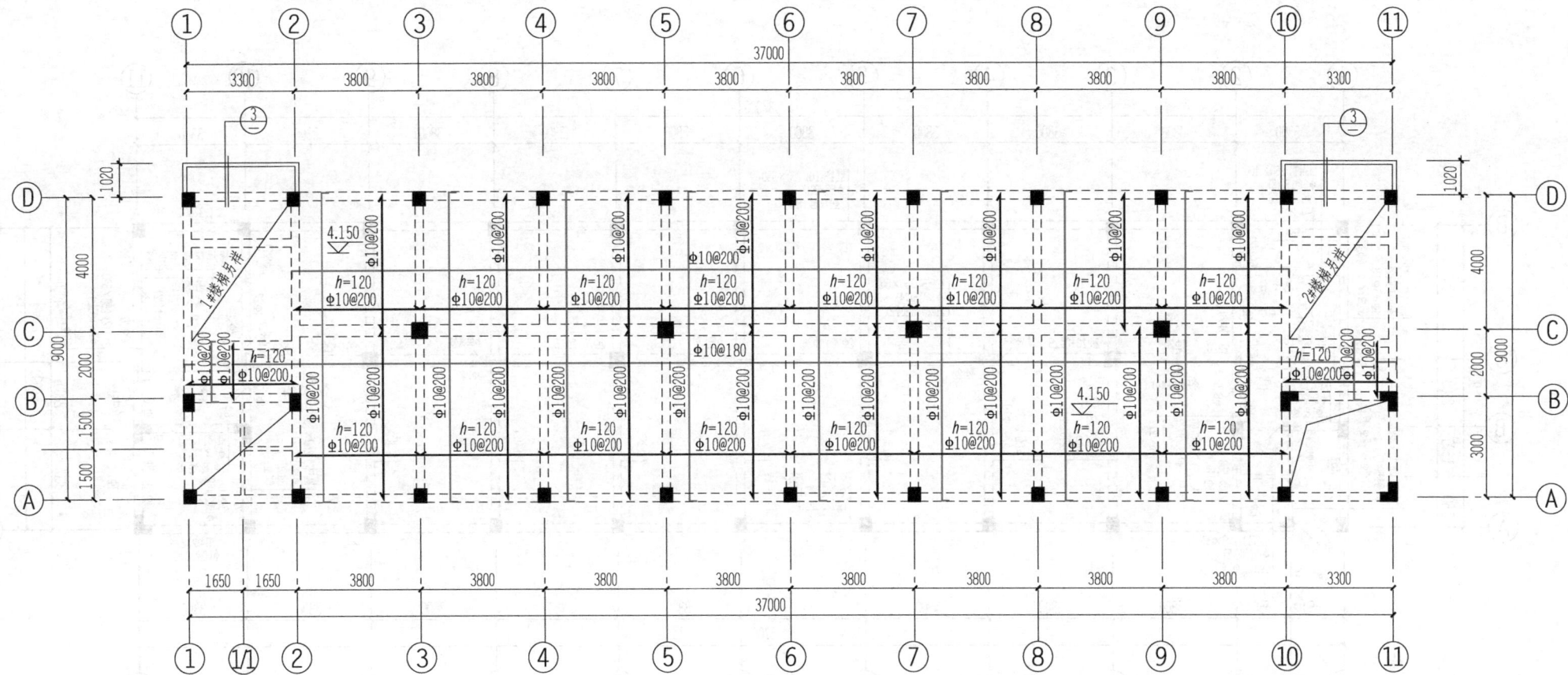

二层结构平面图 1:100

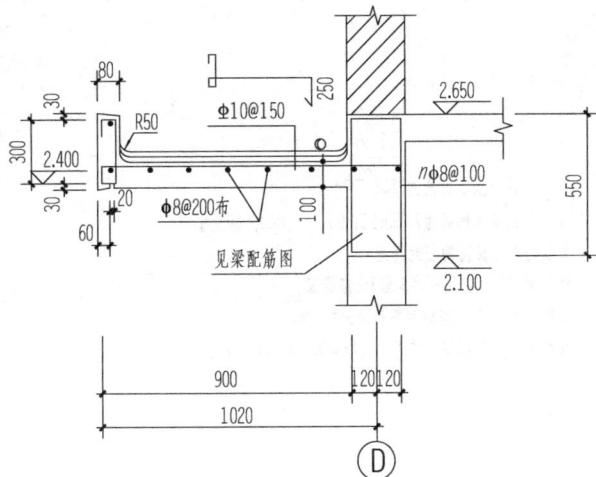

③ 1:20

屋面	22.750	
6	18.550	3.60
5	14.950	3.60
4	11.350	3.60
3	7.750	3.60
2	4.150	3.60
1	-0.050	4.20
层号	标高(m)	层高(m)

结构层楼面标高
结构层层高

注：1.现浇板楼面基准标高4.150。
2.粗实线标注部分为承重墙，未注明板厚为120。
3.未注明板底钢筋均配Φ10@200双向钢筋网，未注明板顶钢筋均配
Φ10@200双向钢筋网。
4.对短向跨度L≥3.6m的板，其四周应设5Φ10放射负筋，长度取
该板对角线长度的1/4，以防止板四角产生切角裂缝。
5.对短向跨度≥3.6m的板，其模板应起拱，起拱高度为跨度的0.3%。
6.XB1:板厚90，上下φ8@130，双向，卫生间楼面应比其他楼面低30。
7.未注明的板上留洞详见建施、水施、电施图，除风井和烟道外，先
将板筋布置好，待各专业管线安装好后再浇混凝土。

单位出图专用章	执业资格专用章	××市规划建筑设计院		工程名称	某厂房		工程号	
		审 定	设 计	项 目			日 期	
		审 核	计 算	图 名	二层结构平面图		图 别	结施
		项目负责	校 对				图 号	08

55

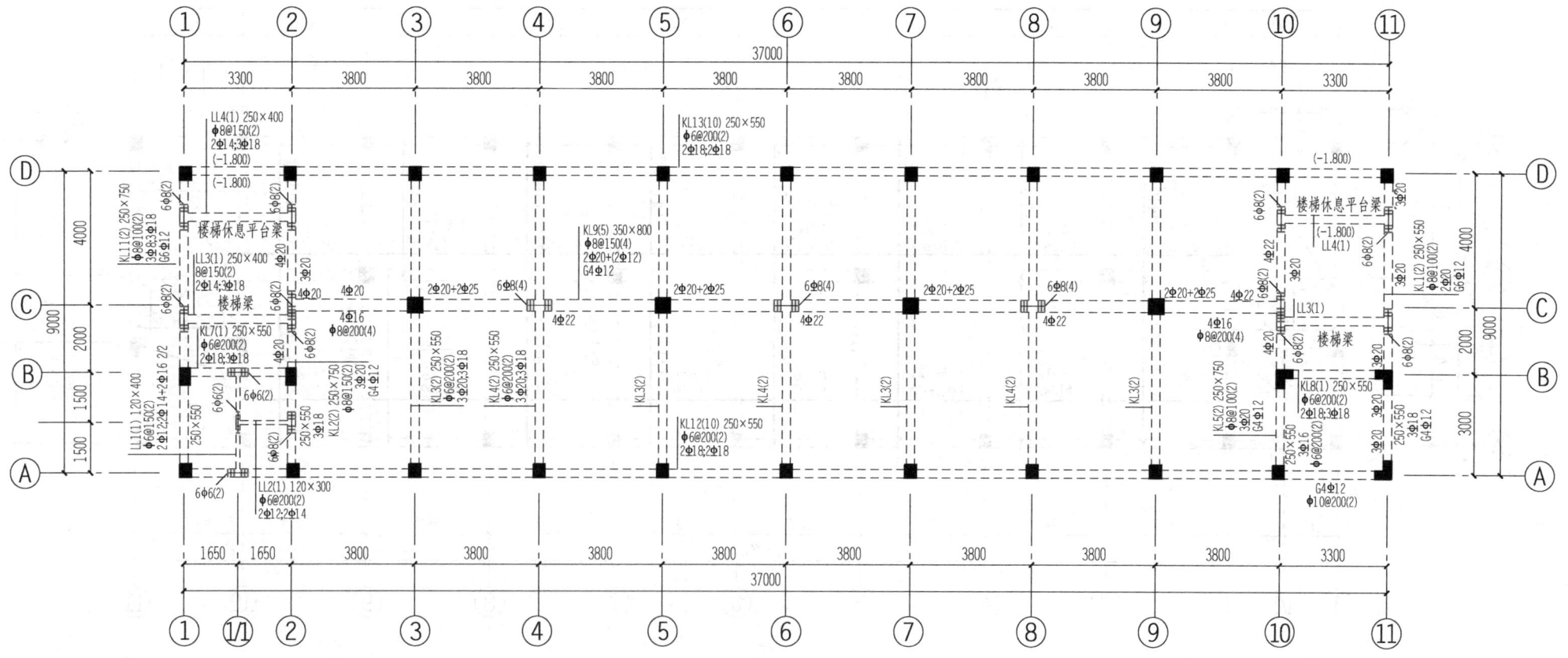

三~五层梁配筋图 1:100

结构层楼面标高
结构层层高

层号	标高(m)	层高(m)
屋面	22.750	
6	18.550	3.60
5	14.950	3.60
4	11.350	3.60
3	7.750	3.60
2	4.150	3.60
1	-0.050	4.20

14.950
11.350
7.750
梁顶基准标高为

注：1.本层梁顶基准标高为7.750(11.350 14.950)，括号中数据为与此标高的相对高差。

2.框架梁箍筋加密区长度S_1取1.5倍梁高。

3.拉筋直径同箍筋，间距为箍筋间距的2倍。

4.当框架梁上部钢筋不贯通时截断点L_1、L_2均取$L_0/3$。

LL4(1) 250×400
φ8@150(2)
2φ14;3φ18
(-1.800)
(-1.800)

KL13(10) 250×550
φ6@200(2)
2φ18;2φ18

KL11(2) 250×750
φ6φ8@100(2)
3φ8;3φ18
6φ12

楼梯休息平台梁

LL3(1) 250×400
φ8@150(2)
2φ14;3φ18

楼梯梁

6φ8(2)
6φ8(2)

KL9(5) 350×800
φ8@150(4)
2φ20+(2φ12)
G4φ12

2φ20+2φ25
6φ8(4)
4φ20
4φ16
φ8@200(4)
4φ20

2φ20+2φ25
6φ8(4)
4φ22

6φ8(4)
4φ22

2φ20+2φ25

6φ8(4)
4φ20

4φ16
φ8@200(4)

楼梯休息平台梁
(-1.800)
LL4(1) 250×550
6φ8(2)
6φ20
6φ20

KL11(2) 250×750
φ6φ8@100(2)
6φ12

LL3(1)
楼梯梁

KL7(1) 250×550
φ6@200(2)
2φ18;3φ18

250×550
6φ6(2)
6φ6(2)

KL3(2) 250×750
6φ20
G4φ12

KL3(2) 250×550
φ6@200(2)
3φ20;3φ18

KL4(2) 250×550
φ6@200(2)
2φ20;3φ18

KL3(2)

KL4(2)

KL3(2)

KL4(2)

KL3(2)

KL12(10) 250×550
φ6@200(2)
2φ18;2φ18

KL5(2) 250×750
φ6φ8@100(2)
3φ20
G4φ12

KL8(1) 250×550
φ6@200(2)
2φ18;3φ18

250×550
3φ16
3φ18

250×750
G4φ12
φ10@200(2)

6φ8(2)
6φ20
6φ20

6φ8(2)
6φ8(2)
6φ20
6φ12

LL1(1) 120×400
φ6@150(2)
2φ20;2φ14+2φ16 2/2

LL1(1) 120×550
φ6@150(2)
2φ20;2φ14

LL2(1) 120×300
6φ6(2)
φ6@200(2)
2φ12;2φ14

37000
3300 3800 3800 3800 3800 3800 3800 3800 3800 3300

4000
9000
2000
1500
1500

4000
9000
2000
3000

1650 1650 3800 3800 3800 3800 3800 3800 3800 3300
37000

单位出图专用章　执业资格专用章　××市规划建筑设计院

工程名称　某厂房　工程号

审　定　设　计　项　目　日　期

审　核　计　算　图　名　三~五层梁配筋图　图　别　结施

项目负责　校　对　图　号　09

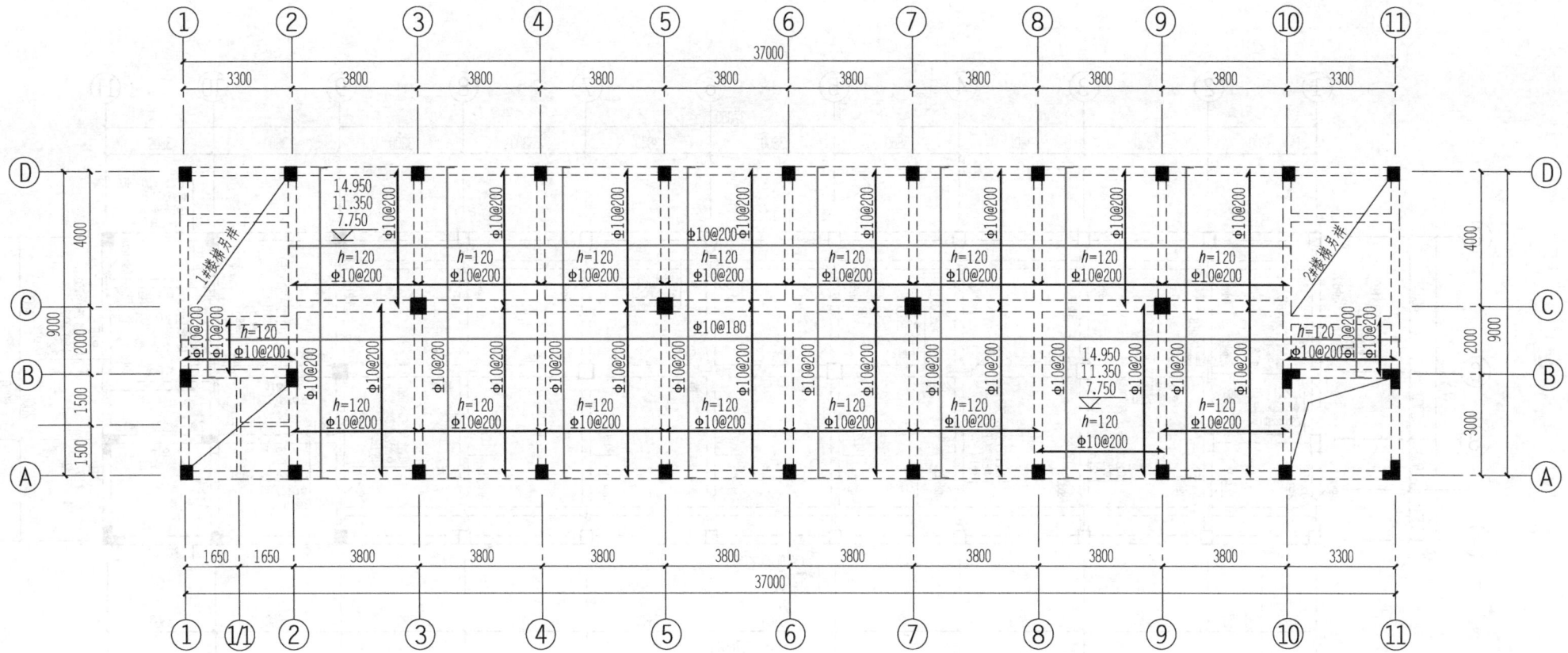

三~五层结构平面图 1:100

屋面	22.750	
6	18.550	3.60
5	14.950	3.60
4	11.350	3.60
3	7.750	3.60
2	4.150	3.60
1	-0.050	4.20
层号	标高(m)	层高(m)

结构层楼面标高
结构层高

注：1.现浇板楼面基准标高7.750(11.350±14.950)。
2.粗实线标注部分为承重墙，未注明板厚为120。
3.未注明板底钢筋均配Φ10@200双向钢筋网，未注明板顶钢筋均配Φ10@200双向钢筋网。
4.对短向跨度 $l \geq 3.6$ m的板，其四周角应设5Φ10放射负筋，长度取该板对角线长度的1/4，以防止板四角产生切角裂缝。
5.对短向跨度 $l \geq 3.6$ m的板，其模板应起拱，起拱高度为跨度的0.3%。
6.XB1:板厚90，上下φ8@130，双向，卫生间楼面应比其他楼面低30。
7.未注明的板上留洞详见建施、水施、电施图，除风井和烟道外，先将板筋布置好，待各专业管线安装好后再浇混凝土。

单位出图专用章	执业资格专用章	××市规划建筑设计院		工程名称	某厂房	工程号	
		审 定	设 计	项 目		日 期	
		审 核	计 算	图 名	三~五层结构平面图	图 别	结施
		项目负责	校 对			图 号	10

57

阁楼层梁配筋图 1:100

梁顶基准标高为 18.550

注：1.本层梁顶基准标高为18.550，括号中数据为与此标高的相对高差。
2.框架梁箍筋加密区长度S_1取1.5倍梁高。
3.拉筋直径同箍筋，间距为箍筋间距的2倍。
4.当框架梁上部钢筋不贯通时截断点L_1、L_2均取$L_0/3$。

屋面	22.750	
6	18.550	3.60
5	14.950	3.60
4	11.350	3.60
3	7.750	3.60
2	4.150	3.60
1	-0.050	4.20
层号	标高(m)	层高(m)

结构层楼面标高
结构层层高

KL13(10)
KL4(1) 250×400
Φ8@200(2)
2Φ14;3Φ18
(-1.800)

LL5(8) 250×400
Φ8@200(2)
2Φ18;2Φ18

KL9(5) 350×800
Φ8@150(4)
2Φ20+(2Φ12)
G4Φ12

楼梯休息平台梁
LL13(1) 250×400
Φ8@200(2)
2Φ14;3Φ18

KL17(2) 250×750
3Φ18
Φ8@100(2)
G4Φ12

250×750

KL18(2) 250×600
Φ8@200(2)
3Φ18
G2Φ14

KL19(2) 250×600
Φ8@200(2)
3Φ18
G2Φ14

KL23(1) 250×400
6Φ6@200(2)
2Φ16;3Φ16

KL20(2) 250×550
Φ8@200(2)
3Φ18

KL21(2) 250×550
3Φ18

KL20(2)

KL21(2)

KL20(2)

KL21(2)

KL22(2) 250×550
Φ8@200(2)
3Φ18;3Φ20

KL24(2) 250×400
Φ8@200(2)
2Φ18

KL15(2) 250×750
3Φ18
G6Φ12

楼梯梁

KL13(1) 250×550
Φ6@200(2)
2Φ18;2Φ18

37000
3300 3800 3800 3800 3800 3800 3800 3800 3800 3300

1650 1650 3800 3800 3800 3800 3800 3800 3800 3300

4000 9000 2000 1500 1500 1500 3000

单位出图专用章 | 执业资格专用章 | ××市规划建筑设计院
工程名称 某厂房 | 工程号
审定 | 设计 | 项目 | 日期
审校 | 计算 | 图名 阁楼层梁配筋图 | 图别 结施
项目负责 | 校对 | 图号 11

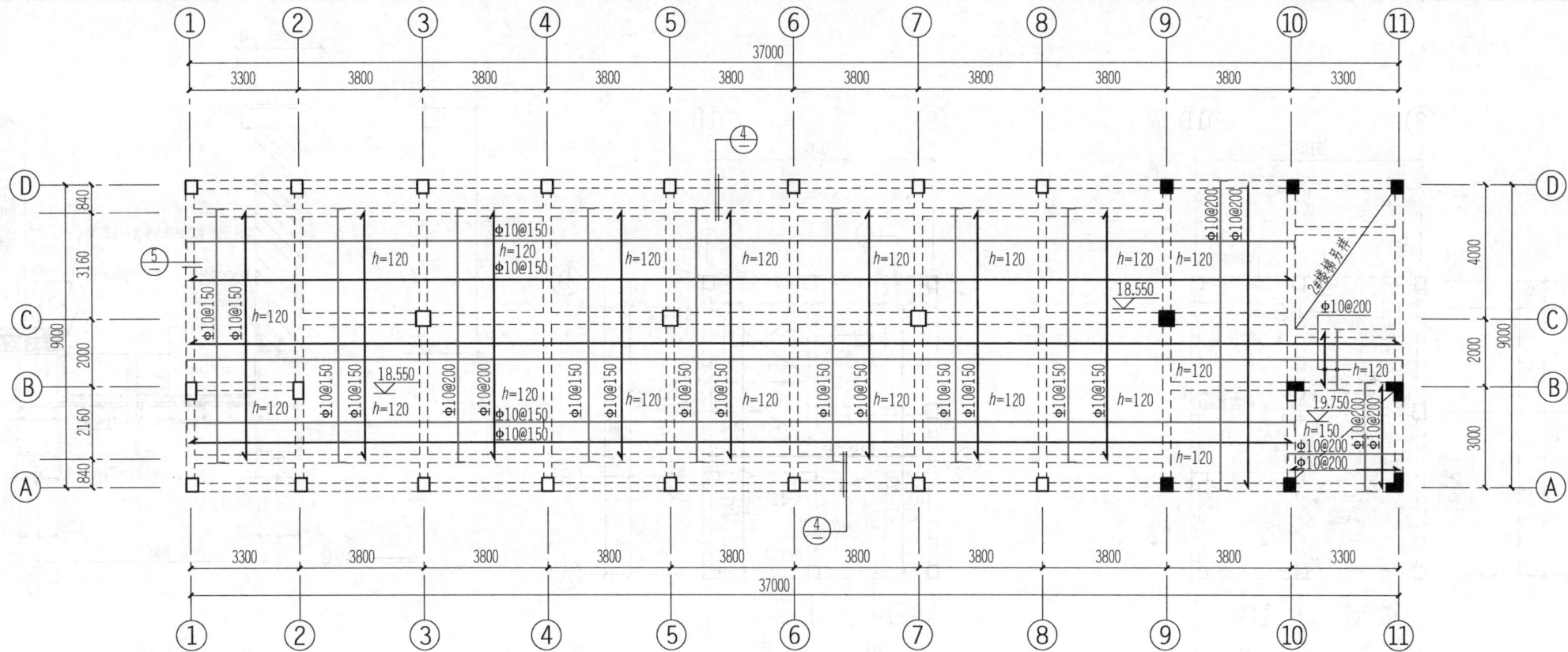

阁楼层结构平面图 1:100

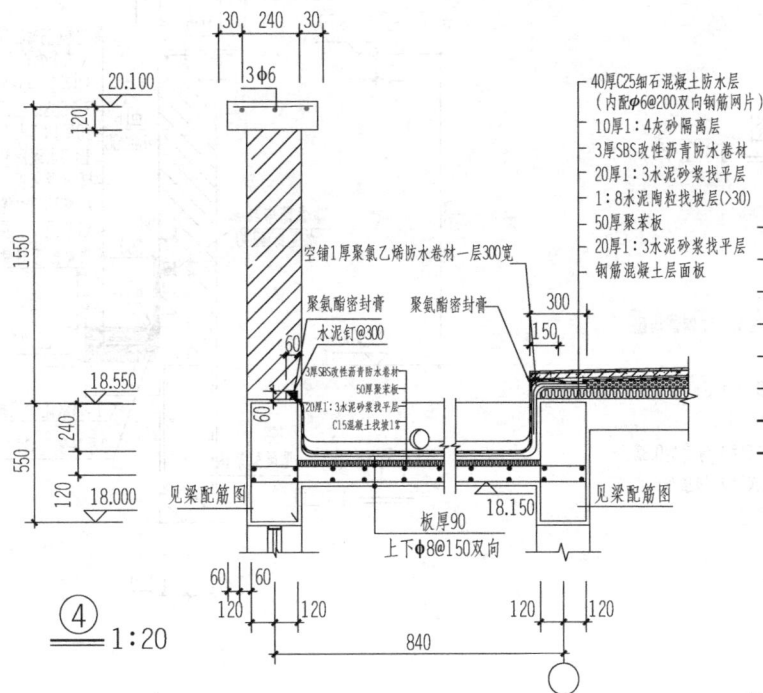

④ 1:20

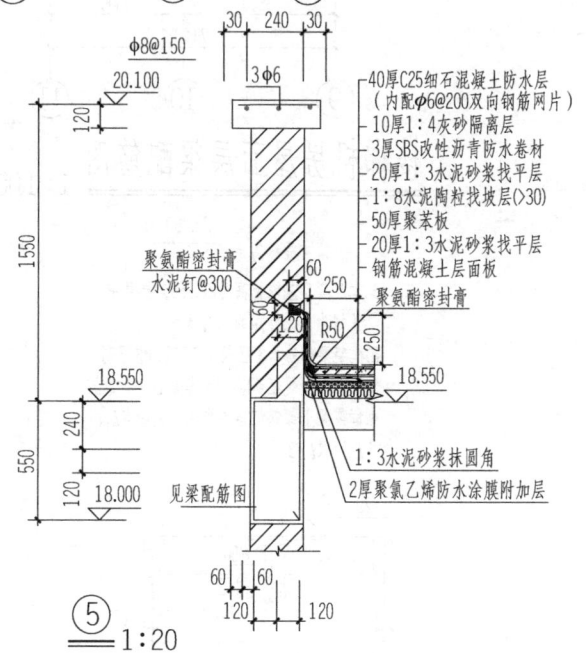

⑤ 1:20

注:
1.现浇板楼面基准标高18.550。
2.粗实线标注部分为承重墙,未注明板厚为120。
3.未注明板底钢筋均配Φ10@200双向钢筋网,未注明板顶钢筋均配Φ10@200双向钢筋网。
4.对短向跨度L≥3.6m的板,其四周角应设5Φ10放射负筋,长度取该板对角线长度的1/4,以防止板四角产生切角裂缝。
5.对短向跨度L≥3.6m的板,其模板应起拱,起拱高度为跨度的0.3%。
6.未注明的板上留洞详见建施、水施、电施图,除风井和烟道外,先将板筋布置好,待各专业管线安装好后再浇混凝土。

屋面	22.750	
6	18.550	3.60
5	14.950	3.60
4	11.350	3.60
3	7.750	3.60
2	4.150	3.60
1	-0.050	4.20
层号	标高(m)	层高(m)

结构层楼面标高
结构层高

单位出图专用章	执业资格专用章	××市规划建筑设计院		工程名称	某厂房		工程号	
		审 定	设 计	项 目			日 期	
		审 核	计 算	图 名	阁楼层结构平面图		图 别	结施
		项目负责	校 对				图 号	12

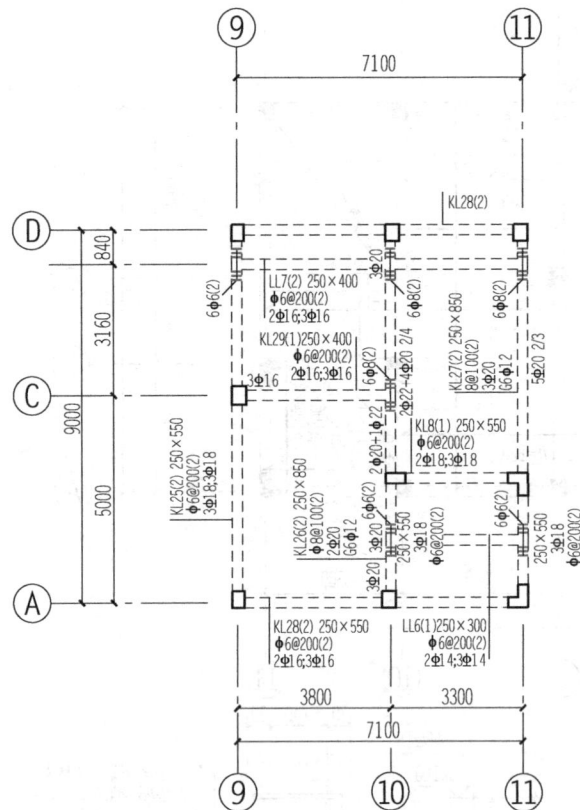

楼梯机房屋面层梁配筋图 1:100

梁顶基准标高为 22.750 ▽

注：1.本层梁顶基准标高为22.750，括号中
数据为与此标高的相对高差。
2.框架梁箍筋加密区长度S_1取1.5倍梁高。
3.拉筋直径同箍筋，间距取箍筋间距的2倍。
4.框架梁上部钢筋当不贯通时截断点L_1、
L_2均取$L_0/3$。

KL28(2)

LL7(2) 250×400
Φ6@200(2)
2Φ16;3Φ16

KL29(1)250×400
Φ6@200(2)
2Φ16;3Φ16

KL27(2) 250×850
Φ8@100(2)
G6Φ12

KL25(2) 250×550
Φ6@200(2)
3Φ18;3Φ18

KL26(2) 250×850
Φ8@100(2)
G6Φ12

KL8(1) 250×550
Φ6@200(2)
3Φ18

250×550
Φ6@200(2)

6Φ6(2)

6Φ6(2)

5Φ20 2/3

KL28(2) 250×550
Φ6@200(2)
2Φ16;3Φ16

LL6(1)250×300
Φ6@200(2)
2Φ14;3Φ14

7100
3800   3300
9000
3160   5000   840

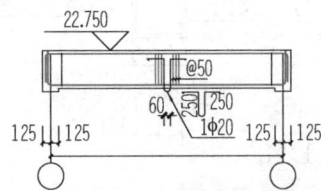

22.750 ▽

@50

60   250
125 125   Φ20   125 125

LL6(1)-屋顶电梯吊环

注：梁位置和挂钩位置根据用户所选定电梯图集定。

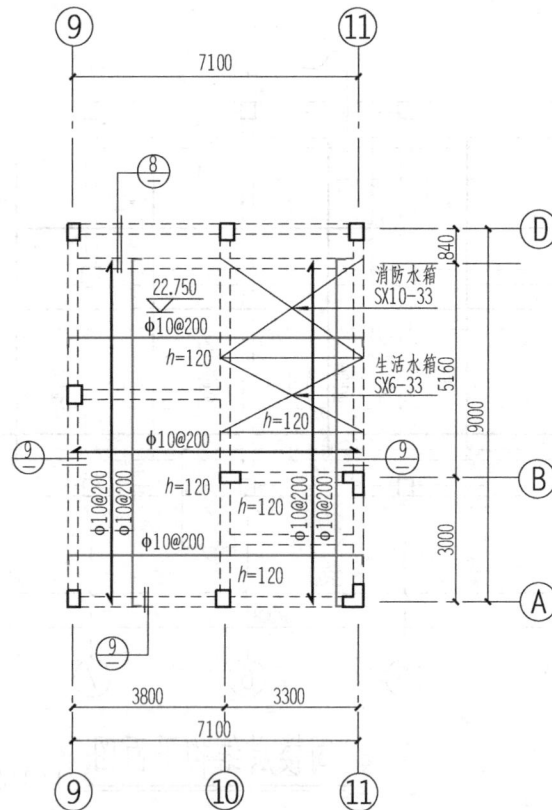

楼梯机房屋面层结构平面图 1:100

消防水箱 SX10-33
生活水箱 SX6-33

22.750
h=120
h=120
h=120
h=120
h=120

Φ10@200

7100
3800   3300
9000
5160   3000   840

注：1.现浇板楼面基准标高22.750。
2.粗实线标注部分为承重墙，未注明板厚为120。
3.未注明板底钢筋均配Φ10@200双向钢筋网，未注明板顶钢筋均配
Φ10@200双向钢筋网。
4.对短向跨度$L\geq3.6m$的板，其四周应设5Φ10放射负筋，长度取
该板对角线长度的1/4，以防止板四角产生切角裂缝。
5.对短向跨度$L\geq3.6m$的板，其模板应起拱，起拱高度为跨度的0.3%。
6.未注明的板上留洞详见建施、水施、电施图，除风井和烟道外，先
将板筋布置好，待各专业管线安装好后再浇混凝土。

屋面	22.750	
6	18.550	3.60
5	14.950	3.60
4	11.350	3.60
3	7.750	3.60
2	4.150	3.60
1	-0.050	4.20
层号	标高(m)	层高(m)

结构层楼面标高
结构层高

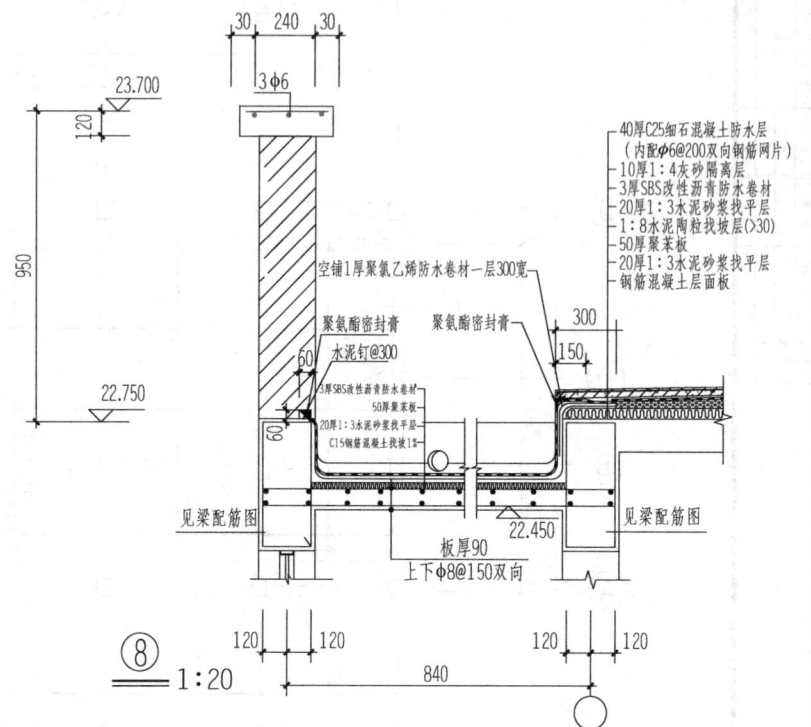

23.700 ▽
22.750 ▽

3Φ6
30 240 30

40厚C25细石混凝土防水层
（内配Φ6@200双向钢筋网片）
10厚1:4灰砂隔离层
3厚SBS改性沥青防水卷材
20厚1:3水泥砂浆找平层
1:8水泥陶粒找坡层(≥30)
50厚聚苯板
20厚1:3水泥砂浆找平层
钢筋混凝土屋面板

空铺1厚聚氯乙烯防水卷材一层300宽

聚氨酯密封膏

300
150

聚氨酯密封膏
水泥钉@300
3厚SBS改性沥青防水卷材
20厚1:3水泥砂浆找平层
C15钢筋细石混凝土

板厚90
上下Φ8@150双向

22.450

见梁配筋图   见梁配筋图

120

950

60
60

⑧ 1:20

120 120   120 120
840

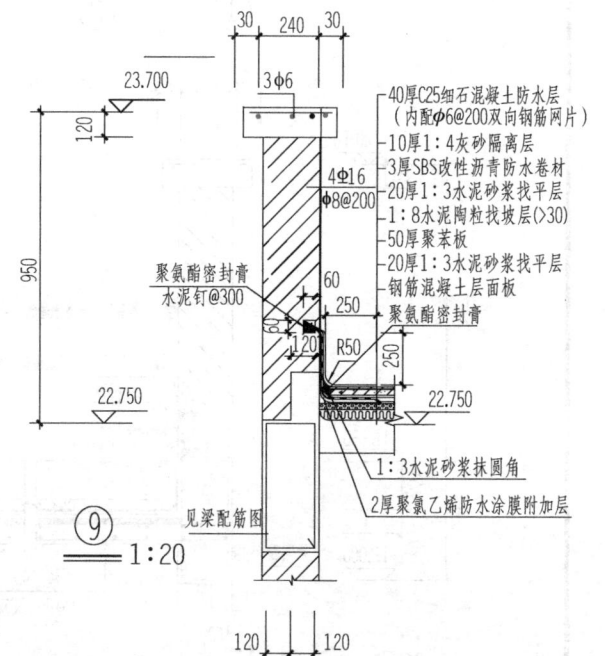

23.700 ▽

3Φ6
30 240 30

4Φ16
Φ8@200

40厚C25细石混凝土防水层
（内配Φ6@200双向钢筋网片）
10厚1:4灰砂隔离层
3厚SBS改性沥青防水卷材
20厚1:3水泥砂浆找平层
1:8水泥陶粒找坡层(≥30)
50厚聚苯板
20厚1:3水泥砂浆找平层
钢筋混凝土屋面板

聚氨酯密封膏
水泥钉@300

1:3水泥砂浆抹圆角
2厚聚氯乙烯防水涂膜附加层

120
950

60
250
250

R50

22.750 ▽
22.750 ▽

见梁配筋图

⑨ 1:20

120 120

单位出图专用章	执业资格专用章	××市规划建筑设计院	工程名称	某厂房	工程号	
审 定	设 计		项 目		日 期	
审 核	计 算		图 名	楼梯机房屋面层梁配筋图 楼梯机房屋面层结构平面图	图 别	结施
项目负责	校 对				图 号	13

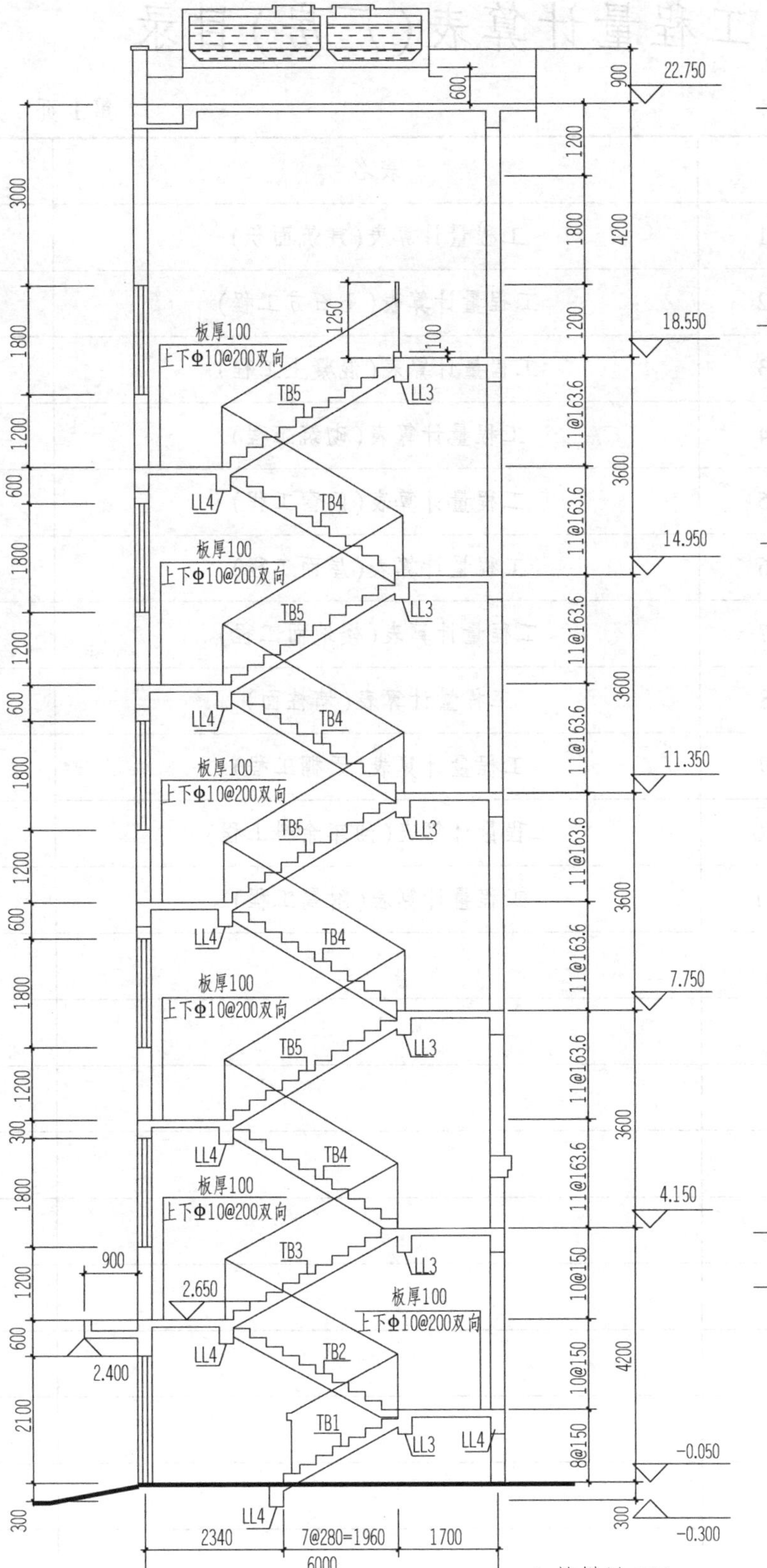

2#楼梯剖面图 1:50

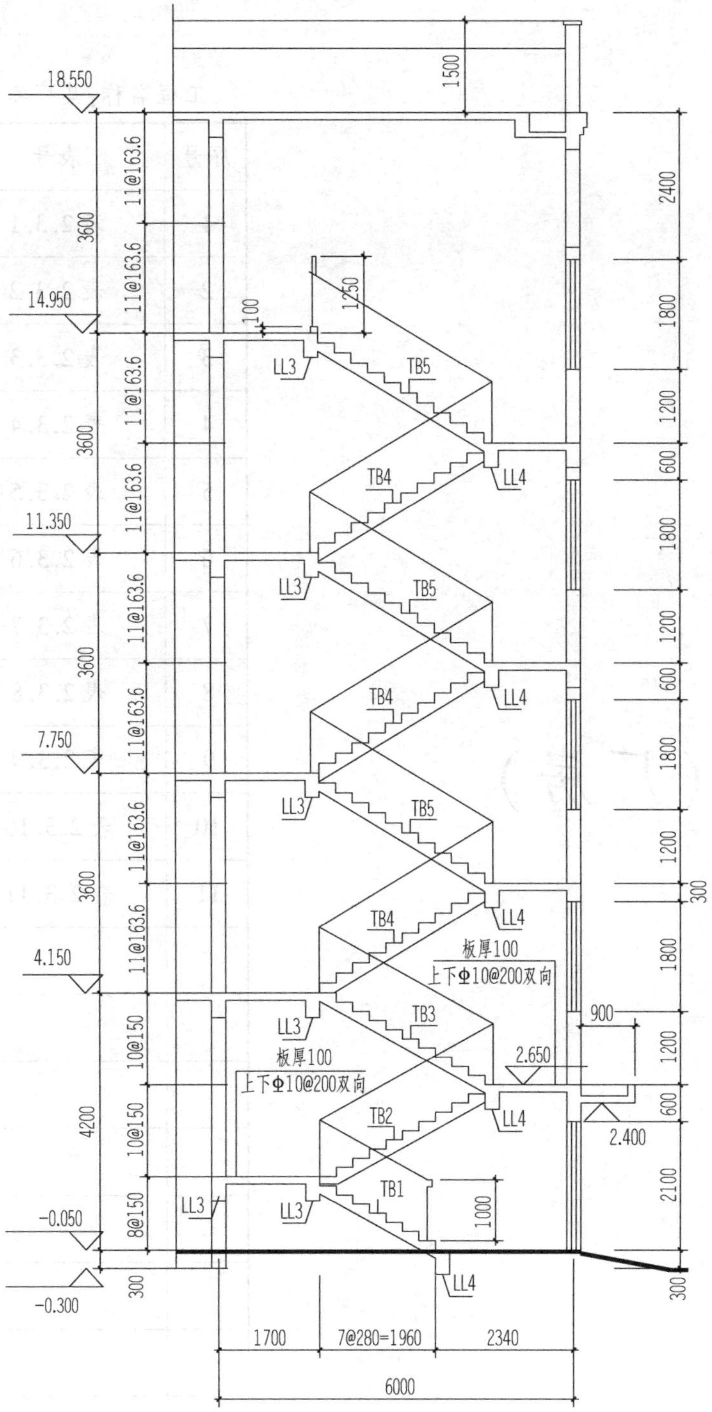

1#楼梯剖面图 1:50

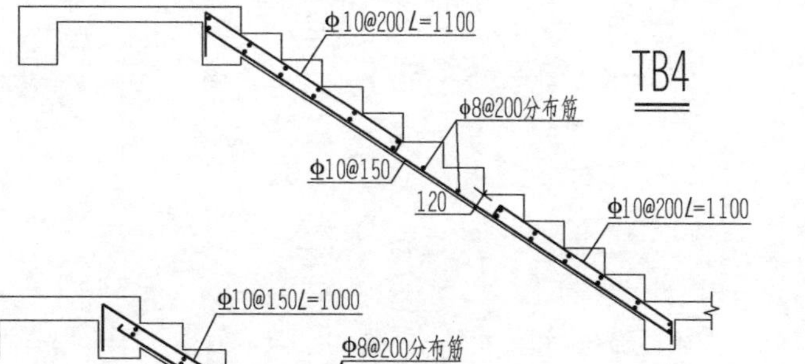

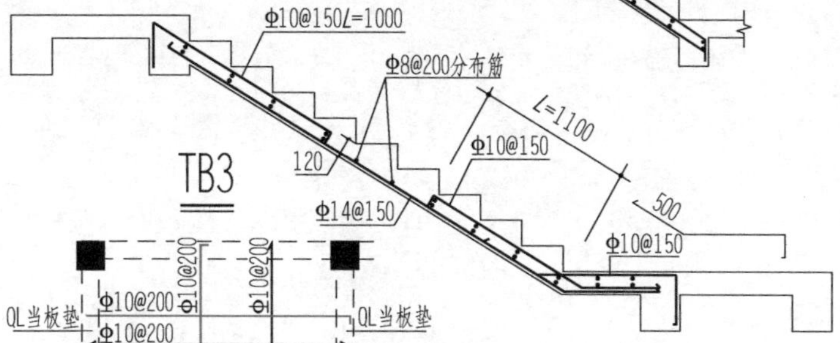

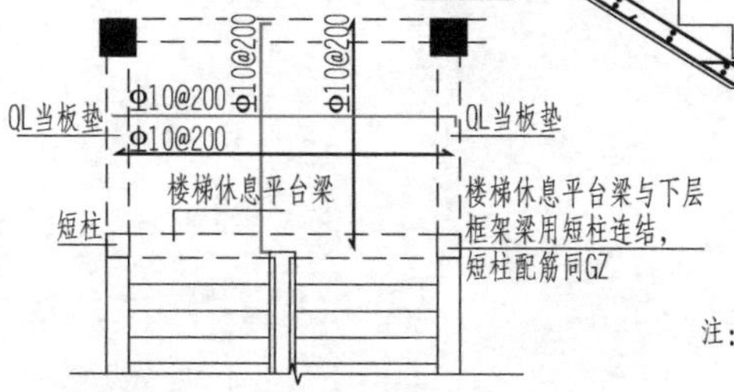

楼梯休息平台配筋示意图

注：楼梯休息平台梁与框架梁用短柱连接，短柱配筋同GZ，楼梯休息平台板下无梁处增加现浇板垫，板垫配筋同QL。

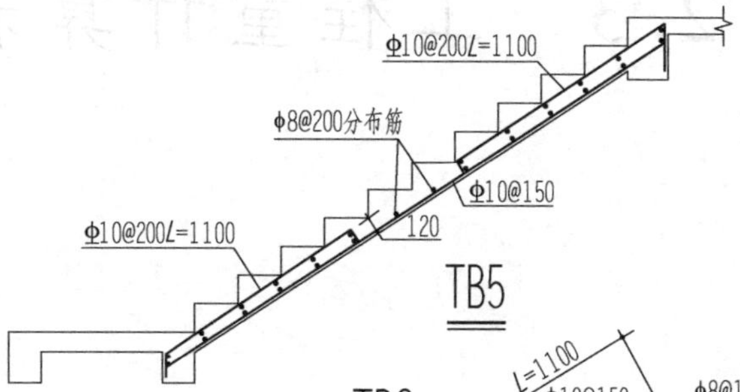

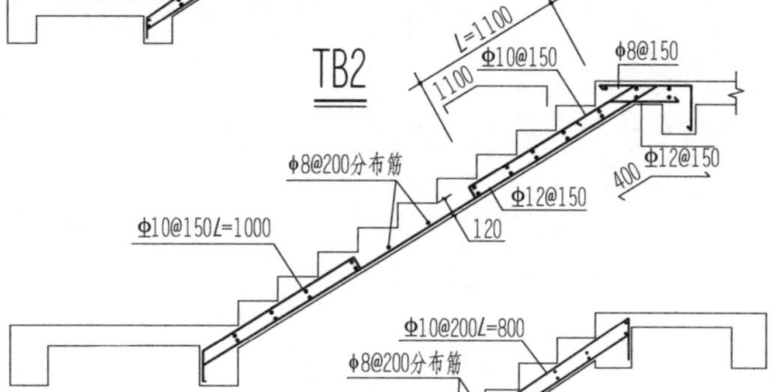

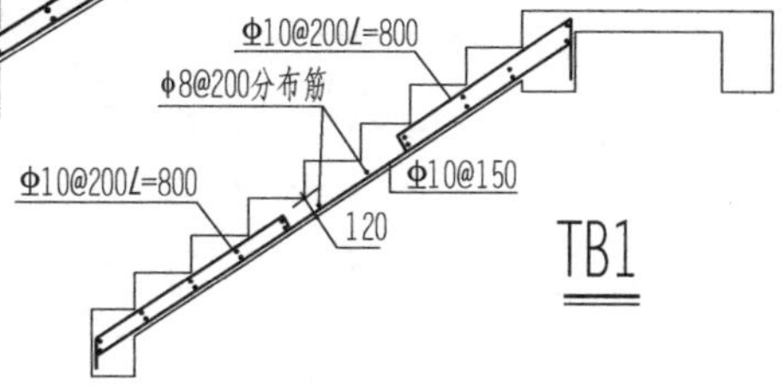

TB4

TB3

TB5

TB2

TB1

单位出图专用章	执业资格专用章	××市规划建筑设计院		工程名称	某厂房	工程号	
		审 定	设 计	项 目		日 期	
		审 核	计 算	图 名	1#楼梯配筋图 2#楼梯配筋图	图 别	结施
		项目负责	校 对			图 号	14

61

工程量计算表(厂房)目录

工程名称:某厂房

2.3　工程量计算表(厂房)

工程量计算表（建筑面积）

表 2.3.1

序号	项目名称	计算过程
1	建筑面积	一～五层: $S = 37.24 \times 9.24 \times 5 = 1720.49 \text{m}^2$ 屋顶机房: $S = (3.8 + 3.3 + 0.24) \times 9.24 = 67.82 \text{m}^2$ $\sum S = 1720.49 + 67.82 = 1788.31 \text{m}^2$

工程量计算表（土石方工程）

表 2.3.2

序号	项目名称	计算过程
1	平整场地	定额工程量计算: $S_{平整场地} = S_{底} + 2m \times L_{外} + 16\text{m}^2$ $\quad = (37 + 0.24) \times (9 + 0.24) + 2 \times (37.24 \times 2 + 9.24 \times 2) + 16 = 546.02 \text{m}^2$ 清单工程量计算: $S = (37 + 0.24) \times (9 + 0.24) = 344.10 \text{m}^2$
2	基坑土方	定额工程量: 挖土深度: $H = 1.2 - 0.3 = 0.9\text{m}$(原地面标高按 -0.3) 放坡系数: 人工挖土, 三类土, 不考虑放坡 工作面: $C = 0.3\text{m}$ J1: $V = (a + 2c)(b + 2c)H = (2.2 + 2 \times 0.3)^2 \times 0.9 \times 2 \text{个} = 14.11 \text{m}^3$ J2: $V = (a + 2c)(b + 2c)H = (2 + 2 \times 0.3)^2 \times 0.9 \times 18 \text{个} = 6.08 \times 18 = 109.51 \text{m}^3$ J3: $V = (a + 2c)(b + 2c)H = (2.6 + 2 \times 0.3)^2 \times 0.9 \times 4 \text{个} = 9.22 \times 4 = 36.86 \text{m}^3$ J5: $V = (a + 2c)(b + 2c)H = (2.2 + 2 \times 0.3)^2 \times 0.9 \times 2 \text{个} = 14.11 \text{m}^3$ 电梯井处: 挖土深度: $H = 2.25 - 0.3 = 1.95\text{m}$(原地面标高按 -0.3) 放坡系数: 人工挖土, 三类土, 放坡系数 $K = 0.33$ 工作面: $C = 0.3\text{m}$ $V = (a + 2c + KH)(b + 2c + KH)H + K^2H^3/3$ $\quad = (5.2 + 2 \times 0.3 + 0.33 \times 1.95) \times (5.5 + 2 \times 0.3 + 0.33 \times 1.95) \times 1.95 + 0.33^2 \times 1.95^3/3 = 73.74 \text{m}^3$ 以上汇总: $V_{总} = \sum V = 14.11 + 109.51 + 36.86 + 14.11 + 73.74 = 248.33 \text{m}^3$ 清单工程量: J1: $V = 2.2 \times 2.2 \times 0.9 \times 2 = 8.71 \text{m}^3$ J2: $V = 2.0 \times 2.0 \times 0.9 \times 18 = 64.80 \text{m}^3$ J3: $V = 2.6 \times 2.6 \times 0.9 \times 4 = 24.34 \text{m}^3$ J5: $V = 2.2 \times 2.2 \times 0.9 \times 2 = 8.71 \text{m}^3$ 电梯井处: $V = 5.2 \times 5.5 \times 1.95 = 27.71 \text{m}^3$ 以上汇总: $V_{总} = \sum V = 8.71 + 64.80 + 24.34 + 8.71 + 27.71 = 134.27 \text{m}^3$

序号	项目名称	计算过程
3	基槽工程量	定额工程量： 挖土深度：$H = 1.2 - 0.3 = 0.9\text{m}$ 放坡系数：人工挖土，三类土，不放坡 工作面[混凝土基础垫层(支模板)按300]：$C = 0.3\text{m}$ $L = L_{\text{①轴}} + L_{\text{ⓒ轴}} + L_{\text{ⓑ轴}} + L_{\text{Ⓐ轴}} + L_{\text{①、②轴}} + L_{\text{⑤、⑦轴}} + L_{\text{⑩、⑪轴}}$ 条形基础 J800 地槽长度：$= (37 - 1.05 - 1.15 - 2 \times 8 - 2.2)16.6 + (3.8 \times 8 - 0.5 - 0.5 - 2.6 \times 4)19 + (3.3 - 1.125 - 1.125)1.05 + (3.3 + 3.8 \times 8 - 1.05 - 2 \times 8 - 1.1)$ $15.55 + 9.3(9 - 1.075 - 1.075 - 2.2) \times 2 + 8.5(9 - 1.075 - 1.075 - 2.6) \times 2 + 5.1(6 - 1.175 - 1.175 - 1.1) \times 2 = 75.1\text{m}$ 基槽定额土方：$V = (a + 2c)HL = (1 + 2 \times 0.3) \times 0.9 \times 75.10 = 108.14\text{m}^3$ 清单工程量： 基槽清单土方：$V = aHL = 1 \times 0.9 \times 75.1 = 67.59\text{m}^3$
4	土方回填	基槽基坑回填： 定额工程量 = 定额基槽基坑土方工程量 – 交付施工地坪以下的构件(垫层、基础、砌体等) 　　　　　　 = 定额基坑土方 + 定额基槽土方 – 垫层 – 独立基础 – 条形基础 – 基础梁 – 交付地坪以下砖基础 – 交付地坪以下柱 　　　　　　 = 248.33 + 108.14 – 22.21(垫层) – 38.78(独立基础) – 20.90(条形基础) – 1.42(满堂基础) – (3.3 + 0.24) × (3 + 0.24) × (1.6 – 0.3)(电梯井所围部分) – 　　　　　　　 9.77(–0.3 以下砖基础) – 1.173(–0.3 以下柱) = 269.52\text{m}^3$ 清单工程量 = 清单土方工程量 – 交付施工地坪以下的地坪(垫层、基础、砌体等) 　　　　　　 = 清单基坑土方 + 清单基槽土方 – 垫层 – 独立基础 – 条形基础 – 基础梁 – 交付地坪以下砖基础 – 交付地坪下柱 　　　　　　 = 134.27 + 67.59 – 22.21(垫层) – 38.78(独立基础) – 20.9(条形基础) – 1.42(满堂基础) – (3.3 + 0.24) × (3 + 0.24) × (1.6 – 0.3)(电梯井所围部分) 　　　　　　　 – 9.77(–0.3 以下砖基础) – 1.173(–0.3 以下柱) = 92.70\text{m}^3$ 室内回填： 一层车间水磨石地面回填厚度：$H = 0.3 - 0.08 - 0.07 - 0.015 - 0.02 = 0.115\text{m}$ 一层地砖地面回填厚度：$H = 0.3 - 0.08 - 0.07 - 0.02 - 0.01 = 0.12\text{m}$ 水磨石地面主墙间净面积：$S = (3.3 - 0.24) \times (6 - 0.24) \times 2 + (3.8 \times 8 - 0.24) \times (9 - 0.24) = 299.45\text{m}^2$ 地砖地面主墙间净面积：$S = (3.3 - 0.24) \times (6 - 0.24) \times 2 = 17.63\text{m}^2$ 清单工程量 = 定额工程量 = 主墙间面积 × 回填厚度 　　　　　　 = 299.45 × 0.115 + 17.63 × 0.12 = 36.55\text{m}^3$
5	土方外运	定额土方外运工程量 = 挖土总量 – 回填总量 　　　　　　　　　 = 248.33 + 108.14 – 268.72 – 36.55 = 51.20\text{m}^3$ 清单土方外运工程量 = 挖土总量 – 回填总量 　　　　　　　　　 = 134.17 + 67.59 – 92.70 – 36.55 = 72.51\text{m}^3$

序号	项目名称	计算过程
1	混凝土垫层	独立基础垫层定额工程量: $J1:V=2.2\times2.2\times0.1\times2=0.968\text{m}^3$ $J2:V=2.0\times2.0\times0.1\times18=7.2\text{m}^3$ $J3:V=2.6\times2.6\times0.1\times4=2.704\text{m}^3$ $J5:V=2.2\times2.2\times0.1\times2=0.968\text{m}^3$ 电梯井:$V=5.5\times5.2\times0.1=2.86\text{m}^3$ 条形基础垫层:$V=75.10\times1\times0.1=7.51\text{m}^3$ 混凝土垫层体积汇总:$\sum V=0.968+7.2+2.704+0.968+2.86+7.51=22.21\text{m}^3$ 混凝土垫层清单工程量=定额工程量=22.21m^3
2	混凝土独立基础	棱台公式:$V=H[AB+ab+(A+a)(B+b)]/6$ $J1:V=\{2.0\times2.0\times0.3+0.3/6\times[2.0\times2.0+(0.4+2.0)(0.6+2.0)+0.4\times0.6]\}\times2=3.448\text{m}^3$ $J2:V=\{1.8\times1.8\times0.3+0.3/6\times[1.8\times1.8+(0.5+1.8)(0.5+1.8)+0.5\times0.5)]\}\times18=25.398\text{m}^3$ $J3:V=\{2.4\times2.4\times0.3+0.3/6\times[2.4\times2.4+(0.6+2.4)(0.6+2.4)+0.6\times0.6)]\}\times4=9.936\text{m}^3$ $J5:V=\{2.0\times2.0\times0.3+0.3/6\times[2.0\times2.0+(0.5+2.0)(0.5+2.0)+0.5\times0.5]\}\times2=3.448\text{m}^3$ 以上汇总:$\sum V=3.448+25.398+9.936+3.448=42.23\text{m}^3$ 混凝土独立基础清单工程量=定额工程量=42.23m^3
3	混凝土条形基础	条形基础长度:$L=L_{①轴}+L_{ⓒ轴}+L_{Ⓑ轴}+L_{Ⓐ轴}+L_{①、②轴}+L_{⑤、⑦轴}+L_{⑩、⑪轴}$ $=(37-0.95-1.05-1.8\times8-2)+(3.8\times8-0.4-0.4-2.4\times4)+(3.3-1.025-1.025)+(3.3+3.8\times8-0.95-1.8\times8-0.12)+(9-0.975-0.975-2)\times2+(9-0.975-0.975-2.4)\times2+(6-1.075-0.12)\times2=87.09\text{m}$ 条形基础体积汇总:$\sum V=0.8\times0.3\times87.09=20.90\text{m}^3$ 混凝土条形基础清单工程量=定额工程量=20.90m^3
4	电梯井局部满堂基础	混凝土满堂基础定额工程量:$V=5\times5.3\times0.5=13.25\text{m}^3$ 混凝土满堂基础清单工程量=定额工程量=13.25m^3
5	电梯井剪力墙	剪力墙长度:$L=L_{Ⓑ轴}+L_{Ⓐ轴}+L_{⑩轴}+L_{⑪轴}$ $=(3.3-0.375-0.375)+(3.3-0.125-0.375)+(3.0-0.425-0.275)+(3.0-0.425-0.425)=9.8\text{m}$ 剪力墙高度:$H=2.15-0.5-0.05=1.6\text{m}$ 剪力墙体积:$V=9.8\times1.6\times0.24=3.76\text{m}^3$ 剪力墙中柱体积: $Z6:V=0.35\times0.4\times1.6=0.224\text{m}^3$ $Z7、Z8、Z9:V=(0.25\times0.25+0.25\times0.55)\times1.6\times3=0.96\text{m}^3$ 剪力墙体积汇总:$\sum V=3.76+0.224+0.96=4.94\text{m}^3$ 混凝土剪力墙清单工程量=定额工程量=4.94m^3

序号	项目名称	计算过程
6	矩形柱	-0.05 标高以下柱:$H=0.6-0.05=0.55\text{m}$ Z1:$V=$ 柱长 × 柱宽 × 柱高 　　$=0.35\times0.4\times(0.6-0.05)\times16=1.23\text{m}^3$ Z2:$V=0.5\times0.3\times(0.6-0.05)\times2=0.165\text{m}^3$ Z3:$V=0.45\times0.45\times(0.6-0.05)\times3=0.334\text{m}^3$ Z4:$V=0.35\times0.4\times(0.6-0.05)\times2=0.154\text{m}^3$ Z5:$V=0.45\times0.45\times(0.6-0.05)\times1=0.111\text{m}^3$ Z6:$V=0.35\times0.4\times(0.6-0.05)\times2=0.154\text{m}^3$ 　-0.05 标高以下柱汇总:$\sum V=1.23+0.165+0.334+0.154+0.111+0.154=2.151\text{m}^3$ 室外地坪以下柱体积(用于回填土扣除):$V=0.35\times0.4\times(0.6-0.3)\times16+0.5\times0.3\times(0.6-0.3)\times2+0.45\times0.45\times(0.6-0.3)\times3+0.35\times0.4\times(0.6-0.3)\times2+0.45\times0.45\times(0.6-0.3)\times1+0.35\times0.4\times(0.6-0.3)\times2=1.173\text{m}^3$ 首层柱高 $H=$ 层高 $=4.2\text{m}$ Z1:$V=$ 柱长 × 柱宽 × 柱高 　　$=0.35\times0.4\times(4.15+0.05)\times16=9.408\text{m}^3$ Z2:$V=0.5\times0.3\times(4.15+0.05)\times2=1.26\text{m}^3$ Z3:$V=0.45\times0.45\times(4.15+0.05)\times3=2.55\text{m}^3$ Z4:$V=0.35\times0.4\times(4.15+0.05)\times2=1.176\text{m}^3$ Z5:$V=0.45\times0.45\times(4.15+0.05)\times1=0.850\text{m}^3$ Z6:$V=0.35\times0.4\times(4.15+0.05)\times3=1.764\text{m}^3$ Z7、Z8、Z9:$V=(0.25\times0.25+0.25\times0.55)\times(4.15+0.05)\times3=2.520\text{m}^3$ 首层柱混凝土汇总:$\sum V=9.408+1.26+2.55+1.176+0.850+1.764+2.520=19.528\text{m}^3$ 二~五层柱: Z1:$V=$ 柱长 × 柱宽 × 柱高 $=0.35\times0.4\times3.6\times16\times4=32.256\text{m}^3$ Z2:$V=0.5\times0.3\times3.6\times2\times4=4.32\text{m}^3$ Z3:$V=0.45\times0.45\times3.6\times3\times4=8.748\text{m}^3$ Z4:$V=0.35\times0.4\times3.6\times2\times4=4.70\text{m}^3$ Z5:$V=0.45\times0.45\times3.6\times1\times4=2.916\text{m}^3$ Z6:$V=0.35\times0.4\times3.6\times3\times4=6.048\text{m}^3$ Z7、Z8、Z9:$V=(0.25\times0.25+0.25\times0.55)\times3.6\times3\times4=2.16\times4=8.64\text{m}^3$ 二~五层柱汇总:$\sum V=32.256+4.32+8.748+4.7+2.916+6.048+8.64=67.628\text{m}^3$ 机房屋顶层柱:$H=4.2\text{m}$ Z4:$V=0.4\times0.3\times4.2\times2=1.008\text{m}^3$ Z5:$V=0.45\times0.35\times4.2=0.6615\text{m}^3$ Z6:$V=0.40\times0.35\times4.2\times3=1.764\text{m}^3$

序号	项目名称	计算过程
6	矩形柱	$Z7: V = 0.25 \times 0.5 \times 4.2 = 0.525 \text{m}^3$ $Z8 \text{、} Z9: V = (0.25 \times 0.25 + 0.25 \times 0.55) \times 4.2 \times 2 = 1.680 \text{m}^3$ 机房屋顶层柱汇总: $\sum V = 1.008 + 0.6615 + 1.764 + 0.525 + 1.680 = 5.638 \text{m}^3$ 以上所有柱混凝土总体积: $\sum V = 2.151 + 19.528 + 67.628 + 5.638 = 94.95 \text{m}^3$ 柱清单工程量 = 定额工程量 = 94.95m^3
7	构造柱	女儿墙间隔4m设构造柱(见结构设计总说明): 五层屋面女儿墙共设18个构造柱: 构造柱高度: $H = 0.95 - 0.12 = 0.83 \text{m}$ 构造柱体积: $V_1 = 0.24 \times 0.24 \times (1.55 - 0.12) \times 18 + 0.03 \times 0.24 \times (1.55 - 0.12) \times 18 \times 2 = 1.92 \text{m}^3$ 机房屋面女儿墙设10个构造柱: 构造柱体积: $V_2 = 0.24 \times 0.24 \times (0.95 - 0.12) \times 10 + 0.03 \times 0.24 \times (0.95 - 0.12) \times 10 \times 2 = 0.60 \text{m}^3$ 构造柱体积汇总: $\sum V = 1.92 + 0.60 = 2.52 \text{m}^3$ 构造柱清单工程量 = 定额工程量 = 2.52m^3
8	矩形梁	二层梁(4.15 标高处): Ⓓ轴 KL10(10): $V = $ 梁长 × 梁宽 × 梁高 $\quad\quad = (37 - 0.225 - 0.225 - 0.35 \times 9) \times 0.25 \times 0.85 = 7.098 \text{m}^3$ Ⓒ轴 KL9(5): $V = (3.8 \times 8 - 0.125 \times 2 - 0.45 \times 4) \times 0.35 \times 0.8 = 7.938 \text{m}^3$ Ⓑ轴: KL7: $V = (3.3 - 0.175 - 0.175) \times 0.25 \times 0.55 = 0.406 \text{m}^3$ KL8: $V = (3.3 - 0.375 - 0.375) \times 0.25 \times 0.55 = 5.470 \text{m}^3$ Ⓐ轴 KL6(10): $V = (3.3 - 0.225 - 0.125) \times 0.25 \times 0.55 + (3.8 \times 8 - 0.225 \times 2 - 0.35 \times 7) \times 0.25 \times 0.8 + (3.3 - 0.125 - 0.375) \times 0.25 \times 0.55 = 0.930 \text{m}^3$ ①、⑪轴 KL1(2): $V = [(6 - 0.275 - 0.125) \times 0.25 \times 0.75 + (3 - 0.275 - 0.375) \times 0.25 \times 0.55] \times 2 = 2.750 \text{m}^3$ ②轴 KL2(2): $V = (6 - 0.275 - 0.125) \times 0.25 \times 0.75 + (3 - 0.275 - 0.375) \times 0.25 \times 0.55 = 1.370 \text{m}^3$ ③、⑤、⑦、⑨轴 KL3(2): $V = [(9 - 0.275 - 0.275 - 0.45) \times 0.25 \times 0.55 \times 4 = 4.400 \text{m}^3$ ④、⑥、⑧轴 KL4(2): $V = (9 - 0.38 - 0.38) \times 0.25 \times 0.55 \times 4 = 4.530 \text{m}^3$ ⑩轴 KL5(2): $V = (6 - 0.275 - 0.125) \times 0.25 \times 0.75 + (3 - 0.275 - 0.425) \times 0.25 \times 0.55 = 1.370 \text{m}^3$ Ⓐ ~ Ⓑ轴 L1: $V = (1.65 - 0.125 - 0.06) \times 0.12 \times 0.3 = 0.053 \text{m}^3$ ⑪轴 L2: $V = (3 - 0.125 - 0.125) \times 0.12 \times 0.4 = 0.132 \text{m}^3$ 结施09节点3雨篷梁: $V = (3.3 - 0.225 - 0.225) \times 0.24 \times 0.55 \times 2 = 0.75 \text{m}^3$ 二层梁混凝土汇总: $V = 7.098 + 7.938 + 0.406 + 5.470 + 0.930 + 2.750 + 1.370 + 4.400 + 4.530 + 1.370 + 0.053 + 0.132 + 0.75 = 37.20 \text{m}^3$

序号	项目名称	计算过程
8	矩形梁	三、四、五层梁： ⓓ轴 KL13(10)：$V = 梁长 \times 梁宽 \times 梁高$ $= (37 - 0.225 - 0.225 - 0.35 \times 9) \times 0.25 \times 0.55 = 4.593\text{m}^3$ ⓒ轴 KL9(5)：$V = (3.8 \times 8 - 0.125 \times 2 - 0.45 \times 4) \times 0.35 \times 0.8 = 7.938\text{m}^3$ ⓑ轴 KL7：$V = (3.3 - 0.175 - 0.175) \times 0.25 \times 0.55 = 0.406\text{m}^3$ KL8：$V = (3.3 - 0.375 - 0.375) \times 0.25 \times 0.55 = 0.351\text{m}^3$ ⓐ轴 KL12(10)：$V = (3.3 - 0.225 - 0.125 + 3.8 \times 8 - 0.225 \times 2 - 0.35 \times 7 + 3.3 - 0.125 - 0.375) \times 0.25 \times 0.55 = 4.572\text{m}^3$ ①轴 KL11(2)：$V = (6 - 0.275 - 0.125) \times 0.25 \times 0.75 + (3 - 0.275 - 0.375) \times 0.25 \times 0.55 = 1.373\text{m}^3$ ②轴 KL2(2)：$V = (6 - 0.275 - 0.125) \times 0.25 \times 0.75 + (3 - 0.275 - 0.375) \times 0.25 \times 0.55 = 1.373\text{m}^3$ ③、⑤、⑦、⑨轴 KL3(2)：$V = [(9 - 0.275 - 0.275 - 0.45) \times 0.25 \times 0.55 \times 4 = 4.4\text{m}^3$ ④、⑥、⑧轴 KL4(2)：$V = (9 - 0.38 - 0.38) \times 0.25 \times 0.55 \times 4 = 4.532\text{m}^3$ ⑩轴 KL5(2)：$V = (6 - 0.275 - 0.125) \times 0.25 \times 0.75 + (3 - 0.275 - 0.425) \times 0.25 \times 0.55 = 1.366\text{m}^3$ ⑪轴 KL1：$V = (9 - 0.275 - 0.55 - 0.425) \times 0.25 \times 0.75 = 1.453\text{m}^3$ ⓐ、ⓑ轴 L1：$V = (1.65 - 0.125 - 0.06) \times 0.12 \times 0.3 = 0.053\text{m}^3$ ⑪轴 L2：$V = (3 - 0.125 - 0.125) \times 0.12 \times 0.4 = 0.132\text{m}^3$ 三～五层梁混凝土汇总： $\sum V = (4.593 + 7.938 + 0.406 + 0.351 + 4.572 + 1.373 + 1.373 + 4.4 + 4.532 + 1.366 + 1.453 + 0.053 + 0.132) \times 4 = 32.542 \times 3 = 97.626\text{m}^3$ 屋顶层梁： ⓓ轴 KL13(10)：$V = 梁长 \times 梁宽 \times 梁高$ $= (37 - 0.225 - 0.225 - 0.35 \times 9) \times 0.25 \times 0.55 = 4.593\text{m}^3$ ⓒ～ⓓ轴、ⓑ～ⓐ轴 LL5(8)：$V = (3.8 \times 8 - 0.125 - 0.25 \times 7 - 0.125) \times 0.25 \times 0.4 \times 2 = 5.68\text{m}^3$ ⓒ轴 KL9(5)：$V = (3.8 \times 8 - 0.125 \times 2 - 0.45 \times 4) \times 0.35 \times 0.8 = 7.938\text{m}^3$ ⓑ轴： KL23：$V = (3.3 - 0.175 - 0.175) \times 0.25 \times 0.55 = 0.406\text{m}^3$ KL24：$V = (3.8 + 3.3 - 0.125 - 0.5 - 0.375) \times 0.25 \times 0.55 = 0.839\text{m}^3$ ⓐ轴 KL13(10)：$V = (3.3 - 0.225 - 0.125 + 3.8 \times 8 - 0.225 \times 2 - 0.35 \times 7 + 3.3 - 0.125 - 0.375) \times 0.25 \times 0.55 = 4.572\text{m}^3$ ①轴 KL18(2)：$V = (9 - 0.275 - 0.5 - 0.275) \times 0.25 \times 0.6 = 1.193\text{m}^3$ ②轴 KL19(2)：$V = (9 - 0.275 - 0.5 - 0.275) \times 0.25 \times 0.6 = 1.193\text{m}^3$ ③、⑤、⑦轴 KL20(2)：$V = [(9 - 0.275 - 0.275 - 0.45) \times 0.25 \times 0.55 \times 3 = 3.3\text{m}^3$ ④、⑥、⑧轴 KL21(2)：$V = (9 - 0.275 - 0.275 - 0.35) \times 0.25 \times 0.55 \times 3 = 3.341\text{m}^3$ ⑨轴 KL22：$V = (9 - 0.275 - 0.275 - 0.55) \times 0.25 \times 0.55 = 1.086\text{m}^3$

序号	项目名称	计算过程
8	矩形梁	⑩轴 KL17(2)：$V = (6 - 0.275 - 0.125) \times 0.25 \times 0.75 + (3 - 0.275 - 0.425) \times 0.25 \times 0.55 = 1.377\text{m}^3$ ⑪轴 KL15：$V = (6 - 0.275 - 0.125) \times 0.25 \times 0.75 + (3 - 0.275 - 0.425) \times 0.25 \times 0.55 = 1.366\text{m}^3$ 屋面梁混凝土汇总： $\sum V = 4.593 + 5.68 + 7.938 + 0.406 + 0.839 + 4.572 + 1.193 + 1.193 + 3.3 + 3.341 + 1.086 + 1.377 + 1.366 = 36.885\text{m}^3$ 楼梯机房屋顶层梁： Ⓓ、Ⓐ轴 KL28(2)：$V = $ 梁长 $\times$ 梁宽 $\times$ 梁高 $= (7.1 - 0.175 - 0.35 - 0.225) \times 0.25 \times 0.55 \times 2 = 1.746\text{m}^3$ Ⓒ~Ⓓ轴 LL7(2)：$V = (7.1 - 0.125 - 0.25 - 0.125) \times 0.25 \times 0.4 = 0.66\text{m}^3$ Ⓒ轴 KL29(1)：$V = (3.8 - 0.225 - 0.125) \times 0.25 \times 0.4 = 0.345\text{m}^3$ Ⓒ~Ⓐ轴： KL8：$V = (3.3 - 0.175 - 0.175) \times 0.25 \times 0.55 = 0.406\text{m}^3$ LL6：$V = (3.3 - 0.125 - 0.125) \times 0.25 \times 0.3 = 0.229\text{m}^3$ ⑨轴 KL25(2)：$V = (9 - 0.275 - 0.45 - 0.275) \times 0.25 \times 0.5 = 1\text{m}^3$ ⑩轴 KL26(2)：$V = (6 - 0.275 - 0.125) \times 0.25 \times 0.85 + (3 - 0.425 - 0.425) \times 0.25 \times 0.55 = 1.485\text{m}^3$ ⑪轴 KL27(2)：$V = [(6 - 0.275 - 0.55 - 0.45) \times 0.25 \times 0.85 + (3 - 0.425 - 0.425) \times 0.25 \times 0.55 = 1.299\text{m}^3$ 屋顶机房层梁混凝土汇总：$\sum V = 1.746 + 0.66 + 0.345 + 0.406 + 0.229 + 1 + 1.485 + 1.299 = 6.17\text{m}^3$ 以上所有梁混凝土汇总：$V_总 = 37.20 + 97.626 + 36.885 + 6.17 = 177.88\text{m}^3$ 矩形梁清单工程量 $=$ 定额工程量 $= 177.88\text{m}^3$
9	过梁	一层： M1221 上面过梁：$V = (1.25 + 0.25) \times 0.12 \times 0.24 = 0.0432\text{m}^3$ M1521 上面过梁：$V = (2 + 0.25 \times 2) \times 0.12 \times 0.24 = 0.072\text{m}^3$ 乙级 MFM1521 上面过梁：$V = (1.5 + 0.25 \times 2) \times 0.12 \times 0.24 = 0.0576\text{m}^3$ 门洞 1700×2200 上面过梁：$V = (1.7 + 0.25 \times 2) \times 0.18 \times 0.24 = 0.095\text{m}^3$ M0721 上面过梁：$V = (0.7 + 0.115 \times 2) \times 0.12 \times 0.115 = 0.0128\text{m}^3$ LTC0918 上面过梁：$V = (0.9 + 0.25) \times 0.12 \times 0.24 = 0.033\text{m}^3$ 二~五层： LTC1218 上面过梁：$V = (1.20 + 0.25) \times 0.12 \times 0.24 \times 4 = 0.167\text{m}^3$ LTC2118 上面过梁：$V = (2.1 + 0.25 \times 2) \times 0.18 \times 0.24 \times 4 = 0.449\text{m}^3$ 乙级 MFM1321 上面过梁：$V = (1.3 + 0.25 \times 2) \times 0.12 \times 0.24 \times 2 \times 4 = 0.415\text{m}^3$ M0721 上面过梁：$V = (0.7 + 0.115 \times 2) \times 0.12 \times 0.115 \times 2 \times 4 = 0.103\text{m}^3$ 门洞 1700×2200 上面过梁：$V = (1.7 + 0.25 \times 2) \times 0.18 \times 0.24 \times 4 = 0.380\text{m}^3$ LTC0918 上面过梁：$V = (0.9 + 0.25) \times 0.12 \times 0.24 \times 4 = 0.132\text{m}^3$ 屋顶机房： LTC2118 上面过梁：$V = (2.1 + 0.25 \times 2) \times 0.18 \times 0.24 \times 3 = 0.281\text{m}^3$

序号	项目名称	计算过程
9	过梁	乙级 MFM1321 上面过梁：$V = (1.3 + 0.25 \times 2) \times 0.12 \times 0.24 \times 2 \times 2 = 0.207\text{m}^3$ M1521 上面过梁：$V = (2 + 0.25 \times 2) \times 0.12 \times 0.24 = 0.072\text{m}^3$ LTC0918 上面过梁：$V = (0.9 + 0.25) \times 0.12 \times 0.24 = 0.033\text{m}^3$ 以上过梁汇总：$\sum V = 0.0432 + 0.072 + 0.0576 + 0.095 + 0.0128 + 0.033 + 0.167 + 0.449 + 0.415 + 0.103 + 0.380 + 0.132 + 0.281 + 0.207 + 0.072 + 0.033 = 2.55\text{m}^3$ 过梁清单工程量 = 定额工程量 = 2.55m³
10	女儿墙压顶梁	五层屋面：$V = [(3.3 + 3.8 \times 7) \times 2 + 9] \times 0.36 \times 0.12 = 2.97\text{m}^3$ 机房屋面：$V = [(3.3 + 3.8) \times 2 + 9 \times 2] \times 0.36 \times 0.12 = 1.39\text{m}^3$ 以上汇总：$\sum V = 2.97 + 1.39 = 4.36\text{m}^3$ 压顶梁清单工程量 = 定额工程量 = 4.36m³
11	楼梯	1#楼梯： 一、二层：$S = (2.8 + 1.7 + 0.25 - 0.12) \times (3.3 - 0.24) + 1.96 \times (1.42 - 0.12) + (1.7 - 0.12) \times (3.3 - 0.24) = 21.55\text{m}^2$ 二~四层：$S = (2.8 + 1.7 + 0.25 - 0.12) \times (3.3 - 0.24) \times 3 = 42.50\text{m}^2$ 1#楼梯面积汇总：$\sum S = 21.55 + 42.50 = 64.05\text{m}^2$ 2#楼梯： 一、二层：$S = (2.8 + 1.5 + 0.25 - 0.12) \times (3.3 - 0.24) + 1.96 \times (1.42 - 0.12) + (1.7 - 0.12) \times (3.3 - 0.24) = 20.93\text{m}^2$ 二~五层：$S = (2.8 + 1.5 + 0.25 - 0.12) \times (3.3 - 0.24) \times 4 = 13.5558 \times 4 = 54.22\text{m}^2$ 2#楼梯面积汇总：$\sum S = 20.93 + 54.22 = 75.15\text{m}^2$ 楼梯总面积：$S_{总} = 64.05 + 75.15 = 139.20\text{m}^2$ 楼梯清单工程量 = 定额工程量 = 139.20m²
12	现浇板	二层现浇板： 板厚：$H = 120\text{mm}$ 板面积：$S = [(3.8 - 0.25) \times (4 - 0.25) \times 8 + (3.8 - 0.25) \times (5 - 0.25) \times 8 + (1.7 - 0.125 - 0.25) \times (3.3 - 0.25) \times 2] = 249.48\text{m}^2$ 三~五层板： 板厚：$H = 120\text{mm}$ 板面积：$S = [(3.8 - 0.25) \times (4 - 0.25) \times 8 + (3.8 - 0.25) \times (5 - 0.25) \times 8 + (1.7 - 0.125 - 0.25) \times (3.3 - 0.25) \times 2] \times 3 = 748.45\text{m}^2$

序号	项目名称	计算过程
12	现浇板	屋面板： 板厚 $H=90$mm 时板面积：$S=(3.3-0.25)\times(0.84-0.25)\times2+(3.8-0.25)\times(0.84-0.25)\times7\times2=39.92\text{m}^2$ 板厚 $H=120$mm 时板面积：$S=(5.16-0.25)\times(3.3-0.25)+(2.16-0.25)\times(3.16-0.25)+(3.8-0.25)\times7+(4.16-0.25)\times(3.8-0.25)\times7+(2-0.25)\times(3.8-0.25)+(3-0.25)\times(3.8-0.25)+(1.7-0.125-0.25)\times(3.3-0.25)+(3.3-0.25)\times(3.0-0.25)=170.95\text{m}^2$ 楼梯机房屋面： 板厚 $H=90$mm 时板面积：$S=(7.1-0.25-0.25)\times(0.84-0.25)=3.894\text{m}^2$ 板厚 $H=120$mm 时板面积：$S=(3.8-0.25)\times(3+5.16-0.25-0.25)+(3.3-0.24)\times(3+5.16-0.25-0.25-0.25)=49.87\text{m}^2$ 各层楼梯处现浇板：$S=(1.7-0.25-0.12)\times(3.3-0.24)\times9=36.63\text{m}^2$ 120 厚现浇板总面积：$S=249.48+748.45+170.95+49.87+36.63=1255.38\text{m}^2$ 90 厚现浇板总面积：$S=39.92+3.894=43.814\text{m}^2$ 混凝土现浇板总体积：$V=1255.38\times0.12+43.814\times0.09=154.59\text{m}^3$ 现浇板清单工程量 = 定额工程量 = 154.59m^3
13	雨篷	$V=$ 平板 + 侧边 $\quad=[0.9\times(3+0.25)\times0.1+(0.9+3.3+0.125\times2)\times0.2\times0.08]\times2=0.727\text{m}^3$ 雨篷清单工程量 = 定额工程量 = 0.727m^2

工程量计算表（砌筑工程）

表 2.3.4

序号	项目名称	计算过程
1	砖基础	砖基础长：$L=L_{①轴}+L_{Ⓐ轴}+L_{①,②轴}+L_{⑩,⑪轴}=(37-0.95-1.05-1.8\times8-2)+(3.3+3.8\times8-0.95-1.8\times8-0.12)+(9-0.975-0.975-2)\times2+(6-1.075-0.12)\times2=56.54\text{m}$ 砖基础高度：$H=0.9-0.36+0.197$（大放脚折加高度）$=0.737\text{m}$ 室内地坪以下砖基础与独立基础重叠部位：$S=[0.65\times0.3\times0.5\times38+0.6\times(0.65+0.075)\times38](\text{J2})+[0.75\times0.3\times0.5\times5+(0.75+0.075)\times0.6\times5](\text{J4})+[0.8\times0.30\times0.5\times6+(0.8+0.05)\times0.6\times6](\text{J1})=22.07\text{m}^2$ 砖基础体积：$V=56.54\times0.737\times0.24+22.07\times0.24=15.297\text{m}^3$ 室外地坪以下砖基础与独立基础重叠部位：$S=[0.65\times0.3\times0.5\times38+0.3\times(0.65+0.075)\times38](\text{J2})+[0.75\times0.3\times0.5\times5+(0.75+0.075)\times0.3\times5](\text{J4})+[0.8\times0.30\times0.5\times6+(0.8+0.05)\times0.3\times6](\text{J1})=16.02\text{m}^2$ 室外地坪以下砖基础：$V=56.54\times(0.737-0.3)\times0.24+16.02\times0.24=9.77\text{m}^3$ 砖基础清单工程量 = 定额工程量 = 9.77m^3
2	水平防潮层	$S=[56.54+(0.65+0.075)\times38+(0.75+0.075)\times5+(0.8+0.05)\times6]\times0.24=22.40\text{m}^2$

序号	项目名称	计算过程
3	砖墙	墙体工程量计算公式: $V = ($ 墙高 $\times$ 墙长 $-$ 应扣面积 $) \times$ 墙厚 $+$ 应增加体积 $-$ 应扣体积 $S =$ 墙高 $\times$ 墙长 一层砖墙: 外墙: Ⓓ轴: $S = (3.8 \times 8 - 0.125 \times 2 - 0.35 \times 7) \times (4.15 - 0.5) + (3.3 - 0.225 \times 2) \times 2 \times (4.15 - 0.4 - 0.55) = 132.36 \text{m}^2$ Ⓐ轴: $S = (3.3 + 3.8 \times 8 - 0.225 - 0.35 \times 8 - 0.12) \times (4.15 - 0.5) + (3.3 - 0.125 - 0.375) \times (4.15 - 0.25) = 122.45 \text{m}^2$ ①轴: $S = (6 - 0.275 - 0.125) \times (4.15 - 0.75) + (3 - 0.275 - 0.375) \times (4.15 - 0.5) = 27.62 \text{m}^2$ ⑪轴: $S = (6 + 3 - 0.275 - 0.55 - 0.425) \times (4.15 - 0.5) - 1.7 \times 2.2 = 24.55 \text{m}^2$ 扣一层外墙门窗洞口: $S = 40.95 + 2.16 + 2.52 + 3.15 = 48.78 \text{m}^2$ 外墙体积: $V = (132.36 + 122.45 + 27.62 + 24.55 - 48.78) \times 0.24 = 61.38 \text{m}^3$ 内墙(一砖墙): Ⓑ轴: $S = (1.65 + 0.06 - 0.175 + 3.3 - 0.375 - 0.375) \times (4.15 - 0.55) = 14.71 \text{m}^2$ ②轴: $S = (6 + 0.54 - 0.5 - 0.275) \times (4.15 - 0.85) = 19.02 \text{m}^2$ ⑩轴: $S = (9 - 0.275 - 0.55 - 0.275) \times (4.15 - 0.85) = 26.07 \text{m}^2$ 扣一层内墙门窗洞口(一砖墙): $S = 6.3 + 1.7 \times 2.2 = 10.04 \text{m}^2$ 内墙一砖墙体积: $V = (14.71 + 19.02 + 26.07 - 10.04) \times 0.24 = 11.94 \text{m}^3$ 内墙(半砖墙): $S = [(1.65 - 0.06 - 0.12) \times (4.15 - 0.55) + (1.65 - 0.06) \times (4.15 - 0.3) + (3 - 0.12 \times 2) \times (4.15 - 0.4) + (1.32 + 0.12 - 0.275) \times (4.15 - 0.55)]$ $\quad = 25.96 \text{m}^2$ 应扣门窗洞面积: $S = 2.94 \text{m}^2$ 一层半砖墙体积: $V = (25.96 - 2.94) \times 0.115 = 2.65 \text{m}^3$ 二~五层砖墙: 外墙: Ⓓ轴: $S = (3.8 \times 8 + 3.3 \times 2 - 0.225 \times 2 - 0.35 \times 9) \times (3.6 - 0.55) = 101.87 \text{m}^2$ Ⓐ轴: $S = (3.3 \times 2 + 3.8 \times 8 - 0.225 - 0.35 \times 9 - 0.375) \times (3.6 - 0.55) = 101.41 \text{m}^2$ ①轴: $S = (6 - 0.275 - 0.125) \times (4.15 - 0.75) + (3 - 0.275 - 0.375) \times (4.15 - 0.5) = 27.62 \text{m}^2$ ⑪轴: $S = (6 - 0.275 - 0.125) \times (4.15 - 0.75) + (3 - 0.275 - 0.375) \times (4.15 - 0.5) = 27.62 \text{m}^2$ 扣二~五层外墙门窗洞口: $S = 397.44 + 8.64 + 15.12 + 4.32 + 6.48 = 432.00 \text{m}^2$ 外墙体积: $V = [(132.36 + 111.35 + 29.02 + 22.08) \times 4 - 432.00] \times 0.24 = 179.34 \text{m}^3$ 内墙(一砖墙): Ⓑ轴: $S = (1.65 + 0.06 - 0.175 + 3.3 - 0.375 - 0.375) \times (3.6 - 0.55) = 14.71 \text{m}^2$ ②轴: $S = (6 + 0.54 - 0.5 - 0.275) \times (3.6 - 0.85) = 19.02 \text{m}^2$ ⑩轴: $S = (9 - 0.275 - 0.55 - 0.275) \times (3.6 - 0.85) = 26.07 \text{m}^2$ 扣二~五层内墙门窗洞口(一砖墙): $S = 21.84 + 1.7 \times 2.2 \times 4 = 36.80 \text{m}^2$ 内墙(一砖墙)体积: $V = [(14.71 + 19.02 + 26.07) \times 4 - 36.8] \times 0.24 = 48.58 \text{m}^3$

序号	项目名称	计算过程
3	砖墙	内墙(半砖墙)： $S=[(1.65-0.06-0.12)\times(4.15-0.55)+(1.65-0.06)\times(4.15-0.3)+(3-0.12\times2)\times(4.15-0.4)+(1.32+0.12-0.275)\times(4.15-0.55)]=25.96m^2$ 扣二～五层内墙门窗洞面积(半砖)：$S=11.76m^2$ 内墙(半砖墙)体积：$V=(25.96\times4-11.76)\times0.115=10.59m^3$ 屋顶机房层： 外墙： Ⓓ轴：$S=(3.8+3.3-0.15-0.35-0.225)\times(4.2-0.55)=23.27m^2$ Ⓐ轴：$S=(3.8+3.3-0.15-0.35-0.375)\times(4.2-0.55)=22.72m^2$ ⑨轴：$S=(9-0.275-0.45-0.275)\times(4.2-0.55)=29.20m^2$ ⑪轴：$S=(6-0.125-0.275)\times(4.2-0.85)+(3-0.425-0.425)\times(4.2-0.55)=26.61m^2$ 扣屋顶机房外墙门窗洞口：$S=11.34+1.62+3.15=16.11m^2$ 外墙体积：$V=(23.27+22.72+29.20+26.61-16.11)\times0.24=20.57m^3$ 内墙： Ⓑ轴：$S=(3.8-0.24)\times(4.2-0.1)+(3.3-0.375-0.375)\times(4.2-0.55)=23.90m^2$ ⑩轴：$S=(9-0.275-0.55-0.275)\times(4.2-0.55)=28.84m^2$ 扣屋顶机房内墙门窗洞口：$S=3.15m^2$ 内墙体积：$V=(23.90+28.84-3.15)\times0.24=11.90m^3$ 屋顶女儿墙： 五楼屋面：$S=[(3.3+3.8\times7-0.12)\times2+(9-0.24)]\times(1.55-0.12)=97.70m^2$ 机房屋面：$S=[(3.8+3.3)\times2+9\times2]\times(1.55-0.12)=46.05m^2$ $V=(97.70+46.05)\times0.24-$构造柱$=34.50-2.52=31.98m^3$ 砖墙汇总： 一砖墙$V=61.38+11.94+179.34+48.58+20.57+3.15-2.55(过梁)=321.41m^3$ 半砖墙$V=2.65+10.59=13.24m^3$，女儿墙$V=31.98m^3$ 清单工程量与定额相同

工程量计算表(门窗工程) 表2.3.5

序号	项目名称	计算过程
1	铝合金推拉窗	一层： C1：$S=3.45\times2.1\times16=40.95m^2$ LTC0912：$S=0.9\times1.2\times2=2.16m^2$ 二～五层： C2：$S=3.45\times1.8\times16\times4=397.44m^2$ LTC1218：$S=1.2\times1.8\times4=8.64m^2$ LTC2118：$S=2.1\times1.8\times4=15.12m^2$ LTC0912：$S=0.9\times1.2\times4=4.32m^2$

序号	项目名称	计算过程
1	铝合金推拉窗	$LTC0918:S=0.9\times1.8\times4=6.48m^2$ 屋顶机房层： $LTC2118:S=2.1\times1.8\times3=11.34m^2$ $LTC0918:S=0.9\times1.8=1.62m^2$ 铝合金推拉窗面积汇总： $\sum S=40.95+2.16+397.44+8.64+15.12+4.32+6.48+11.34+1.62=488.07m^2$ 窗洞侧壁(外侧)面积：$S=[(3.45\times2+2.1\times2)\times16+(3.45\times2+1.8\times2)\times16\times4+(1.2\times2+1.8\times2)\times4+(2.1\times2+1.8\times2)\times4+(0.9\times2+1.2\times2)\times4+(0.9\times2+1.8\times2)\times4+(2.1\times2+1.8\times2)\times3+(0.9\times2+1.8\times2)]\times(0.24-0.09)\times0.5=72.9m^2$ 清单工程量=定额工程量=72.9m²
2	木门	一层(一砖墙)： $M1221:S=1.2\times2.1=2.52$ $M1521:S=1.5\times2.1=3.15m^2$ $M0721(半砖):S=0.7\times2.1\times2=2.94m^2$ 二～五层(半砖墙)： $M0721:S=0.7\times2.1\times2\times4=11.76m^2$ 屋顶机房层： $M1521:S=1.5\times2.1=3.15m^2$ 木门面积合计：$\sum S=2.52+3.15+2.94+11.76+3.15=23.52m^2$ 木门清单工程量=定额工程量=23.52m²
3	乙级防火门	一层： 乙级 $MFM1521:S=1.5\times2.1\times2=6.3m^2$ 二～五层： $MFM1321:S=1.3\times2.1\times2\times4=21.84m^2$ 屋顶机房层： $MFM1521:S=1.5\times2.1=3.15m^2$ 防火门面积合计：$\sum S=6.3+21.84+3.15=31.29m^2$ 乙级防火门清单工程量=定额工程量=31.29m²
4	扣门窗洞口统计	扣二～五层内墙(一砖墙)：$S=21.84+1.7\times2.2\times4=36.80m^2$ 扣二～五层内墙(半砖墙)：$S=11.76m^2$ 扣屋顶机房层内墙：$S=3.15m^2$ $S=S_{窗}+S_{一层外墙外墙门}+S_{屋顶机房外墙门}$ 扣外墙门窗面积汇总：$=488.07+(2.52+3.15)+3.15=496.89m^2$ 扣内墙(一砖墙)门窗洞口汇总：$S=6.3+9+21.84+3.15+1.7\times2.2\times5(10$ 轴洞口$)=58.99m^2$ 扣内墙(半砖墙)门窗洞口汇总：$S=2.94+11.76=14.70m^2$

序号	项目名称	计算过程
1	20厚水泥砂浆找平层	下层: 五楼屋顶:$S = (3.3 + 3.8 \times 7 - 0.24) \times (9 - 0.24) = 259.82 \text{m}^2$(二遍) 机房屋顶:$S = (3.8 + 3.3 - 0.24) \times (9 - 0.24) = 60.09 \text{m}^2$(二遍) 合计:$\sum S = 259.82 + 60.09 = 319.91 \text{m}^2$ 上层: 五层屋顶:$S = (3.3 + 3.8 \times 7 - 0.24) \times (9 - 0.72 - 0.12) = 242.03 \text{m}^2$ 机房屋顶:$S = (3.8 + 3.3 - 0.24) \times (9 - 0.72 - 0.12) = 55.98 \text{m}^2$ 合计:$\sum S = 242.03 + 55.98 = 298.01 \text{m}^2$
2	50厚聚苯板	五楼屋顶:$S = (3.3 + 3.8 \times 7 - 0.24) \times (9 - 0.24) = 259.82 \text{m}^2$ 机房屋顶:$S = (3.8 + 3.3 - 0.24) \times (9 - 0.24) = 60.09 \text{m}^2$ 合计:$\sum S = 259.82 + 60.09 = 319.91 \text{m}^2$
3	水泥陶粒找坡	五层屋顶: 双面坡,坡度2%:$H_1 = (4500 - 720) \times 2/100 = 75.6 \text{mm}$ 平均厚度$= (30 + 30 + 75.6)/2 = 67.8 \text{mm}$ $V = (3.3 + 3.8 \times 7 - 0.24) \times (9 - 0.72 \times 2) \times 0.0678 = 15.20 \text{m}^3$ 机房屋顶: 单面坡,坡度2%:$H_1 = (9000 - 720) \times 2/100 = 165.6 \text{mm}$ 平均厚度$= (30 + 30 + 165.6)/2 = 112.8 \text{mm}$ $V = (3.8 + 3.3 - 0.24) \times (9 - 0.72) \times 0.1128 = 6.41 \text{m}^3$ 合计:$\sum V = 15.20 + 6.41 = 21.61 \text{m}^3$
4	SBS防水卷材	五层屋顶: 平面:$S = (3.3 + 3.8 \times 7 - 0.24) \times (9 - 0.24) = 259.82 \text{m}^2$ 檐口侧边:$S = 0.2 \times (3.3 + 3.8 \times 7 - 0.24 - 0.25 \times 7 + 0.6 \times 7) \times 2 = 12.84 \text{m}^2$ 女儿墙侧边:$S = (9 - 0.72 \times 2) \times 2 \times 0.3 + (3.3 + 3.8 \times 7 - 0.24) \times 0.3 = 13.43 \text{m}^2$ 机房屋顶: 平面:$S = (3.8 + 3.3 - 0.24) \times (9 - 0.24) = 60.09 \text{m}^2$ 檐口侧边:$S = 0.2 \times (3.8 + 3.3 - 0.24 - 0.25 + 0.6) \times 2 = 2.88 \text{m}^2$ 女儿墙侧边:$S = (9 - 0.72) \times 2 \times 0.3 + (3.8 + 3.3 - 0.24) \times 0.3 = 7.03 \text{m}^2$ SBS防水卷材汇总:$\sum S = 259.82 + 12.84 + 13.43 + 60.09 + 2.88 + 7.03 = 356.09 \text{m}^2$
5	隔离层	五层屋顶:$S = (3.3 + 3.8 \times 7 - 0.24) \times (9 - 0.72 - 0.12) = 242.03 \text{m}^2$ 机房屋顶:$S = (3.8 + 3.3 - 0.24) \times (9 - 0.72 - 0.12) = 55.98 \text{m}^2$ 隔离层汇总:$\sum S = 242.03 + 55.98 = 298.01 \text{m}^2$

序号	项目名称	计算过程
6	40 厚 C25 防水细石混凝土	五层屋顶: $S=(3.3+3.8\times7-0.24)\times(9-0.72-0.12)=242.03\text{m}^2$ 机房屋顶: $S=(3.8+3.3-0.24)\times(9-0.72-0.12)=55.98\text{m}^2$ 汇总: $\sum S=242.03+55.98=298.01\text{m}^2$
7	30 厚分仓缝内	$L=(3.3+3.8\times7-0.24)+(9-0.7\times2)\times7=82.86\text{m}$

工程量计算表(楼地面工程)

表 2.3.7

序号	项目名称	计算过程
1	80 厚碎石垫层	一层车间: $V=(3.8\times8-0.24)\times(9-0.24)\times0.08=21.14\text{m}^3$ 一层卫生间: $V=(3-0.24)\times(3.3-0.24)\times0.08=0.68\text{m}^3$ 楼梯间: $V=(3.3-0.24)\times(6-0.24)\times0.08=1.41\text{m}^3$ 汇总: $\sum V=21.14+0.68+1.41=23.23\text{m}^3$
2	100 厚 C15 混凝土垫层	一层车间: $V=(3.8\times8-0.24)\times(9-0.24)\times0.1=26.42\text{m}^3$ 一层卫生间: $V=(3-0.24)\times(3.3-0.24)\times0.1=0.85\text{m}^3$ 楼梯间: $V=(3.3-0.24)\times(6-0.24)\times0.1=1.76\text{m}^3$ 汇总: $\sum V=26.42+0.85+1.76=29.03\text{m}^3$
3	花岗石地面	一层车间: $S=(3.8\times8-0.24)\times(9-0.24)=264.20\text{m}^2$ 一层楼梯间地面: $S=(3.3-0.24)\times(6-0.24)=17.63\text{m}^2$ 应扣柱面积: $S=0.45\times0.45\times4+0.35\times0.16\times14+0.11\times0.16\times2+0.11\times0.16\times4=1.70\text{m}^2$ 应加门窗洞口地面: $S=1.2\times0.24+1.5\times0.24\times3+0.9\times0.24=1.58\text{m}^2$ 一层花岗岩地面汇总: $\sum S=264.20+17.63-1.70+1.58=281.71\text{m}^2$
4	花岗石楼面	二~五层车间: $S=(3.8\times8-0.24)\times(9-0.24)\times4=1056.81\text{m}^2$ 二~五层楼梯处: $S=(1.7-0.24-0.12)\times(3.3-0.24)\times4=16.40\text{m}^2$ 应扣柱面积: $S=(0.45\times0.45\times4+0.35\times0.16\times14)\times4=6.38\text{m}^2$ 应加门窗洞口地面: $S=(1.3\times0.24\times2+0.9\times0.24)\times4=3.36\text{m}^2$ 花岗石楼面汇总: $\sum S=1056.81+16.40-6.38+3.36=1070.19\text{m}^2$
5	地砖面层	一层卫生间: $S=(1.65-0.24-0.06)\times(3-0.24)+(1.65-0.06)\times1.32+(0.96+0.54-0.06)\times1.65=8.20\text{m}^2$ 应扣柱面积: $S=0.11\times0.16+0.55\times0.255\times2=0.30\text{m}^2$ 应加门洞口地面: $S=0.7\times0.12\times2=0.17\text{m}^2$ 一层卫生间地砖汇总: $\sum S=8.20-0.30+0.17=8.07\text{m}^2$ 二~五层卫生间: $S=[(1.65-0.24-0.06)\times(3-0.24)+(1.65-0.06)\times1.32+(0.96+0.54-0.06)\times1.65]\times4=32.80\text{m}^2$ 应扣柱面积 $S=(0.11\times0.16+0.55\times0.255\times2)\times4=1.19\text{m}^2$ 应加门洞口地面: $S=0.7\times0.12\times2\times4=0.67\text{m}^2$ 二~五层卫生间地砖汇总: $\sum S=32.80-1.19+0.67=32.28\text{m}^2$

序号	项目名称	计算过程
6	花岗石楼梯	同楼梯面积：$S = 139.20\text{m}^2$
7	花岗岩踢脚线	一层： 车间：$S = (3.8 \times 8 - 0.24 + 0.155 \times 14) \times 2 \times 0.12 + [9 - 0.24 - 1.5 - 0.96 + (0.24 - 0.09) \times 2] \times 0.12 + [9 - 0.24 - 1.5 - 1.7 + (0.24 - 0.09) \times 2 + 0.24 \times 2] \times 0.12 = 9.31\text{m}^2$ (门框厚按90) 楼梯间地面：$S = [(6 - 0.24) \times 2 + (3.3 - 0.24) \times 2 - 1.5 - 1.2] \times 0.15 + [(6 - 0.24) \times 2 + (3.3 - 0.24) \times 2 - 1.5 - 1.5] \times 0.15 = 4.44$ 独立柱踢脚线：$S = 0.45 \times 4 \times 0.12 \times 4 = 1.08\text{m}^2$ 二～五层： 车间：$S = 7.7592(3.8 \times 8 - 0.24 + 0.155 \times 14) \times 2 \times 0.12 \times 4 + 3.264[9 - 0.24 - 1.3 - 0.96 + (0.24 - 0.09) \times 2] \times 0.12 \times 4 + [9 - 0.24 - 1.3 - 1.7 + (0.24 - 0.09) \times 2 + 0.24 \times 2] \times 0.12 \times 4 = 14.16\text{m}^2$ 独立柱踢脚线：$S = 0.45 \times 4 \times 0.12 \times 4 \times 4 = 4.32\text{m}^2$ 楼梯间： 1#楼梯：$S = [(1.7 - 0.12) \times 2 + (3.3 - 0.24)] \times 5 \times 0.12 - 1.5 \times 4 \times 0.12 + [(1.5 - 0.28 - 0.12) \times 2 + (3.3 - 0.24)] \times 4 \times 0.12 + (1.96 + 2.52 \times 2 + 2.8 \times 6) \times 1.159 \times 0.12 + 0.28 \times 0.15 \times 0.5 \times (8 + 10 \times 2) + 0.28 \times 0.164 \times 0.5 \times 11 \times 6 = 10.585\text{m}^2$ 2#楼梯：$S = [(1.7 - 0.12) \times 2 + (3.3 - 0.24)] \times 6 \times 0.12 - 1.3 \times 5 \times 0.12 + [(1.5 - 0.28 - 0.12) \times 2 + (3.3 - 0.24)] \times 5 \times 0.12 + (1.96 + 2.52 \times 2 + 2.8 \times 8) \times 1.159 \times 0.12 + 0.28 \times 0.15 \times 0.5 \times (8 + 10 \times 2) + 0.28 \times 0.164 \times 0.5 \times 11 \times 8 = 13.55\text{m}^2$ 花岗岩踢脚线汇总：$\sum S = 9.31 + 4.44 + 1.08 + 14.16 + 4.32 + 10.585 + 13.55 = 57.44\text{m}^2$
8	地砖踢脚线	卫生间：$S = [(1.65 - 0.12 - 0.06) \times 2 + (3 - 0.24) \times 2 - 0.7 + (1.65 - 0.06) \times 2 + (1.32 - 0.06 - 0.12) \times 2 - 0.7 + (1.65 - 0.12 - 0.06) \times 2 + (0.9 + 0.54 - 0.06) \times 2 - 0.7 - 0.9] \times 0.12 \times 5 = 12.47\text{m}^2$

工程量计算表（墙柱面）

表2.3.8

序号	项目名称	计算过程
1	砖基础表面抹灰	条形基础上面：$S = 56.54 \times (0.737 + 0.3) \times 2 = 117.27\text{m}^2$ 独立基础上面：$S = 22.07 \times 2 = 44.14\text{m}^2$ 柱表面：$S = [(0.35 \times 2 + 0.16 \times 2) \times 14 + (0.35 + 0.4 + 0.11 + 0.16) \times 6 + (0.5 + 0.26 + 0.06 \times 2) \times 2 + 0.45 \times 4 \times 4] \times 0.6 = 17.62\text{m}^2$ 电梯井表面：$S = (3 + 3.3) \times 2 \times 1.65 \times 2 = 41.58\text{m}^2$ 基础表面抹灰：$\sum S = 117.27 + 44.14 + 17.62 + 41.58 = 220.61\text{m}^2$
2	内墙抹灰	一层： 外墙内侧： Ⓓ轴：$S = (3.3 \times 2 + 3.8 \times 8 - 0.24 - 0.24 \times 2 + 0.155 \times 14) \times (4.2 - 0.12) = 156.88\text{m}^2$ Ⓐ轴：$S = (3.3 \times 2 + 3.8 \times 8 - 0.24 - 0.12 \times 2 - 0.24 + 0.155 \times 14) \times (4.2 - 0.12) = 156.88\text{m}^2$ ①轴：$S = (6 + 3 - 0.24 - 0.24) \times (4.2 - 0.12) = 34.76\text{m}^2$ ⑪轴：$S = (6 + 0.42 + 0.88 - 0.24 - 0.24) \times (4.2 - 0.12) = 27.73\text{m}^2$ 扣一层外墙门窗洞口：$S = 40.95 + 2.16 + 2.52 + 3.15 = 48.78\text{m}^2$

序号	项目名称	计算过程
2	内墙抹灰	外墙内侧抹灰面积:$S=156.88+156.88+34.76+27.73-48.78=327.47m^2$ 内墙二侧: Ⓑ轴:$S=(3.3-0.24+3.3-0.24)\times(4.2-0.12)=24.66m^2$ ②轴:$S=(6+3-0.9-0.24)\times(4.2-0.12)=31.68m^2$ ⑩轴:$S=(9-0.24-0.24)\times(4.2-0.12)=34.34m^2$ ①~②轴:$S=(3-0.24)\times(4.2-0.12)=11.12m^2$ Ⓐ~Ⓑ轴:$S=(1.65-0.06)\times(4.2-0.12)=6.41m^2$ 扣一层内墙门窗洞口:$S=6.3+1.7\times2.2+2.94=10.04m^2$ 内墙二侧抹灰面积:$S=(24.66+31.68+34.34+11.12+6.41-10.04)\times2+0.24\times(4.15-0.12)=197.31m^2$ 二~五层: 外墙内侧: Ⓓ轴:$S=(3.8\times8+3.3\times2-0.24-0.24\times2+0.155\times14)\times(3.6-0.12)=133.81m^2$ Ⓐ轴:$S=(3.8\times8+3.3\times2-0.24-0.24\times2+0.155\times14)\times(3.6-0.12)=133.81m^2$ ①轴:$S=(6+3-0.24-0.24)\times(4.2-0.12)=34.76m^2$ ⑪轴:$S=(6+3-0.24-0.24)\times(4.2-0.12)=34.76m^2$ 扣二~五层外墙门窗洞口:$S=397.44+8.64+15.12+4.32+6.48=432.00m^2$ 外墙内侧抹灰面积:$S=(133.81+133.81+34.76+34.76)\times4-432.00=916.56m^2$ 内墙二侧: Ⓑ轴:$S=(3.3-0.24+3.3-0.24)\times(4.2-0.12)=24.66m^2$ ②轴:$S=(6+3-0.9-0.24)\times(4.2-0.12)=31.68m^2$ ⑩轴:$S=(9-0.24-0.24)\times(4.2-0.12)=34.34m^2$ ①~②轴:$S=(3-0.24)\times(4.2-0.12)=11.12m^2$ Ⓐ~Ⓑ轴:$S=(1.65-0.06)\times(4.2-0.12)=6.41m^2$ 扣二~五层内墙门窗洞口:$S=21.84+1.7\times2.2\times4+11.76=48.56m^2$ 内墙二侧面积:$S=[(24.66+31.68+34.34+11.12+6.41)\times4-48.56]\times2=768.56m^2$ 屋顶机房层: 外墙内侧: Ⓓ轴:$S=(3.8+3.3-0.24-0.24)\times(4.2-0.12)=27.01m^2$ Ⓐ轴:$S=(3.8+3.3-0.24-0.24)\times(4.2-0.12)=27.01m^2$ ⑨轴:$S=(9-0.24-0.24)\times(4.2-0.12)=34.76m^2$ ⑪轴:$S=(9-0.24-0.24)\times(4.2-0.12)=34.76m^2$ 扣屋顶机房外墙门窗洞口:$S=11.34+1.62+3.15=16.11m^2$ 外墙内侧抹灰面积:$S=27.01+27.01+34.76+34.76-16.11=107.43m^2$ 内墙: Ⓑ轴:$S=(3.8+3.3-0.24-0.24)\times(4.2-0.12)=27.01m^2$

序号	项目名称	计算过程
2	内墙抹灰	⑩轴：$S=(9-0.24-0.24)\times(4.2-0.12)=34.76m^2$ 扣屋顶机房内墙门窗洞口：$S=3.15m^2$ 内墙二侧抹灰面积：$S=(27.01+34.76-3.15)\times2=117.24m^2$ 汇总以上内墙抹灰：$\sum S=327.47+197.31+916.56+768.56+107.43+117.24=2434.57m^2$
3	柱梁面抹灰	一层柱：$S=0.45\times4\times4\times(4.2-0.12)=29.38m^2$ 二～五层柱：$S=0.45\times4\times4\times(3.6-0.12)\times4=100.22m^2$ 柱梁面抹灰面积汇总：$\sum S=29.38+100.22=129.60m^2$
4	外墙抹灰	一～五层外墙面积(不扣门窗)：$S=(37.24\times2+9.24\times2)\times(18.6+0.3)=1756.94m^2$ 屋顶机房层外墙面积(不扣窗)：$S=(7.34\times2+9.24)\times4.2=100.46m^2$ 应扣外墙门窗洞口：$S=48.78+432.00+16.11=496.89m^2$ 檐沟侧板抹灰：$S=[(0.9-0.04)\times2+(3.3+0.24-0.08)\times2]\times(0.3+0.2+0.08+0.06)=5.53m^2$ 外墙抹灰面积汇总：$\sum S=1756.94+100.46-496.89+5.53=1366.04m^2$
5	女儿墙抹灰	五楼屋面：$S=[(3.3+3.8\times7-0.12)\times2+(9-0.24)]\times(1.55-0.12)\times2=195.40m^2$ 机房屋面：$S=[(3.3+3.8+9)\times2]\times(0.9-0.12)\times2=50.23m^2$ 压顶抹灰(计入女儿墙抹灰)： $S=[(3.3+3.8\times7-0.12)\times2+9-0.24+(3.3+3.8+9)\times2]\times(0.3+0.12\times2+0.12)=66.34m^2$ 女儿墙抹灰面积汇总：$\sum S=195.40+50.23+66.34=311.97m^2$
6	线条抹灰	按长度：$L=(37.24+9.24)\times2\times2=185.92m$

工程量计算表(天棚工程)

表2.3.9

序号	项目名称	计算过程
1	天棚抹灰	一～四层天棚平板抹灰：$S=[(3.8-0.25)\times(4-0.25)\times8+(3.8-0.25)\times(5-0.25)\times8+(1.7-0.125-0.25)\times(3.3-0.25)\times2]\times4=997.93m^2$ 一～四层天棚梁面抹灰： ③、⑤、⑦、⑨轴 KL3：$S=(9-0.275\times2-0.45)\times(0.25+0.43\times2)\times4\times4=142.08m^2$ ④、⑥、⑧轴 KL4：$S=(9-0.275\times2)\times(0.25+0.43\times2)]\times3\times4=112.55m^2$ ⓒ轴 KL10：$S=(3.8\times8-0.125-0.45\times4-0.25\times3)\times(0.25+0.68\times2)\times4+0.25\times0.25\times3=178.74m^2$ 五层天棚平板抹灰：$S=(3.3-0.25)\times(0.84-0.25)\times2+(3.8-0.25)\times(0.84-0.25)\times7\times2+(5.16-0.25)\times(3.3-0.25)+(2.16-0.25)\times(3.16-0.25)+(3.8-0.25)\times7+(4.16-0.25)\times(3.8-0.25)\times7+(2-0.25)\times(3.8-0.25)+(3-0.25)\times(3.8-0.25)+(1.7-0.125-0.25)\times(3.3-0.25)+(3.3-0.25)\times(3.0-0.25)=203.87m^2$ 五层梁侧面： ③、⑤、⑦、⑨轴 KL20：$S=(9-0.275\times2-0.45)\times(0.25+0.43\times2)\times4=142.08m^2$ ④、⑥、⑧轴 KL21：$S=(9-0.275\times2)\times(0.25+0.43\times2)\times3=122.55m^2$ Ⓐ～Ⓑ、ⓒ～Ⓓ轴 LL5：$S=(0.25+0.28)\times(3.3+3.8\times7-0.125-0.25\times7-0.125)\times2=29.57m^2$

序号	项目名称	计算过程
1	天棚抹灰	ⓒ轴 KL9：$S=(3.8\times8-0.125-0.45\times4-0.25\times3)\times(0.25+0.68\times2)\times4+0.25\times0.25\times3=178.74m^2$ Ⓑ轴/⑨~⑩轴：$S=(3.8-0.25)\times(0.25+0.28\times2)=2.88m^2$ 各层楼梯处现浇板：$S=(1.7-0.25-0.12)\times(3.3-0.24)\times9=36.63m^2$ 楼梯底面抹灰：$S=139.20\times1.15=160.08m^2$ 雨篷底面抹灰：$S=(0.9-0.06)\times(3.3-0.06\times2)=2.67m^2$ 天棚抹灰面积汇总：$\sum S=997.93+142.08+112.55+178.74+203.87+142.08+122.55+29.57+178.74+2.88+36.63+160.08+2.67=2241.38m^2$

工程量计算表(油漆涂料工程)

表 2.3.10

序号	项目名称	计算过程
1	内墙涂料	窗洞侧壁：$S=[(3.45\times2+2.1\times2)\times16+(3.45\times2+1.8\times2)\times16\times4+(1.2\times2+1.8\times2)\times4+(2.1\times2+1.8\times2)\times4+(0.9\times2+1.2\times2)\times4+(0.9\times2+1.8\times2)\times4+(2.1\times2+1.8\times2)\times3+(0.9\times2+1.8\times2)]\times(0.24-0.09)\times0.5=72.9m^2$ 门洞侧壁：$S=(1.2+2.1\times2+(1.5+2.1\times2)\times5+(1.3+2.1\times2)\times4)\times(0.24-0.09)+(0.7+2.1\times2)\times6\times(0.12-0.09)+(2.2\times2+1.7)\times5+(3.45\times2+1.7)\times5+(0.9+3.65)\times5=105.52m^2$ 踢脚线面积：$S=209.14+12.47=221.61m^2$ 内墙涂料面积汇总：$S=$内墙抹灰面积+门窗洞侧壁-踢脚线 $\qquad=2434.57+129.60+72.90+105.52-221.61=2520.98m^2$ 天棚涂料工程量：$S=$天棚抹灰工程量$=2241.38m^2$
2	外墙涂料	窗洞侧壁：$S=[(3.45\times2+2.1\times2)\times16+(3.45\times2+1.8\times2)\times16\times4+(1.2\times2+1.8\times2)\times4+(2.1\times2+1.8\times2)\times4+(0.9\times2+1.2\times2)\times4+(0.9\times2+1.8\times2)\times4+(2.1\times2+1.8\times2)\times3+(0.9\times2+1.8\times2)]\times(0.24-0.09)\times0.5=72.9m^2$ 线条抹灰增加：$S=185.92\times0.12\times2\times2=89.24m^2$ 勒脚面积：$S=37.24\times2+9.24\times2-0.3\times3.55\times0.3\times2-0.3\times3.25\times0.3-1.2\times0.3-1.5\times0.3-1.7\times0.3=90.71m^2$ 外墙涂料合计：$\sum S=$外墙抹灰面积+女儿墙抹灰+压顶抹灰+窗洞侧壁+线条处增加-勒脚 $\qquad=1366.44+287.50+75.37+72.9+89.24-90.71=1800.74m^2$
3	木门油漆	木门油漆：$S=23.52m^2$
4	木扶手油漆	$S=[(1.96+2.52\times2+2.8\times6+1.96+2.52\times2+2.8\times8)\times1.15+0.46\times9+1.3+0.46\times11+1.3]\times2.5=182.45m^2$

工程量计算表(附属工程)

表 2.3.11

序号	项目名称	计算过程
1	墙脚护坡	定额工程量：$S=(37+9)\times2\times0.8=73.60m^2$ 清单工程量：$S=(3.8\times8-0.25)\times0.8+(3.8\times8+3.3+3.3+0.24)\times0.8+9.24\times0.8+(9.24-3.24)\times0.8+0.8\times08\times4=91.70m^2$
2	坡道	$S=3.25\times1.5\times2+3.25\times1.5=14.63m^2$

2.4 编制说明(厂房)

编 制 说 明

工程名称:某厂房 第 1 页 共 1 页

一、编制依据

1. ××市建筑设计院设计的施工图及相关资料;

2.《浙江省房屋建筑与装饰工程预算定额》(2018 版);

3.《房屋建筑与装饰工程工程量清单计价规范》(GB 50500—2013);

4. 由地质报告得知土壤类别为二类土,自然地坪标高为 −0.3m。

二、其他有关问题的说明

1. 本工程的工程质量为合格,工期按正常施工工期考虑;

2. 本工程模板工程量计算按模板与混凝土实际接触面积计算;

3. 本工程计价,人材机暂不考虑市场调价;

4. 企业管理费、利润取费标准按中值计取;

5. 施工组织措施仅计取安全文明基本费,按非市区中值计取;

6. 土方开挖按机械开挖,余土外运运距暂定 5km;

7. 本工程管理费按"人工费 + 机械费"之和的 15% 计取,利润按"人工费 + 机械费"之和的 10% 计取,风险费暂不计取。

2.5 工程计价表(厂房)

工程名称:某厂房——房屋建筑与装饰

序号	名称	计算公式	金额(元)	备注
1	分部分项工程费	Σ(分部分项工程数量×综合单价)	1835706.2	
1.1	其中:人工费+机械费	Σ分部分项(人工费+机械费)	447864.34	
2	措施项目费	2.1+2.2	251678.09	
2.1	施工技术措施项目	Σ(技术措施工程数量×综合单价)	200055.2	
2.1.1	其中:人工费+机械费	Σ技措项目(人工费+机械费)	118176.08	
2.2	施工组织措施项目	按实际发生项之和进行计算	51622.89	
2.2.1	其中:安全文明施工基本费		51622.89	
3	其他项目费	3.1+3.2+3.3+3.4		
3.1	暂列金额	3.1.1+3.1.2+3.1.3		
3.1.1	标化工地增加费	按招标文件规定额度列计		
3.1.2	优质工程增加费	按招标文件规定额度列计		
3.1.3	其他暂列金额	按招标文件规定额度列计		
3.2	暂估价	3.2.1+3.2.2+3.2.3		
3.2.1	材料(工程设备)暂估价	按招标文件规定额度列计(或计入综合单价)		
3.2.2	专业工程暂估价	按招标文件规定额度列计		
3.2.3	专项技术措施暂估价	按招标文件规定额度列计		
3.3	计日工	Σ计日工(暂估数量×综合单价)		
3.4	施工总承包服务费	3.4.1+3.4.2		
3.4.1	专业发包工程管理费	Σ专业发包工程(暂估金额×费率)		
3.4.2	甲供材料设备管理费	甲供材料暂估金额×费率+甲供设备暂估金额		
4	规费	计算基数×费率	145925.22	
5	增值税	计算基数×费率	200997.86	
	投标报价合计	1+2+3+4+5	2434307.37	

分部分项工程综合单价计算表

表 2.5.2

单位(专业)工程名称:某厂房——房屋建筑与装饰

清单序号	项目编码(定额编码)	清单(定额)项目名称	计量单位	数量	综合单价(元)						合计(元)
					人工费	材料(设备)费	机械费	管理费	利润	小计	
		土石方工程									
1	010101001001	平整场地	m²	344.1	0.11		0.55	0.11	0.05	0.82	282
	1-76	平整场地,机械	1000m²	0.5441	70		344.75	68.27	33.37	516.39	281
2	010101003001	挖沟槽土方	m³	67.59	1.69		2.07	0.62	0.3	4.68	316
	1-20	挖掘机挖槽坑土方,不装车,一、二类土	100m³	0.6759	168.5		207.38	61.95	30.28	468.11	316
3	010101004001	挖基坑土方	m³	134.27	1.69		2.07	0.62	0.3	4.68	628
	1-20	挖掘机挖槽坑土方,不装车,一、二类土	100m³	1.3427	168.5		207.38	61.95	30.28	468.11	629
4	010103001001	回填方(基础)	m³	114.11	27.61		1.2	4.77	2.33	35.91	4098
	1-80	人工就地回填土,夯实	100m³	2.6872	1172.5		50.99	202.64	99.06	1525.19	4098
5	010103001002	回填方(室内)	m³	36.55	26.91		0.51	4.54	2.22	34.18	1249
	1-80	人工就地回填土,夯实	100m³	0.3655	1172.5		50.99	202.64	99.06	1525.19	557
	1-12	人力车运土方,运距50m以内	100m³	0.3655	1518.75			251.66	123.02	1893.43	692
6	010103002001	余方弃置	m³	71.38	0.81		13.93	2.43	1.19	18.36	1311
	1-36	挖掘机装车土方	100m³	0.7148	48		239.86	47.34	23.14	358.34	256
	1-39换	自卸汽车运土方,运距1000m以内,实际运距(km):5	100m³	0.7148	32.5		1150.98	194.88	95.27	1473.63	1053
		砌筑工程									
7	010401001001	砖基础	m³	15.3	105.17	317.43	2.54	17.84	8.72	451.7	6911
	4-1	混凝土实心砖基础,墙厚1砖	10m³	1.53	1051.65	3004.1	22.37	177.95	86.99	4343.06	6645
	9-44	防水砂浆,砖基础上	100m²	0.224		1162.82	20.62	3.41	1.66	1188.51	266
8	010401004001	多孔砖墙(一砖)	m³	324.96	108.27	285.35	1.85	18.25	8.92	422.64	137341
	4-41	非黏土烧结多孔砖,墙厚1砖	10m³	32.496	1082.7	2853.47	18.48	182.45	89.19	4226.29	137338
9	010401004003	多孔砖墙(半砖)	m³	13.24	143.64	277.54	1.46	24.04	11.75	458.43	6070
	4-42	非黏土烧结多孔砖,墙厚1/2砖	10m³	1.324	1436.4	2775.39	14.59	240.42	117.53	4584.33	6070
10	010401003001	实心砖墙(女儿墙)	m³	34.5	139.59	304.54	2.3	23.51	11.49	481.43	16609
	4-6	混凝土实心砖,墙厚1砖	10m³	3.45	1395.9	3045.38	22.96	235.09	114.92	4814.25	16609

单位(专业)工程名称:某厂房——房屋建筑与装饰

清单序号 (定额编码)	项目编码 (定额编码)	清单(定额)项目名称	计量单位	数量	综合单价(元)						合计 (元)
					人工费	材料 (设备)费	机械费	管理费	利润	小计	
		钢筋混凝土工程									
11	010501001001	垫层	m³	22.21	40.88	408.79	0.69	6.89	3.37	460.62	10230
	5-1	现浇混凝土,垫层	10m³	2.221	408.78	4087.85	6.87	68.86	33.66	4606.02	10230
12	010501002002	带形基础	m³	20.9	24.04	453.22	0.25	4.03	1.97	483.51	10105
	5-3 换	现浇混凝土,基础混凝土,换为【泵送商品混凝土C25】	10m³	2.09	240.44	4532.18	2.53	40.26	19.68	4835.09	10105
13	010501003001	独立基础	m³	38.78	24.04	453.22	0.25	4.03	1.97	483.51	18751
	5-3 换	现浇混凝土,基础混凝土,换为【泵送商品混凝土C25】	10m³	3.878	240.44	4532.18	2.53	40.26	19.68	4835.09	18750
14	010501004001	满堂基础	m³	1.42	21.64	460.31	0.25	3.63	1.77	487.6	692
	5-4 换	现浇混凝土,满堂基础、地下室底板,换为【泵送防水商品混凝土C25/P6(20),坍落度12cm±3cm】	10m³	0.142	216.41	4603.07	2.53	36.28	17.73	4876.02	692
15	010504001001	直形墙	m³	4.94	39.29	457.89	0.42	6.58	3.22	507.4	2507
	5-15 换	现浇混凝土,直形、弧形墙挡土墙、地下室外墙,换为【泵送防水商品混凝土C25/P6(20),坍落度12cm±3cm】	10m³	0.494	392.85	4578.91	4.21	65.79	32.16	5073.92	2507
16	010502001001	矩形柱	m³	164.13	87.62	456.25	0.42	14.59	7.13	566.01	92899
	5-6 换	现浇混凝土,矩形柱、异形柱、圆形柱,换为【泵送商品混凝土C25】	10m³	16.413	876.15	4562.45	4.21	145.87	71.31	5659.99	92897
17	010502002001	构造柱	m³	5.41	148.68	426.19	0.64	24.74	12.09	612.34	3313
	5-7	现浇混凝土,构造柱	10m³	0.541	1486.76	4261.85	6.36	247.4	120.94	6123.31	3313
18	010503002001	矩形梁	m³	226.43	36.65	455.68	0.42	6.14	3	501.89	113643
	5-9 换	现浇混凝土,矩形梁、异形梁、弧形梁,换为【泵送商品混凝土C25】	10m³	22.643	366.53	4556.84	4.21	61.43	30.03	5019.04	113646
19	010505003001	平板	m³	154.59	42.31	459.95	0.78	7.14	3.49	513.67	79408
	5-16 换	现浇混凝土,平板,换为【泵送商品混凝土C25】	10m³	15.459	423.09	4599.48	7.83	71.39	34.9	5136.69	79408
20	010506001001	直形楼梯	m²	79.21	15.59	111.2	0.15	2.61	1.28	130.83	10363
	5-24 换	现浇混凝土,楼梯直形,换为【泵送商品混凝土C25】	10m²	7.921	155.93	1112.01	1.5	26.08	12.75	1308.27	10363

表2.5.2

分部分项工程综合单价计算表

单位(专业)工程名称:某厂房——房屋建筑与装饰　　　　　　　

清单序号	项目编码(定额编码)	清单(定额)项目名称	计量单位	数量	综合单价(元) 人工费	材料(设备)费	机械费	管理费	利润	小计	合计(元)
21	010503005001	过梁	m³	2.55	99.75	432.75	0.64	16.63	8.13	557.9	1423
	5-10	现浇混凝土,圈梁、过梁、拱形梁	10m³	0.255	997.52	4327.52	6.36	166.34	81.31	5579.05	1423
22	010507005001	扶手、压顶	m³	4.36	150.77	436.47	0.64	25.09	12.26	625.23	2726
	5-27 换	现浇混凝土,扶手、压顶,换为【非泵送商品混凝土C25】	10m³	0.436	1507.65	4364.66	6.36	250.86	122.63	6252.16	2726
23	010505008002	雨篷、悬挑板、阳台板	m³	0.25	71.93	470.22	0.63	12.02	5.88	560.68	140
	5-22 换	现浇混凝土,雨篷,换为【泵送商品混凝土C25】	10m³	0.0254	707.94	4628.13	6.2	118.32	57.84	5518.43	140
24	010515001001	现浇构件钢筋	t	58.65	595.18	4012.07	50.67	106.96	52.28	4817.16	282526
	5-36	现浇构件圆钢筋 HPB300,直径10mm以内	t	21.09	666.9	4120.67	23.4	114.33	55.89	4981.19	105053
	5-39	现浇构件带肋钢筋 HRB400,直径18mm以内	t	32.33	477.5	3922.42	68	90.33	44.15	4602.4	148796
	5-46	箍筋圆钢 HPB300,直径10mm以内	t	5.23	1033.43	4128.27	53.54	180	87.99	5483.23	28677
25	010507001001	散水、坡道	m²	91.7	30.85	58.81	0.38	5.17	2.53	97.74	8963
	17-179	墙脚护坡混凝土面	100m²	0.736	2274.08	5573.18	37.93	383.03	187.24	8455.46	6223
	17-189	坡道	10m²	1.463	309.96	738.56	2.04	51.69	25.27	1127.52	1650
	11-12	干混砂浆礓磋面层	100m²	0.1463	4797.56	1441.1	26.85	799.39	390.77	7455.67	1091
		门窗工程									
26	010807001001	铝合金推拉窗	m²	72.9	14.51	655.55		2.4	1.18	673.64	49108
	8-110 换	铝合金,推拉窗,单片玻璃	100m²	0.729	1450.92	65554.87		240.42	117.52	67363.73	49108
27	010801001001	木质门	m²	23.52	57	97.11	0.98	9.61	4.7	169.4	3984
	8-4	普通木门,无亮镶板门	100m²	0.2352	5699.97	9711.42	97.71	960.58	469.57	16939.25	3984
28	010801004001	木质防火门	m²	31.29	30.79	387.79		5.1	2.49	426.17	13335
	8-37	木质防火门安装	100m²	0.3129	3079.39	38779.32		510.25	249.43	42618.39	13335
		屋面工程									
29	010902001001	屋面卷材防水	m²	349.06	9.83	38.34	0.17	1.66	0.81	50.81	17736
	9-47	改性沥青卷材热熔法,一层,平面	100m²	3.4906	297.14	3045.77		49.24	24.07	3416.22	11925

单位(专业)工程名称:某厂房——房屋建筑与装饰

清单序号	项目编码(定额编码)	清单(定额)项目名称	计量单位	数量	综合单价(元)						合计(元)
					人工费	材料(设备)费	机械费	管理费	利润	小计	
	11-1	干混砂浆找平层,混凝土或硬基层上20mm厚	100m²	2.9801	803.21	923.65	19.85	136.37	66.66	1949.74	5810
30	010902003001	屋面刚性层	m²	298.01	19.99	57.21	1.05	3.49	1.7	83.44	24866
	9-1 换	刚性屋面,细石混凝土面层,厚度40mm,换为【非泵送商品混凝土 C25】	100m²	2.9801	1061.64	2281.63	12.8	178.01	87.02	3621.1	10791
	9-94	隔离层纸筋灰	100m²	2.9801	399.6	135.04		66.21	32.37	633.22	1887
	9-117	嵌填缝,建筑油膏,缝断面(mm²)30×20	100m	0.8286	399.6	223.5		66.21	32.37	721.68	598
	5-52	钢筋网片	t	1.6	795.15	6037.86	171.71	160.09	78.26	7243.07	11589
		保温、隔热工程									
31	011001001001	保温隔热屋面	m²	298.01	8.88	24.03	1.02	1.64	0.8	36.37	10839
	10-45	屋面保温隔热,陶粒混凝土	10m³	2.161	1224.72	3313.45	141.13	226.24	110.59	5016.13	10840
32	011001001002	保温隔热屋面	m²	319.91	12.83	37.45	0.21	2.16	1.06	53.71	17182
	10-33	屋面保温隔热,聚苯乙烯泡沫保温板,厚度50mm	100m²	3.1991	479.42	2821.35	1.24	79.65	38.93	3420.59	10943
	11-1	干混砂浆找平层,混凝土或硬基层上20mm厚	100m²	3.1991	803.21	923.65	19.85	136.37	66.66	1949.74	6237
		楼地面工程									
33	011102001001	石材楼地面(一层)	m²	281.71	40.97	224.84	0.35	6.85	3.35	276.36	77853
	11-31	石材楼地面,干混砂浆铺贴	100m²	2.8171	3341.18	17266.82	19.85	556.91	272.24	21457	60447
	4-87	碎石垫层,干铺	10m³	2.114	496.8	1844.16	11.33	84.18	41.15	2477.62	5238
	5-1	现浇混凝土,垫层	10m³	2.642	408.78	4087.85	6.87	68.86	33.66	4606.02	12169
34	011102001002	石材楼地面(二~五层)	m²	1070.19	33.41	172.67	0.2	5.57	2.72	214.57	229631
	11-31	石材楼地面,干混砂浆铺贴	100m²	10.7019	3341.18	17266.82	19.85	556.91	272.24	21457	229631
35	011102003001	块料楼地面	m²	8.2	52.32	211.35	0.54	8.76	4.28	277.25	2273
	11-44	地砖楼地面,干混砂浆铺贴,周长1200mm以内密缝	100m²	0.082	3194.4	5669.29	19.85	532.59	260.35	9676.48	793
	4-87	碎石垫层,干铺	10m³	0.14104	496.8	1844.16	11.33	84.18	41.15	2477.62	349
	5-1	现浇混凝土,垫层	10m³	0.1763	408.78	4087.85	6.87	68.86	33.66	4606.02	812
	9-88	聚氨酯防水涂料,厚度1.5mm,平面	100m²	0.0902	276.62	3186.18		45.84	22.41	3531.05	319

表2.5.2
第5页 共6页

分部分项工程综合单价计算表

单位(专业)工程名称:某厂房——房屋建筑与装饰

清单序号	项目编码(定额编码)	清单(定额)项目名称	计量单位	数量	综合单价(元)						合计(元)
					人工费	材料(设备)费	机械费	管理费	利润	小计	
36	011102003002	块料楼地面	m²	32.28	34.99	91.74	0.2	5.83	2.85	135.61	4377
	11-44	地砖楼地面,干混砂浆铺贴,周长1200mm以内密缝	100m²	0.3228	3194.4	5669.29	19.85	532.59	260.35	9676.48	3124
	9-88	聚氨酯防水涂料,厚度1.5mm,平面	100m²	0.35508	276.62	3186.18		45.84	22.41	3531.05	1254
37	011106001001	石材楼梯面层	m²	79.2	33.41	172.67	0.2	5.57	2.72	214.57	16994
	11-31	石材楼地面,干混砂浆铺贴	100m²	0.792	3341.18	17266.82	19.85	556.91	272.24	21457	16994
38	011105002001	石材踢脚线	m²	209.14	47.45	173.79	0.1	7.88	3.85	233.07	48744
	11-96	踢脚线,石材,干混砂浆铺贴	100m²	2.0914	4744.71	17378.51	9.92	787.84	385.12	23306.1	48742
39	011105003001	块料踢脚线	m²	12.47	57.68	42.08	0.1	9.57	4.68	114.11	1423
	11-97	踢脚线,陶瓷地面砖,干混砂浆铺贴	100m²	0.1247	5768.17	4208.46	9.92	957.42	468.02	11411.99	1423
		墙柱面工程									
40	011201001001	墙面一般抹灰(内墙)	m²	2434.57	14.98	10.43	0.23	2.52	1.23	29.39	71552
	12-1	墙面一般抹灰,内墙14mm+6mm	100m²	24.3457	1498.23	1042.74	22.57	251.98	123.18	2938.7	71545
41	011201001002	墙面一般抹灰(外墙)	m²	1441.81	22.62	10.58	0.23	3.79	1.85	39.07	56332
	12-2	墙面一般抹灰,外墙14mm+6mm	100m²	14.4181	2151.71	1042.74	22.57	360.26	176.11	3753.39	54117
	12-36	装饰线条抹灰增加费(宽度200mm以内)三道以内	100m	1.8592	857.15	117.6	2.53	142.45	69.63	1189.36	2211
42	011201001003	墙面一般抹灰(女儿墙)	m²	245.63	21.52	10.43	0.23	3.6	1.76	37.54	9221
	12-2	墙面一般抹灰,外墙14mm+6mm	100m²	2.4563	2151.71	1042.74	22.57	360.26	176.11	3753.39	9219
43	011201001004	墙面一般抹灰(砖基础)	m²	220.61	23.62	27.19	0.23	3.95	1.93	56.92	12557
	12-2	墙面一般抹灰,外墙14mm+6mm	100m²	2.2061	2151.71	1042.74	22.57	360.26	176.11	3753.39	8280
	9-89	聚氨酯防水涂料,厚度1.5mm,立面	100m²	1.10305	419.85	3351.66		69.57	34.01	3875.09	4274
44	011202001001	柱、梁面一般抹灰	m²	129.6	20.96	10.17	0.22	3.51	1.72	36.58	4741
	12-21	柱(梁)面一般抹灰,柱(梁)14mm+6mm	100m²	1.296	2095.76	1017.33	21.99	350.9	171.53	3657.51	4740
		天棚工程									
45	011301001001	天棚抹灰	m²	2241.38	13.74	8.14	0.17	2.3	1.13	25.48	57110
	13-1	混凝土面天棚抹灰,一般抹灰	100m²	22.4138	1249.3	757.41	16.54	209.74	102.53	2335.52	52348

单位(专业)工程名称:某厂房——房屋建筑与装饰

清单序号	项目编码(定额编码)	清单(定额)项目名称	计量单位	数量	综合单价(元)						合计(元)
					人工费	材料(设备)费	机械费	管理费	利润	小计	
	12-18	刷素水泥浆,有107胶	100m²	22.4138	124.78	57.02		20.68	10.11	212.59	4765
		油漆涂料工程									
46	011401001001	木门油漆	m²	23.52	27.3	7.08		4.52	2.21	41.11	967
	14-17	单层木门调和漆底油一遍、刮腻子、调和漆二遍	100m²	0.2352	2730.02	707.78		452.36	221.13	4111.29	967
47	011403001001	木扶手油漆	m	182.45	7.25	0.69		1.2	0.59	9.73	1775
	14-37	木扶手调和漆底油一遍、刮腻子、调和漆二遍	100m	1.8245	725.25	68.6		120.17	58.75	972.77	1775
48	011407001001	墙面喷刷涂料(内墙)	m²	2520.98	15.39	7.41		2.55	1.25	26.6	67058
	14-128	乳胶漆墙、柱、天棚面二遍	100m²	25.2098	638.6	470.36		105.82	51.73	1266.51	31928
	14-141	批刮腻子(满刮两遍)抹灰面	100m²	25.2098	900.24	270.51		149.17	72.92	1392.84	35113
49	011407001002	墙面喷刷涂料(外墙)	m²	1800.74	27.22	57.09		4.51	2.21	91.03	163921
	14-141	批刮腻子(满刮两遍)抹灰面	100m²	18.0074	900.24	270.51		149.17	72.92	1392.84	25081
	14-148	外墙涂料真石漆	100m²	18.0074	1822.03	5438.89		301.91	147.58	7710.41	138844
50	011407002001	天棚喷刷涂料	m²	2241.38	15.39	7.41		2.55	1.25	26.6	59621
	14-128	乳胶漆墙、柱、天棚面二遍	100m²	22.4138	638.6	470.36		105.82	51.73	1266.51	28387
	14-141	批刮腻子(满刮两遍)抹灰面	100m²	22.4138	900.24	270.51		149.17	72.92	1392.84	31219
	合计										1835706

表2.5.3

施工技术措施项目综合单价计算表

单位(专业)工程名称：某厂房——房屋建筑与装饰

清单序号	项目编码(定额编码)	清单(定额)项目名称	计量单位	数量	综合单价(元)						合计(元)
					人工费	材料(设备)费	机械费	管理费	利润	小计	
		[请输入分部名称]									
1	011701001001	综合脚手架	m²	1788.31	13.21	8.43	0.92	2.34	1.14	26.04	46568
	18-5	综合脚手架,混凝土结构,檐高20m以内,层高6m以内	100m²	17.8831	1320.71	843.32	91.95	234.01	114.39	2604.38	46574
2	011701006001	满堂脚手架	m²	411.92	8.06	1.47	0.34	1.39	0.68	11.94	4918
	18-47	单项脚手架,满堂脚手架基本层3.6~5.2m	100m²	4.1192	805.95	147.13	34.48	139.24	68.06	1194.86	4922
3	011703001001	垂直运输	m²	1788.31			16.85	2.78	1.36	20.99	37537
	19-4	混凝土结构,建筑物檐高20m以内	100m²	17.8831			1628	268.49	131.25	2027.74	36262
	19-28	混凝土结构,层高超过3.6m每增加1m,建筑物檐高20m以内	100m²	4.1192			248.08	40.92	20	309	1273
4	011702001001	基础	m²	13.68	26.17	10.94	0.92	4.49	2.19	44.71	612
	5-97	基础垫层	100m²	0.1368	2616.98	1093.7	91.69	448.75	219.36	4470.48	612
5	011702001002	基础	m²	78.65	19.4	15.36	0.67	3.33	1.63	40.39	3177
	5-103	独立基础,复合木模	100m²	0.7865	1940.22	1536.2	67.43	332.62	162.59	4039.06	3177
6	011702001003	基础	m²	103.36	21.71	13.03	0.54	3.68	1.8	40.76	4213
	5-99	带形基础,无梁式,复合木模	100m²	1.0336	2170.53	1302.89	53.5	368.48	180.13	4075.53	4212
7	011702003001	构造柱	m²	3.25	20.84	19.03	0.72	3.57	1.75	45.91	149
	5-123	构造柱	100m²	0.0325	2083.86	1902.81	72.27	357.22	174.62	4590.78	149
8	011702006001	矩形梁	m²	568.36	34.05	20.4	2.28	6.02	2.94	65.69	37336
	5-131	矩形梁,复合木模	100m²	5.6836	3283.88	1889.9	219.9	580.41	283.72	6257.81	35567
	5-137	梁支模超高,每增加1m,钢、木模	100m²	1.2322	310.1	112.79	20.08	54.69	26.74	524.4	646
	5-172	线条模板增加费,三道以内	100m	1.8592	165.38	385.43	11.07	29.23	14.29	605.4	1126
9	011702011001	直形墙	m²	35.66	20.86	14.26	0.99	3.62	1.77	41.5	1480
	5-157	直形地下室外墙,复合木模	100m²	0.3566	2085.89	1426.3	98.74	361.92	176.92	4149.77	1480

表2.5.3
第2页 共2页

施工技术措施项目综合单价计算表

单位(专业)工程名称:某厂房——房屋建筑与装饰

清单序号	项目编码(定额编码)	清单(定额)项目名称	计量单位	数量	综合单价(元)						合计(元)
					人工费	材料(设备)费	机械费	管理费	利润	小计	
10	011702016001	平板	m²	1098.36	23.02	17.81	1.95	4.14	2.02	48.94	53754
	5-144	板,复合木模	100m²	10.9836	2067.12	1646.35	171.04	370.73	181.23	4436.47	48728
	5-151	板支模超高,每增加1m,钢、木模	100m²	10.9836	234.9	134.64	23.85	42.85	20.95	457.19	5022
11	011702023001	雨篷、悬挑板、阳台板	m²	2.36	65.99	33.19	4.9	11.74	5.74	121.56	287
	5-174	阳台、雨篷	10m²水平投影面积	0.236	659.88	331.93	48.97	117.42	57.4	1215.6	287
12	011702024001	楼梯	m²	57.71	87.63	35.68	3.85	15.16	7.41	149.73	8641
	5-170	楼梯直形,复合木模	10m²(水平投影面积)	5.771	876.29	356.79	38.46	151.55	74.08	1497.17	8640
13	011702025001	其他现浇构件	m²	25.69	33.15	12.32	0.22	5.53	2.7	53.92	1385
	5-179	单独扶手压顶,复合模板	100m²	0.2569	3315.33	1231.93	21.75	552.94	270.3	5392.25	1385
			合计								200055

表2.5.4

第 1 页　共 8 页

分部分项工程清单与计价表

单位(专业)工程名称:某厂房——房屋建筑与装饰

序号	项目编码	项目名称	项目特征	计量单位	工程量	金额(元)					备注
						综合单价	合价	其中			
								人工费	机械费	暂估价	
		土石方工程					7884.37	4570.96	1757		
1	010101001001	平整场地	1.土壤类别:二类; 2.弃土运距:0; 3.取土运距:0; 4.机械平整	m²	344.1	0.82	282.16	37.85	189.26		
2	010101003001	挖沟槽土方	1.土壤类别:二类土; 2.挖土深度:1.5m 以内	m³	67.59	4.68	316.32	114.23	139.91		
3	010101004001	挖基坑土方	1.土壤类别:二类土; 2.挖土深度:2m 以内	m³	134.27	4.68	628.38	226.92	277.94		
4	010103001001	回填方(基础)	人工就地回填,夯实,密实度符合设计及规范要求	m³	114.11	35.91	4097.69	3150.58	136.93		
5	010103001002	回填方(室内)	人工回填,人力车运土运距50m内;夯实,密实度符合设计及规范要求	m³	36.55	34.18	1249.28	983.56	18.64		
6	010103002001	余方弃置	运距:5km	m³	71.38	18.36	1310.54	57.82	994.32		
		砌筑工程					166931.05	43510.17	738.72		
7	010401001001	砖基础	1.砖品种、规格、强度等级:混凝土实心砖 240×115×53MU10; 2.墙体类型:一砖墙; 3.砂浆强度等级、配合比:干混砂浆 DM M10.0	m³	15.3	451.7	6911.01	1609.1	38.86		
		本页小计					14795.4	6180.06	1795.86		

单位(专业)工程名称:某厂房——房屋建筑与装饰

序号	项目编码	项目名称	项目特征	计量单位	工程量	金额(元)					备注
						综合单价	合价	其中			
								人工费	机械费	暂估价	
8	010401004001	多孔砖墙(一砖)	1.砖品种、规格、强度等级:非黏土烧结多孔砖 240×115×90; 2.墙体类型:一砖墙; 3.砂浆强度等级、配合比:干混砂浆 DM M7.5	m³	324.96	422.64	137341.09	35183.42	601.18		
9	010401004003	多孔砖墙(半砖)	1.砖品种、规格、强度等级:非黏土烧结多孔砖 240×115×90; 2.墙体类型:半砖墙内墙; 3.砂浆强度等级、配合比:干混砂浆 DM M7.5	m³	13.24	458.43	6069.61	1901.79	19.33		
10	010401003001	实心砖墙(女儿墙)	1.砖品种、规格、强度等级:混凝土实心砖 240×115×53 MU10; 2.墙体类型:一砖墙外墙; 3.砂浆强度等级、配合比:干混砂浆 DM M7.5	m³	34.5	481.43	16609.34	4815.86	79.35		
		钢筋混凝土工程					637689.43	72493.1	3343.86		
11	010501001001	垫层	1.混凝土种类:非泵送商品混凝土; 2.混凝土强度等级:C15	m³	22.21	460.62	10230.37	907.94	15.32		
		本页小计					170250.41	42809.01	715.18		

表 2.5.4

第 3 页 共 8 页

分部分项工程清单与计价表

单位(专业)工程名称:某厂房——房屋建筑与装饰

序号	项目编码	项目名称	项目特征	计量单位	工程量	金额(元)					备注
						综合单价	合价	其中			
								人工费	机械费	暂估价	
12	010501002002	带形基础	1.混凝土种类:泵送商品混凝土; 2.混凝土强度等级:C25	m³	20.9	483.51	10105.36	502.44	5.23		
13	010501003001	独立基础	1.混凝土种类:泵送商品混凝土; 2.混凝土强度等级:C25	m³	38.78	483.51	18750.52	932.27	9.7		
14	010501004001	满堂基础	1.混凝土种类:泵送商品混凝土; 2.混凝土强度等级:C25	m³	1.42	487.6	692.39	30.73	0.36		
15	010504001001	直形墙	1.混凝土种类:商品混凝土; 2.混凝土强度等级:C25	m³	4.94	507.4	2506.56	194.09	2.07		
16	010502001001	矩形柱	1.混凝土种类:泵送商品混凝土; 2.混凝土强度等级:C25	m³	164.13	566.01	92899.22	14381.07	68.93		
17	010502002001	构造柱	1.混凝土种类:非泵送商品混凝土; 2.混凝土强度等级:C25	m³	5.41	612.34	3312.76	804.36	3.46		
18	010503002001	矩形梁	1.混凝土种类:泵送商品混凝土; 2.混凝土强度等级:C25	m³	226.43	501.89	113642.95	8298.66	95.1		
19	010505003001	平板	1.混凝土种类:泵送商品混凝土; 2.混凝土强度等级:C25	m³	154.59	513.67	79408.25	6540.7	120.58		
			本页小计				321318.01	31684.32	305.43		

分部分项工程清单与计价表

表2.5.4

单位(专业)工程名称:某厂房——房屋建筑与装饰

序号	项目编码	项目名称	项目特征	计量单位	工程量	金额(元)					备注
						综合单价	合价	其中			
								人工费	机械费	暂估价	
20	010506001001	直形楼梯	1. 混凝土种类:泵送商品混凝土; 2. 混凝土强度等级:C25	m²	79.21	130.83	10363.04	1234.88	11.88		
21	010503005001	过梁	1. 混凝土种类:非泵送商品混凝土; 2. 混凝土强度等级:C25	m³	2.55	557.9	1422.65	254.36	1.63		
22	010507005001	扶手、压顶	1. 混凝土种类:非泵送商品混凝土; 2. 混凝土强度等级:C25	m³	4.36	625.23	2726	657.36	2.79		
23	010505008002	雨篷、悬挑板、阳台板	1. 混凝土种类:泵送商品混凝土; 2. 混凝土强度等级:C25	m³	0.25	560.68	140.17	17.98	0.16		
24	010515001001	现浇构件钢筋	钢筋运输、制作、安装	t	58.65	4817.16	282526.43	34907.31	2971.8		
25	010507001001	散水、坡道	1. 面层厚度:60mm; 2. 混凝土种类:非泵送商品混凝土; 3. 混凝土强度等级:C15	m²	91.7	97.74	8962.76	2828.95	34.85		
		门窗工程					66427.51	3361.84	23.05		
26	010807001001	铝合金推拉窗	1. 框、扇材质:铝合金型材(氧化); 2. 玻璃品种、厚度:5mm 厚白玻	m²	72.9	673.64	49108.36	1057.78			
		本页小计					355249.41	40958.62	3023.11		

表 2.5.4
第 5 页　共 8 页

分部分项工程清单与计价表

单位(专业)工程名称：某厂房——房屋建筑与装饰

序号	项目编码	项目名称	项目特征	计量单位	工程量	金额（元）					备注
						综合单价	合价	其中			
								人工费	机械费	暂估价	
27	010801001001	木质门	无亮镶板门	m²	23.52	169.4	3984.29	1340.64	23.05		
28	010801004001	木质防火门	成品木质防火门	m²	31.29	426.17	13334.86	963.42			
		屋面工程					42601.69	9388.48	372.25		
29	010902001001	屋面卷材防水	1. 卷材品种、规格、厚度：SBS 改性沥青防水卷材； 2. 防水层做法：一遍，热熔	m²	349.06	50.81	17735.74	3431.26	59.34		
30	010902003001	屋面刚性层	1. 刚性层厚度：40mm； 2. 混凝土种类：非泵送商品混凝土； 3. 混凝土强度等级：C25； 4. 嵌缝材料种类：建筑油膏30mm×20mm； 5. 钢筋规格、型号：Φ6@200 双向钢筋网片	m²	298.01	83.44	24865.95	5957.22	312.91		
		保温、隔热工程					28020.99	6750.78	371.15		
31	011001001001	保温隔热屋面	保温隔热材料品种、规格、厚度：陶粒混凝土，最薄处 30mm	m²	298.01	36.37	10838.62	2646.33	303.97		
32	011001001002	保温隔热屋面	保温隔热材料品种、规格、厚度：50 厚聚苯乙烯泡沫保温板	m²	319.91	53.71	17182.37	4104.45	67.18		
		楼地面工程					381296.14	62144.24	361.53		
33	011102001001	石材楼地面(一层)	1. 找平层厚度、砂浆配合比：80 厚碎石垫层，100 厚 C15 混凝土垫层； 2. 结合层厚度、砂浆配合比：20 厚DS M15.0 结合层； 3. 面层材料品种、规格、颜色：20 厚磨光花岗岩面层	m²	281.71	276.36	77853.38	11541.66	98.6		
		本页小计					165795.21	29984.98	865.05		

分部分项工程清单与计价表

单位(专业)工程名称:某厂房——房屋建筑与装饰

序号	项目编码	项目名称	项目特征	计量单位	工程量	综合单价	合价	人工费	机械费	暂估价	备注
							金额(元)	其中			
34	011102001002	石材楼地面(二~五层)	1. 结合层厚度、砂浆配合比:20厚 DS M15.0 结合层; 2. 面层材料品种、规格、颜色:20厚磨光花岗岩面层	m²	1070.19	214.57	229630.67	35755.05	214.04		
35	011102003001	块料楼地面	1. 找平层厚度、砂浆配合比:80厚碎石垫层,100厚 C15 混凝土垫层; 2. 结合层厚度、砂浆配合比:水泥砂浆 1:2.5	m²	8.2	277.25	2273.45	429.02	4.43		
36	011102003002	块料楼地面	1. 结合层厚度、砂浆配合比:水泥砂浆 1:2.5; 2. 面层材料品种、规格、颜色:陶瓷锦砖	m²	32.28	135.61	4377.49	1129.48	6.46		
37	011106001001	石材楼梯面层	1.粘贴层厚度、材料种类:水泥砂浆 1:2.5; 2. 面层材料品种、规格、颜色:花岗岩	m²	79.2	214.57	16993.94	2646.07	15.84		
38	011105002001	石材踢脚线	1. 踢脚线高度:150mm; 2.粘贴层厚度、材料种类:10厚干混地面砂浆 DS M15.0 粘贴层(内掺建筑胶); 3. 面层材料品种、规格、颜色:20厚花岗岩石材	m²	209.14	233.07	48744.26	9923.69	20.91		
39	011105003001	块料踢脚线	1. 踢脚线高度:150mm; 2. 粘贴层厚度、材料种类:素水泥浆; 3. 面层材料品种、规格、颜色:陶瓷锦砖	m²	12.47	114.11	1422.95	719.27	1.25		
		墙柱面工程					154402.37	82296.79	1027.31		
				本页小计			303442.76	50602.58	433.14		

表2.5.4

分部分项工程清单与计价表

序号	项目编码	项目名称	项目特征	计量单位	工程量	金额(元)					备注
---	---	---	---	---	---	综合单价	合价	其中			
								人工费	机械费	暂估价	
40	011201001001	墙面一般抹灰(内墙)	1.墙体类型:内墙; 2.底层厚度、砂浆配合比:14厚干混抹灰砂浆DP M15.0抹灰; 3.面层厚度、砂浆配合比:6厚1:2.5水泥砂浆分层抹平	m²	2434.57	29.39	71552.01	36469.86	559.95		
41	011201001002	墙面一般抹灰(外墙)	1.墙体类型:外墙; 2.底层厚度、砂浆配合比:14厚干混抹灰砂浆DP M15.0抹灰拉毛; 3.面层厚度、砂浆配合比:6厚干混抹灰砂浆DP M15.0分层抹平	m²	1441.81	39.07	56331.52	32613.74	331.62		
42	011201001003	墙面一般抹灰(女儿墙)	1.墙体类型:女儿墙; 2.底层厚度、砂浆配合比:16厚干混抹灰砂浆DP M15.0抹灰拉毛; 3.面层厚度、砂浆配合比:4厚干混抹灰砂浆DP M15.0分层抹平	m²	245.63	37.54	9220.95	5285.96	56.49		
43	011201001004	墙面一般抹灰(砖基础)	1.墙体类型:基础墙; 2.底层厚度、砂浆配合比:14厚干混抹灰砂浆DP M20.0抹灰拉毛; 3.面层厚度、砂浆配合比:6厚干混抹灰砂浆DP M20.0分层抹平	m²	220.61	56.92	12557.12	5210.81	50.74		
44	011202001001	柱、梁面一般抹灰	1.柱(梁)体类型:混凝土; 2.底层厚度、砂浆配合比:20厚干混抹灰砂浆DP M15.0分层抹平; 3.面层厚度、砂浆配合比:20厚干混抹灰砂浆DP M10.0分层抹平	m²	129.6	36.58	4740.77	2716.42	28.51		
		天棚工程					57110.36	30796.56	381.03		
45	011301001001	天棚抹灰	1.基层类型:混凝土天棚底; 2.抹灰厚度、材料种类:15厚干混抹灰砂浆DP M15.0	m²	2241.38	25.48	57110.36	30796.56	381.03		
		油漆涂料工程					293342.29	124273.72			
		本页小计					211512.73	113093.35	1408.34		

单位(专业)工程名称:某厂房——房屋建筑与装饰

| 序号 | 项目编码 | 项目名称 | 项目特征 | 计量单位 | 工程量 | 金额(元) | | | | | 备注 |
| | | | | | | 综合单价 | 合价 | 其中 | | | |
								人工费	机械费	暂估价	
46	011401001001	木门油漆	1.腻子种类:石膏油腻子; 2.刮腻子遍数:满批; 3.油漆品种、刷漆遍数:调合漆二遍	m²	23.52	41.11	966.91	642.1			
47	011403001001	木扶手油漆	1.腻子种类:石膏油腻子; 2.刮腻子遍数:满批; 3.油漆品种、刷漆遍数:调合漆二遍	m	182.45	9.73	1775.24	1322.76			
48	011407001001	墙面喷刷涂料(内墙)	1.基层类型:一般抹灰面; 2.喷刷涂料部位:内墙; 3.腻子种类:石膏腻子; 4.刮腻子要求:2遍; 5.涂料品种、喷刷遍数:内墙乳胶漆	m²	2520.98	26.6	67058.07	38797.88			
49	011407001002	墙面喷刷涂料(外墙)	1.基层类型:一般抹灰面; 2.喷刷涂料部位:外墙; 3.腻子种类:石膏腻子; 4.刮腻子要求:2遍; 5.涂料品种、喷刷遍数:外墙丙烯酸涂料	m²	1800.74	91.03	163921.36	49016.14			
50	011407002001	天棚喷刷涂料	1.基层类型:一般抹灰面; 2.喷刷涂料部位:内墙; 3.腻子种类:石膏腻子; 4.刮腻子要求:2遍; 5.涂料品种、喷刷遍数:内墙乳胶漆	m²	2241.38	26.6	59620.71	34494.84			
		本页小计					293342.29	124273.72			
		合计					1835706.2	439586.64	8375.9		

施工技术措施项目清单与计价表

表2.5.5

单位(专业)工程名称:某厂房——房屋建筑与装饰

序号	项目编码	项目名称	项目特征	计量单位	工程量	金额(元)					备注
						综合单价	合价	其中			
								人工费	机械费	暂估价	
		施工技术措施项目					200055.2	82584.43	35754.11		
1	011701001001	综合脚手架	1.建筑结构形式:框架结构; 2.檐口高度:20m以内,层高6m以内	m²	1788.31	26.04	46567.59	23623.58	1645.25		
2	011701006001	满堂脚手架	1.搭设高度:4.2m; 2.脚手架材质:钢管脚手架	m²	411.92	11.94	4918.32	3320.08	140.05		
3	011703001001	垂直运输	1.建筑物建筑类型及结构形式:框架结构; 2.建筑物檐口高度、层数:檐口高度20m以内,首层屋顶机房层高4.2m,其他楼层层高3.6m; 3.泵送商品混凝土	m²	1788.31	20.99	37536.63		30133.02		
4	011702001001	基础	基础垫层模板,复合木模	m²	13.68	44.71	611.63	358.01	12.59		
5	011702001002	基础	独立基础模板,复合木模	m²	78.65	40.39	3176.67	1525.81	52.7		
6	011702001003	基础	条形基础模板,复合木模	m²	103.36	40.76	4212.95	2243.95	55.81		
7	011702003001	构造柱	构造柱模板,支模高1.2m,复合木模	m²	3.25	45.91	149.21	67.73	2.34		
8	011702006001	矩形梁	矩形梁模板,支模高3.6m、4.2m,复合木模	m²	568.36	65.69	37335.57	19352.66	1295.86		
		本页小计					134508.57	50491.82	33337.62		

表 2.5.5
第 2 页 共 2 页

施工技术措施项目清单与计价表

单位(专业)工程名称:某厂房——房屋建筑与装饰

序号	项目编码	项目名称	项目特征	计量单位	工程量	金额(元)					备注
						综合单价	合价	其中			
								人工费	机械费	暂估价	
9	011702011001	直形墙	电梯井墙模板,支模高 1.5m,复合木模	m²	35.66	41.5	1479.89	743.87	35.3		
10	011702016001	平板	现浇板模板,支模高 3.6m、4.2m,复合木模	m²	1098.36	48.94	53753.74	25284.25	2141.8		
11	011702023001	雨篷、悬挑板、阳台板	雨篷模板,复合木模	m²	2.36	121.56	286.88	155.74	11.56		
12	011702024001	楼梯	直形楼梯,复合木模	m²	57.71	149.73	8640.92	5057.13	222.18		
13	011702025001	其他现浇构件	女儿墙压顶,复合木模	m²	25.69	53.92	1385.2	851.62	5.65		
		本页小计					65546.63	32092.61	2416.49		
		合计					200055.2	82584.43	35754.11		

表 2.5.6

主要材料和工程设备一览表

工程名称:某厂房——房屋建筑与装饰

序号	名称、规格、型号	单位	数量	单价(元)	合价(元)	备注
1	普通硅酸盐水泥,P·O 42.5 综合	kg	11762.307016	0.34	3999.18	
2	黄砂,净砂	t	14.869609	92.23	1371.42	
3	碎石,综合	t	56.92286	102	5806.13	
4	非黏土烧结页岩多孔砖,240×115×90	千块	112.97565	612	69141.1	
5	混凝土实心砖,240×115×53 MU10	千块	25.10706	388	9741.54	
6	干混地面砂浆,DS M15.0	kg	44420.6039	0.26	11549.36	
7	干混地面砂浆,DS M20.0	kg	36710.3933	0.26	9544.7	
8	干混抹灰砂浆,DP M15.0	kg	231044.82555	0.27	62382.1	
9	干混砌筑砂浆,DM M7.5	kg	115939.7745	0.25	28984.94	
10	干混砌筑砂浆,DM M10.0	kg	5806.35	0.25	1451.59	
11	地砖,300×300	m²	41.5605	44.83	1863.16	
12	天然石材饰面板	m²	1580.6596	159	251324.88	
13	弹性体改性沥青防水卷材,3.0mm IGM	m²	394.4378	23.28	9182.51	
14	聚苯乙烯泡沫板,δ 50	m²	326.3082	25.22	8229.49	
15	复合模板,综合	m²	589.408293	32.33	19055.57	
16	泵送商品混凝土,C25	m³	530.01537	447	236916.87	
17	泵送防水商品混凝土 C25/P6(20),坍落度 12cm±3cm	m³	18.3719	453	8322.47	
18	非泵送商品混凝土,C15	m³	59.22098	399	23629.17	
19	非泵送商品混凝土,C25	m³	22.517536	421	9479.88	

3 某 职 工 宿 舍 楼

××市规划建筑设计院

设计资质证号：

设计阶段：

年　月

建筑施工图图纸目录

序号	图号	图名	规格	备注
1	建施-01	建筑设计总说明　门窗表		
2	建施-02	一层平面图		
3	建施-03	二层平面图		
4	建施-04	三层平面图		
5	建施-05	阁楼层平面图		
6	建施-06	屋面平面图		
7	建施-07	①～⑫轴立面图　⑫～①轴立面图		
8	建施-08	Ⓐ～Ⓓ轴立面图　Ⓓ～Ⓐ轴立面图		
9	建施-09	1-1剖面图　雨篷檐沟大样图　楼梯栏杆大样图		
10	建施-10	男、女卫生间详图　1#、2#楼梯剖面图		
11	建施-11	1#楼梯平面详图		
12	建施-12	2#楼梯平面详图		

3.1　某职工宿舍楼建筑施工图

建筑设计总说明

一、设计依据

1. ××市规划部门批准的规划红线定位图以及对本工程的要求。
2. 根据甲方与设计方签订的合同内容以及甲方对本工程的具体要求。
3. 《民用建筑设计通则》(GB 50352—2019)。
4. 《建筑设计防火规范》(GB 50016—2014)。
5. 《砌体结构设计规范》(GB 50003—2011)。
6. 国家、省、市现行有关规程、规范和规定等。

二、工程概况

1. 本工程为某职工宿舍楼。
2. 建筑占地面积：618.63m²。
3. 建筑面积：1855.89m²。
4. 建筑层数：3层。
5. 结构形式：砖混结构。
6. 建筑高度：11.99m。
7. 建筑分类：三类。
8. 屋面防水等级：Ⅱ级。
9. 建筑防雷等级：三类。
10. 建筑防火等级：二级。
11. 建筑合理使用年限：50年。
12. 砖砌体施工质量控制等级：B级。

三、设计标高

1. 本工程室内地坪±0.000相对黄海高程现场商定。
2. 本工程所注尺寸除标高以米(m)计外，其余均以毫米(mm)计。
3. 施工时应严格按总平面图中定位坐标放线。

四、一般规定

1. 本图砖砌体厚度除注明者外，其余均为240砖墙。
2. 门垛除注明者外，均为120，柱边120门垛为素混凝土，与柱同级配同时浇筑。
3. +0.200以下采用MU10机制黏土实心砖M10水泥砂浆砌，墙面粉20厚1:3水泥砂浆。+0.200以上采用KP1MU10圆孔多孔黏土砖，M7.5混合砂浆砌。在-0.060m处粉20厚1:3水泥防水砂浆防潮层(掺5%防水浆)。楼面0.2m宜做机制实心砖墙。
4. 砌墙每天收工时应将墙顶盖好，遇下雨时应及时将墙顶盖好。在砌墙中凡在现浇混凝土构件(梁板圈梁等)底部应砌1~3皮(65~200厚)机制黏土实心砖砌体。
5. 卫生间、厨房间楼地面比相应楼地面低30，该间四周做190高(同墙宽门口除外)同楼面级配的素混凝土。如施工质量可靠，可与楼面分别施工。
6. 阳台面比楼面低30，露台相关墙体翻高300，露台面标高按设计图施工。
7. 凡檐沟、腰线、雨蓬外墙面门窗上部以及挑出外墙部分均做老鹰咀或做槽滴水线，窗宽上部同外墙面做法，其余粉20厚1:2水泥砂浆分层施工，檐沟底用C15细石混凝土找坡5%。
8. 现浇混凝土硬化后应及时养护(浇水或其他方法)，现浇屋面板应用麻布、麻袋等物覆盖浇水养护，夏天每昼夜浇20次以上，一般天气15次左右，温度在5℃以下可不浇水，养护期一般为14昼夜。
9. 本工程墙面装为中级。
10. 采用水泥砂浆砌的墙体及水泥砂浆粉刷部位完成24小时后(硬化后)均应浇水和喷水养护3昼夜。
11. 钢件外露部分除锈后涂红丹漆底，防锈漆二度。
12. 木制品与圬工接触部分应涂防腐油处理。
13. 水电等专业工种应与主体班组密切配合施工，做好预埋预设工作，不得事后凿洞。
14. 外墙面(包括屋面下部外墙内面)砖墙体与混凝土柱、梁交接处，在粉刷层中部设300宽(墙面混凝土面各150)钢钣网或钢丝网一道。
15. 内墙面的阳角、柱角、窗门侧面均应粉水泥砂浆护角线，一般宽100~150。
16. 本设计未涉及部分或与规范有出入的内容均应按国家相关标准、规范、规程的规定施工。
17. 本工程使用的砂浆均为干混砂浆。

五、工程项目具体做法

1. 斜屋面(Ⅱ级防水)：
   (1)40厚C20细石混凝土φ4@150双向层16，随浇混凝土随光面，设鹰咀。
   (2)干铺油毛毡一层。
   (3)4厚SBS弹性体防水卷材一道，冷底子一层。
   (4)20厚1:2.5水泥砂浆粉面压光。
   (5)30厚挤塑板保温层，按规定设排气管。
   (6)20厚1:3水泥砂浆找平，结构层。

2. 顶棚：现浇板底(卫生间、厨房除外)、檐沟板底、雨篷底(梁侧底面)801涂料二度、批灰二度，1:1:4混合砂浆粉刷压光10厚，基层清理。

3. 内墙面：801涂料二度，批灰二度压光(或砂光)，20厚1:1:6混合砂浆分层粉刷压光，清理基层提前洒水湿润。

4. 护角：1:1水泥砂浆(细砂掺5%107胶水)压光1:2水泥砂浆粉底，高同踢脚高门窗高。

5. 柱面：801涂料二度，批灰二度压光或砂光，14厚1:1:6混合砂浆分层粉刷压光，3厚素灰掺5%107胶水，基层清理适度湿润。

6. 外墙面：高分子彩色涂料面层(详见立面)喷胶结砂2.5厚、6厚1:0.7:3混合砂浆压光(细砂)，12厚1:1:6混合砂浆底毛毡，清理基层提前墙面浇水湿润。

7. 卫生间、厨房间墙面：2.1m高白色瓷砖3~5厚素灰结合层掺5%107胶水，14厚1:3水泥砂浆粉面中毛，2.1m以上同内墙面，塑料扣板吊顶。

8. 外墙勒脚450高，6厚1:2水泥砂浆粉面，14厚1:3水泥砂浆粉底中毛。

9. 檐沟粉刷：合成高分子防水涂料一道，冷底子一道，10厚1:2水泥砂浆粉面压光C15细石混凝土拔坡。内外侧面顶面6厚1:2水泥砂浆粉面，12厚1:2.5水泥砂浆底。

10. 楼面施工：
    (1)卫生间、厨房间：防滑地砖3~5厚1:1水泥砂浆结合层掺5%107胶水，1:3水泥砂浆找坡向地漏，清洗基层。
    (2)楼梯间楼面：1:2水泥砂浆面压光，踏步边粉10厚×40宽1:2水泥砂浆挡水条(含斜面)，清洗基层。
    (3)其他楼面：1:2水泥砂浆粉面压光(或自理)，1:3水泥砂浆找平中毛，清洗基层。

11. 地面施工：
    (1)食堂地面：10厚1:1.5彩色水磨石(带嵌条)，20厚1:3水泥砂浆结合层；60厚C15混凝土垫层。
    (2)卫生间：防滑砖(300×300)3~5厚1:1水泥砂浆掺5%107胶细砂黏结层，1:3水泥砂浆找平坡向地漏中毛80厚C15混凝土，80厚压实卵石垫层，素土分层夯实。
    (3)其他地面：1:2水泥砂浆粉面压光，80厚C15混凝土，80厚压实卵石垫层，素土分层夯实。
    (4)踢脚：1:2水泥砂浆粉面压光，1:3水泥砂浆粉底与墙面平，踢脚线高度H=120mm。

门窗表

门窗名称	洞口尺寸 宽×高	门窗数量 一层	门窗数量 二层	门窗数量 三层	门窗数量 阁楼层	门窗数量 总数	备注
C1	3300×1800	1	2	2		5	组合塑钢窗
C2	900×600		2	2		4	塑钢窗 离地高1800
TSC2106A	2100×600	1				1	塑钢窗 离地高1150
TSC2108A	2100×1800	18				18	塑钢窗
TSC1818A	1800×1800		22	22		44	
M1	2700×2700	2				2	
M2	1800×2700	1				1	
M3	900×2100	3	18	18		39	胶合板门 《木门(一)》
M4	2400×2400	1				1	
M5	800×2100	1	4	4		9	
M6	1500×2400		1	1		2	

注：C2、TSC2106A均为高窗，采用磨砂玻璃。

单位出图专用章	执业资格专用章	××市规划建筑设计院		工程名称	某职工宿舍楼	工程号	
		审 定	设 计	项 目		日 期	
		审 核	计 算	图 名	建筑设计总说明 门窗表	图 别	建施
		项目负责	校 对			图 号	01

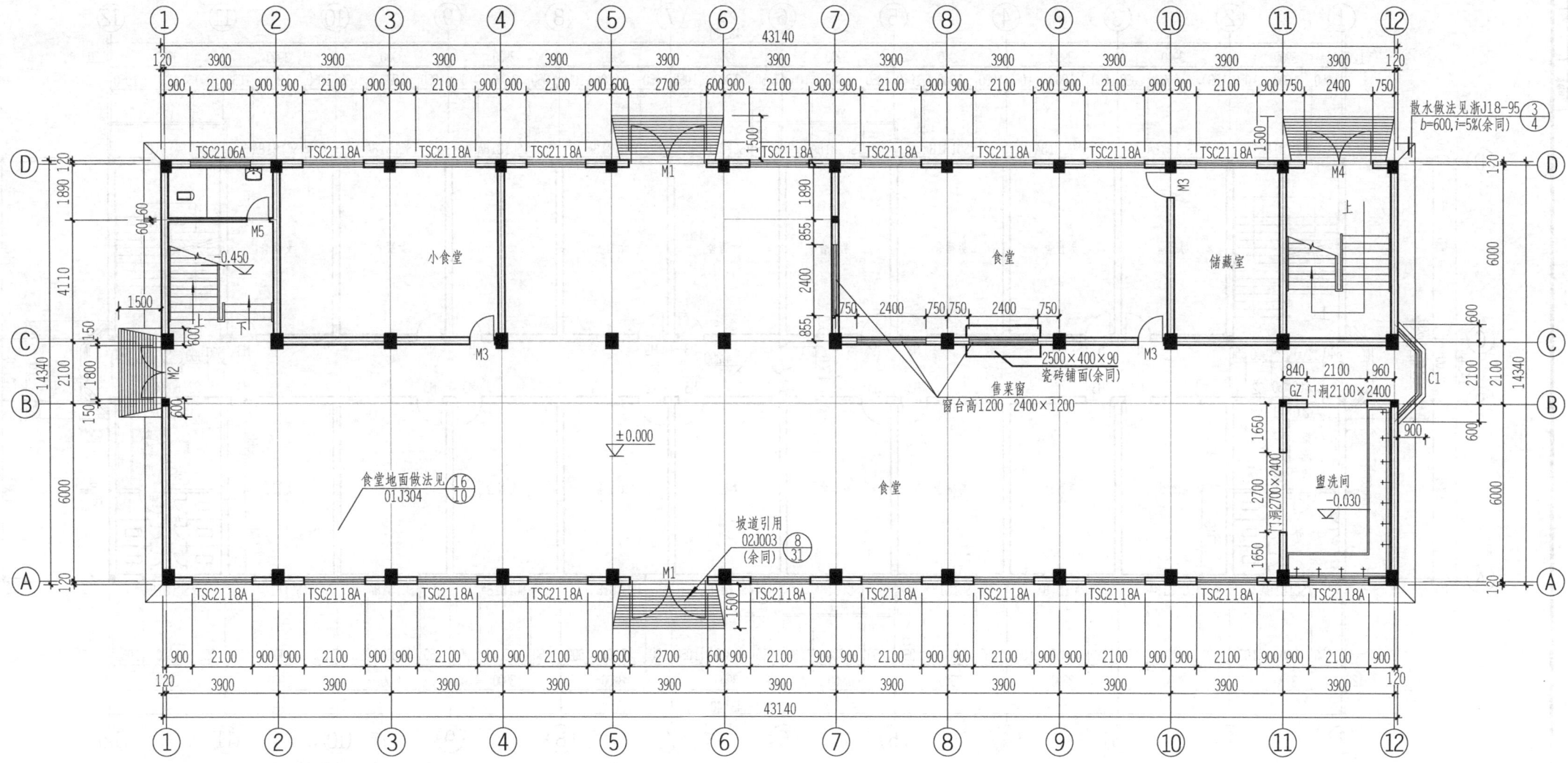

一层平面图 1:100

注：未注明门垛宽均为120。

单位出图专用章	执业资格专用章	××市规划建筑设计院		工程名称	某职工宿舍楼	工程号	
		审 定	设 计	项 目		日 期	
		审 核	计 算	图 名	一层平面图	图 别	建施
建施		项目负责	校 对			图 号	02

TSC2106A TSC2118A TSC2118A TSC2118A M1 TSC2118A TSC2118A TSC2118A TSC2118A TSC2118A

散水做法见浙J18-95 ③ ④
b=600, i=5%(余同)

小食堂
食堂
储藏室
盥洗间
-0.030

M5
-0.450
M3
M2
M1
M3
M3
M4

±0.000

食堂地面做法见 16
01J304 10

坡道引用
02J003 ⑧
(余同) 31

售菜窗
窗台高1200 2400×1200

2500×400×90
瓷砖铺面(余同)

GZ 门洞2100×2400

43140

43140

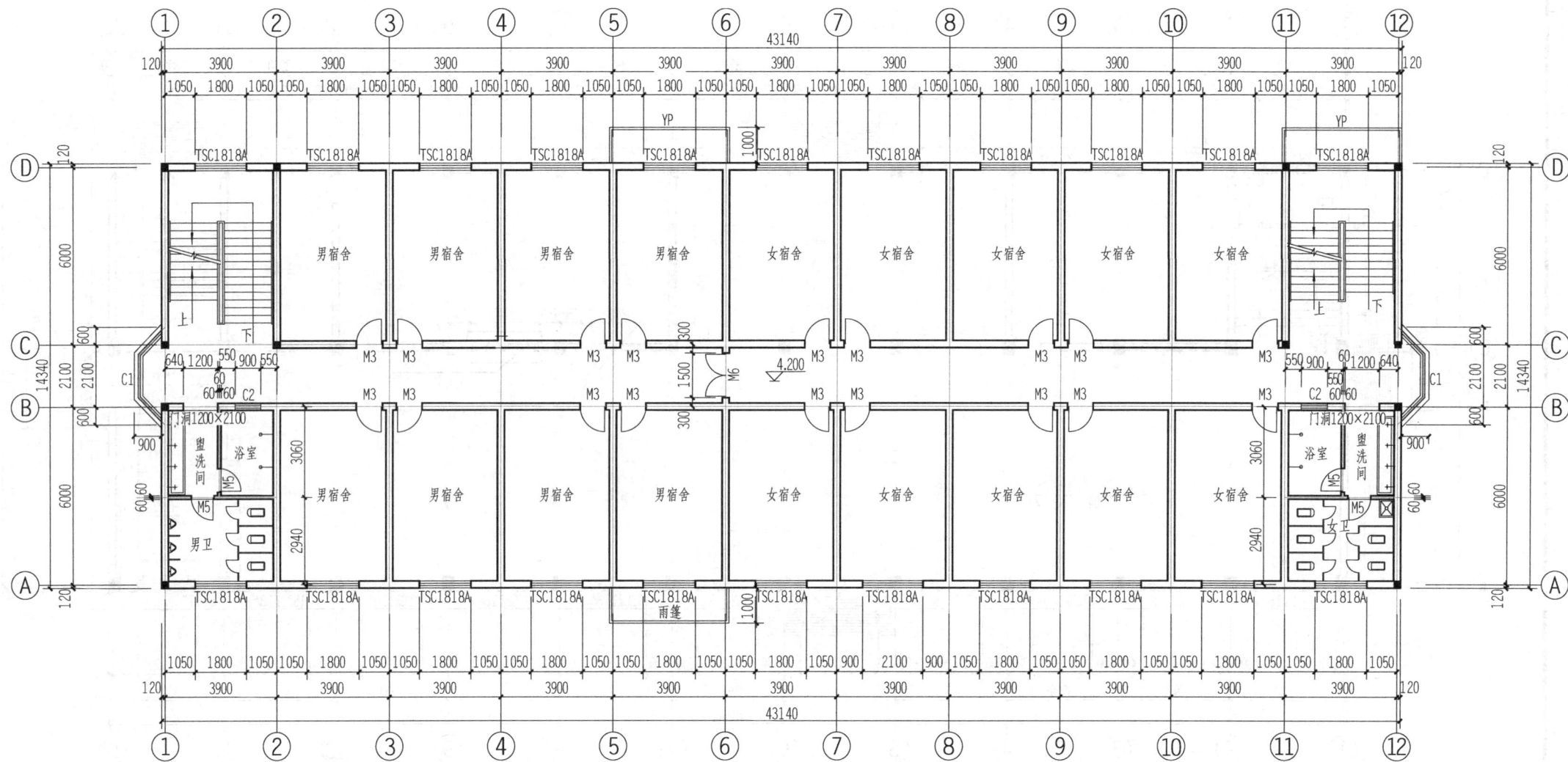

二层平面图 1:100

注：未注明门垛宽均为120。

男宿舍　女宿舍

C1　C2　M3　M5　M6

TSC1818A

YP　雨篷

上　下

4.200

浴室　盥洗间　男卫　女卫

门洞1200×2100

43140

3900

1050 1800 1050

14340　6000　2100　600　6000

120

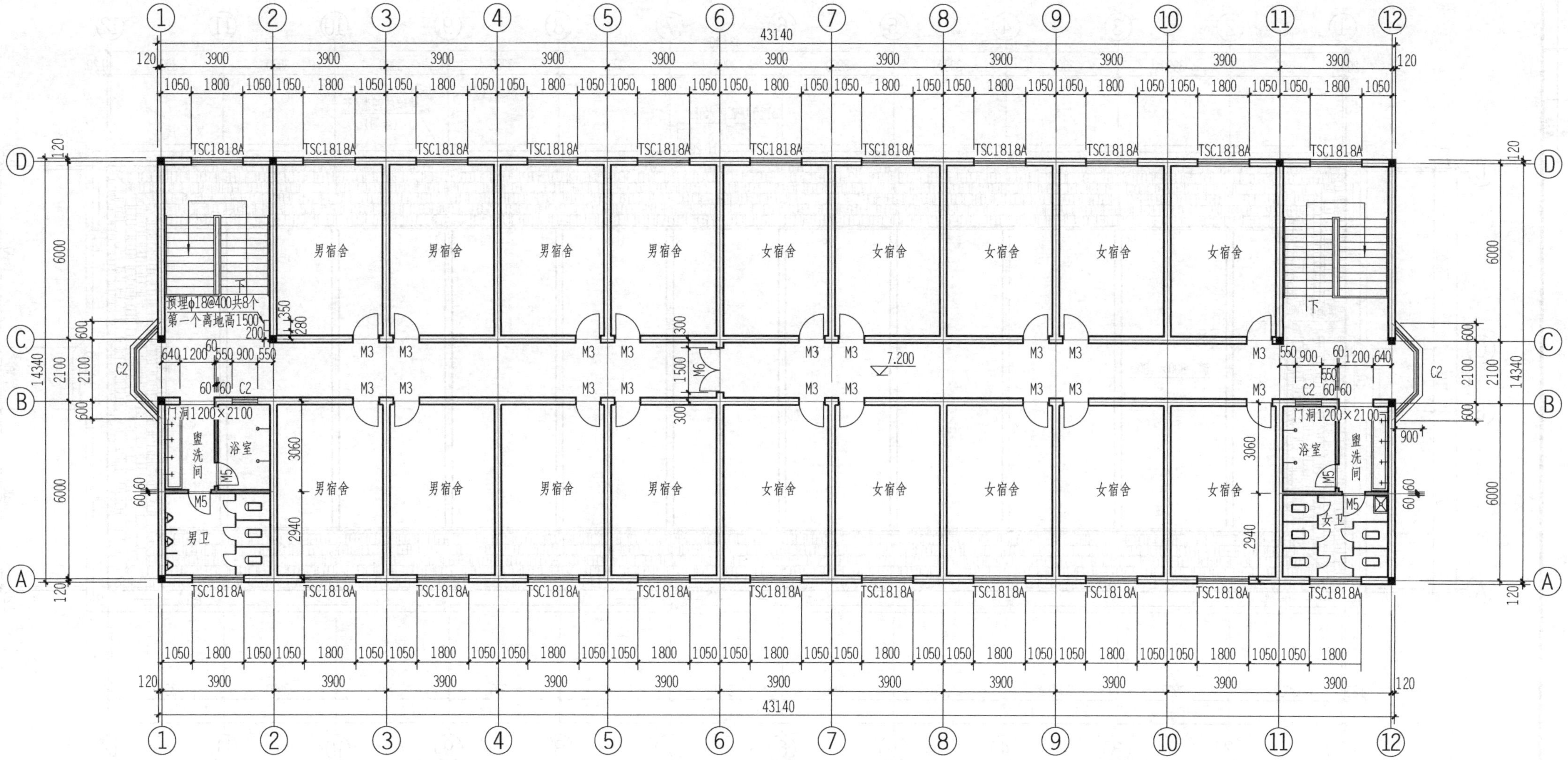

三层平面图 1:100

注：未注明门垛宽均为120。

轴线编号（上排）：① ② ③ ④ ⑤ ⑥ ⑦ ⑧ ⑨ ⑩ ⑪ ⑫

43140

3900 × 各跨

1050 1800 1050 （重复各跨）

TSC1818A（各窗）

轴线（竖向）：D C B A

6000 / 600 / 2100 / 600 / 6000　14340

房间名称：
- 男宿舍（多间）
- 女宿舍（多间）
- 盥洗间
- 浴室
- 男卫
- 女卫

门编号：M3、M5、M6

C2

7.200

预埋φ18@400共8个
第一个离地高1500

640 1200 550 900 550
60 60 C2
1350 1280 200

300 / 1500

洞1200×2100

3060 / 2940

下

单位出图专用章　执业资格专用章　××市规划建筑设计院

工程名称	某职工宿舍楼	工程号	
审定	设计	项目	日期
审核	计算	图名 三层平面图	图别 建施
项目负责	校对		图号 04

107

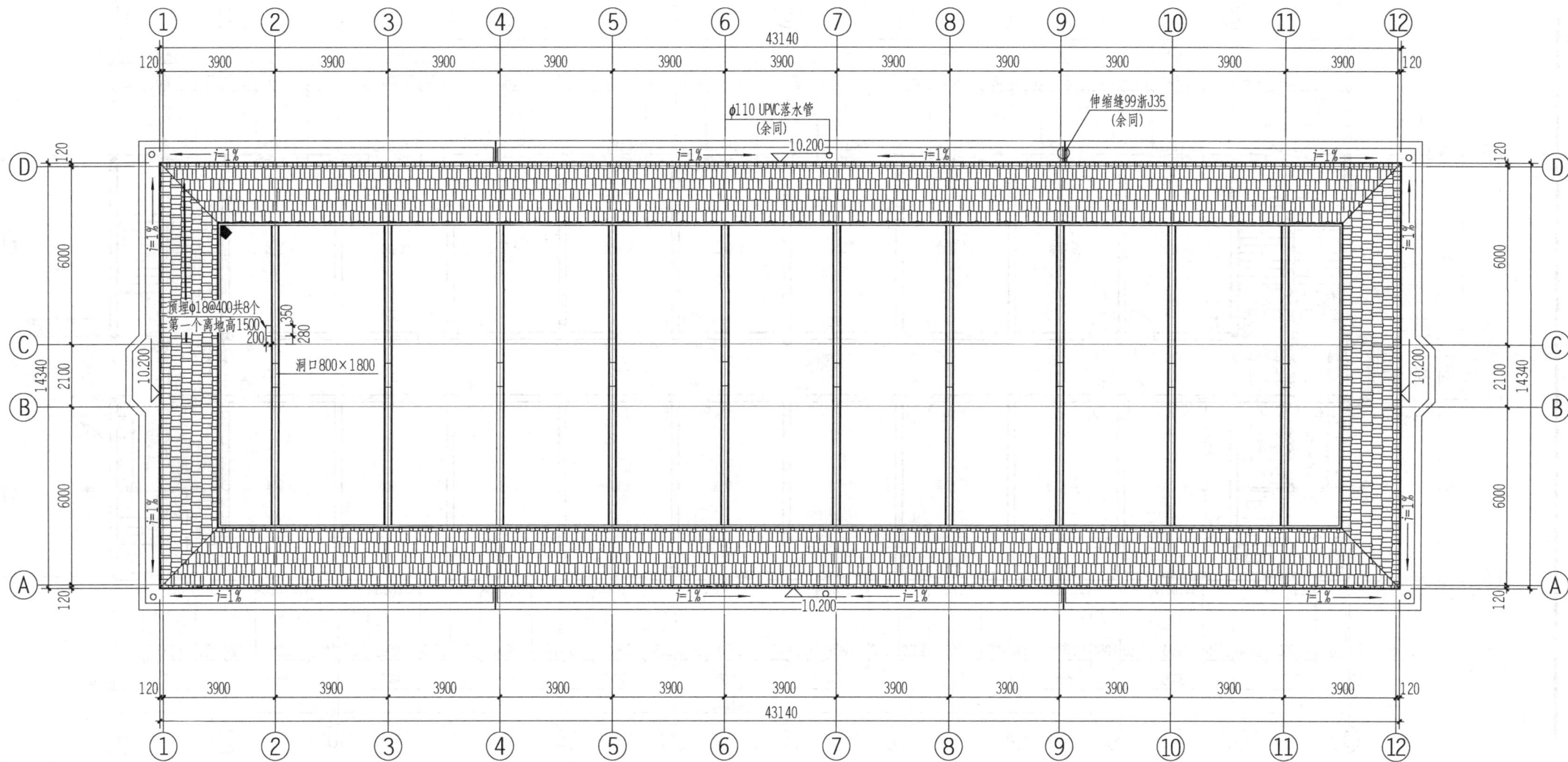

阁楼层平面图 1:100

43140

① 3900 ② 3900 ③ 3900 ④ 3900 ⑤ 3900 ⑥ 3900 ⑦ 3900 ⑧ 3900 ⑨ 3900 ⑩ 3900 ⑪ 3900 ⑫

120 ... 120

φ110 UPVC落水管
(余同)
10.200

伸缩缝99浙J35
(余同)

i=1% i=1% i=1% i=1%

预埋φ18@400共8个
第一个离地高1500
洞口800×1800

14340
6000 2100 6000

10.200

i=1% i=1% i=1%
10.200

单位出图专用章	执业资格专用章	××市规划建筑设计院		工程名称	某职工宿舍楼	工程号	
		审 定	设 计	项 目		日 期	
		审 核	计 算	图 名	阁楼层平面图	图 别	建施
		项目负责	校 对			图 号	05

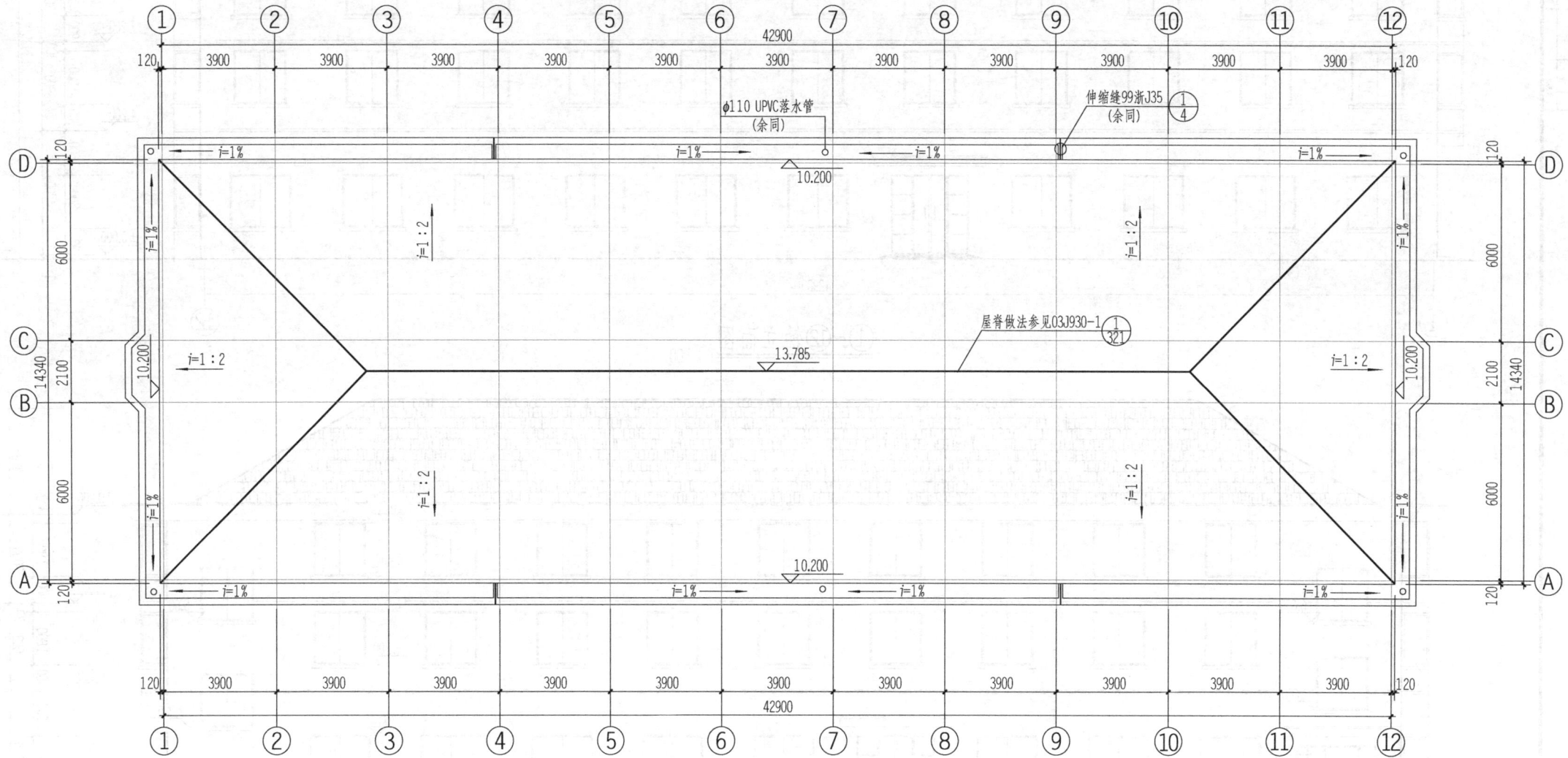

屋面平面图 1:100

单位出图专用章	执业资格专用章	××市规划建筑设计院		工程名称	某职工宿舍楼	工程号	
		审定	设计	项目		日期	
		审核	计算	图名	屋面平面图	图别	建施
	建施 06	项目负责	校对			图号	06

109

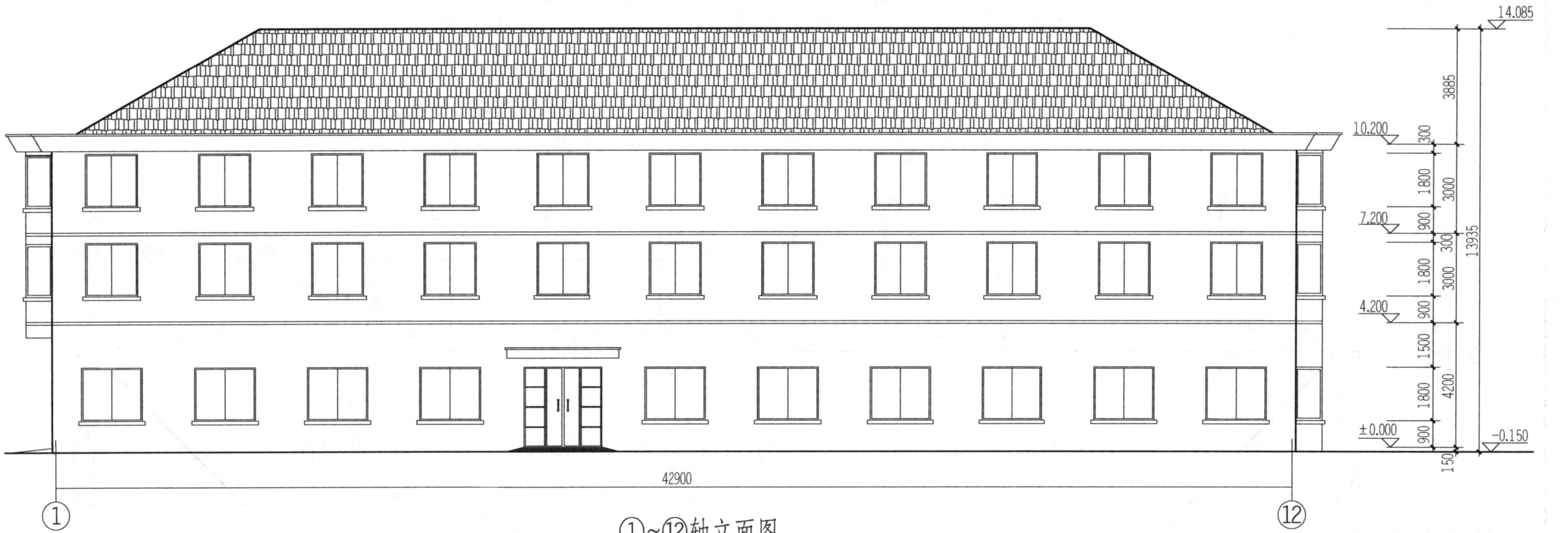

①~⑫轴立面图 1:100

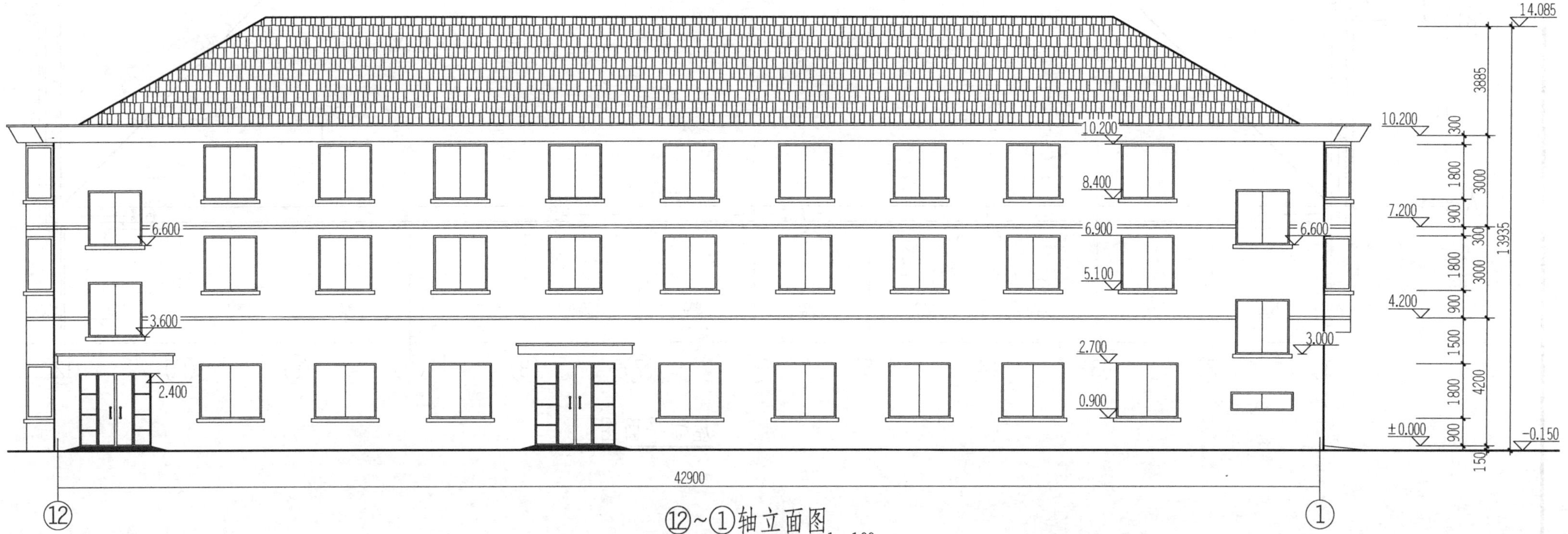

⑫~①轴立面图 1:100

单位出图专用章	执业资格专用章	××市规划建筑设计院			工程名称	某职工宿舍楼	工程号	
		审 定		设 计	项 目		日 期	
		审 核		计 算	图 名	①~⑫轴立面图 ⑫~①轴立面图	图 别	建施
		项目负责		校 对			图 号	07

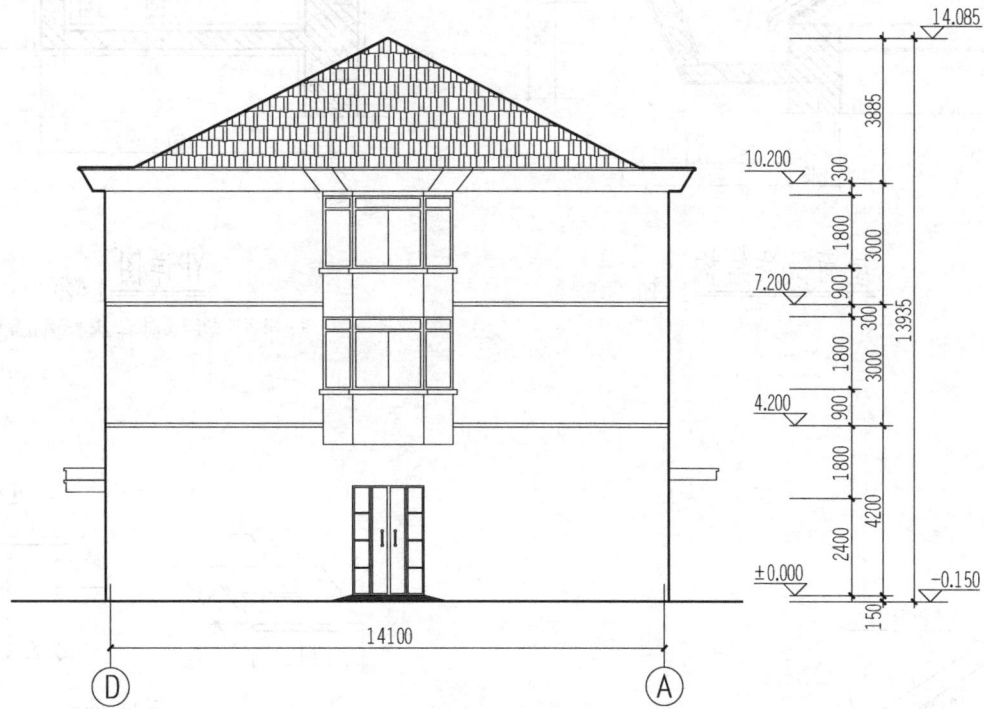

D~Ⓐ轴立面图 1:100

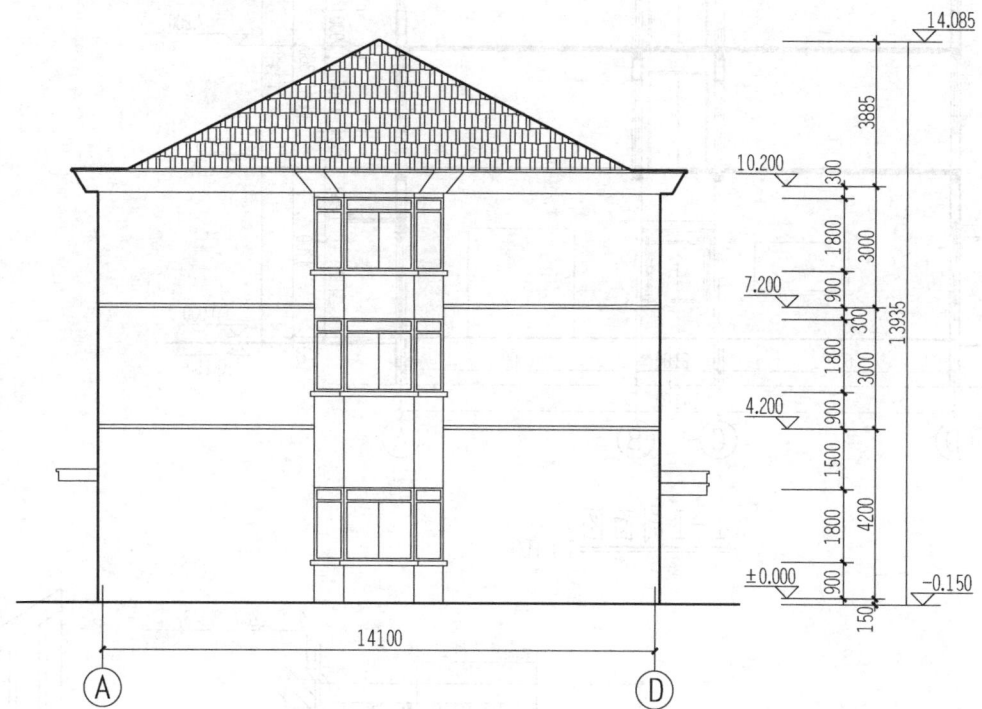

Ⓐ~D轴立面图 1:100

14.085

10.200
3885
300
1800 3000
13935
900
7.200
300
1800 3000
900
4.200
1800 4200
±0.000 2400
150
-0.150

14.085

10.200
3885
300
1800 3000
13935
900
7.200
300
1800 3000
900
4.200
1500 4200
±0.000 1800
900
150
-0.150

14100

14100

单位出图专用章	执业资格专用章	××市规划建筑设计院		工程名称	某职工宿舍楼	工程号	
		审 定	设 计	项 目		日 期	
		审 核	计 算	图 名	Ⓐ~D轴立面图 D~Ⓐ轴立面图	图 别	建施
建施		项目负责	校 对			图 号	08

111

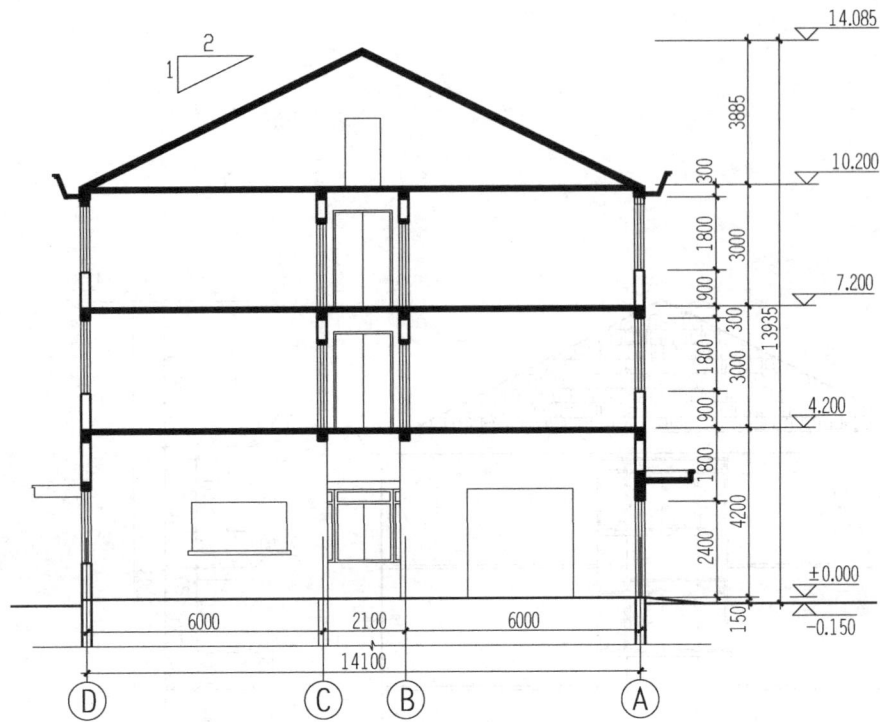

14.085

3885

10.200

300

1800
3000
900
300

7.200

13935

1800
3000
900
300

4.200

1800
4200
2400

±0.000
150
-0.150

6000 2100 6000

14100

ⒹⒸⒷⒶ

1-1剖面图 1:100

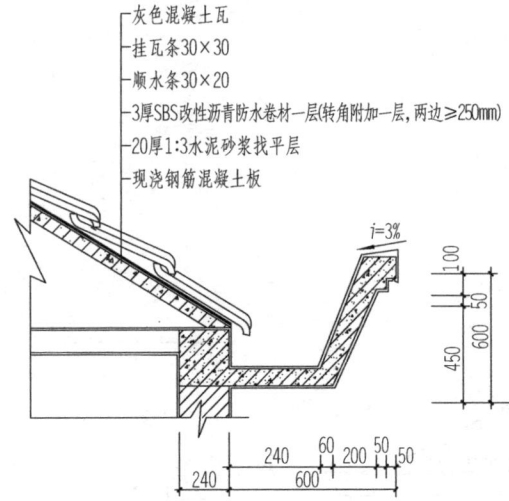

灰色混凝土瓦
挂瓦条30×30
顺水条30×20
3厚SBS改性沥青防水卷材一层(转角附加一层,两边≥250mm)
20厚1:3水泥砂浆找平层
现浇钢筋混凝土板

i=3%

100
50
450 600

240
240 60 200 50 50
600

屋面做法结构 1:20

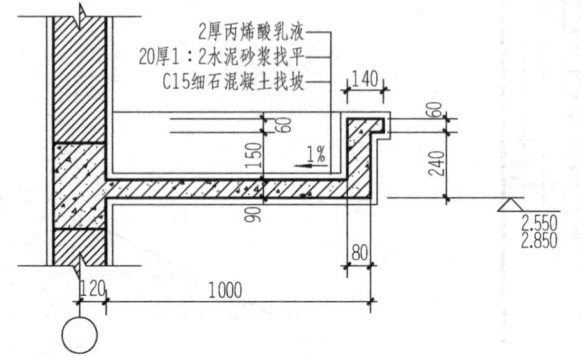

2厚丙烯酸乳液
20厚1:2水泥砂浆找平
C15细石混凝土找坡

140
60
1150 1%
90 240
80

120 1000

2.550
2.850

YP详图 1:20

注:M1雨篷底标高为2.850,M2雨篷底标高为2.550。

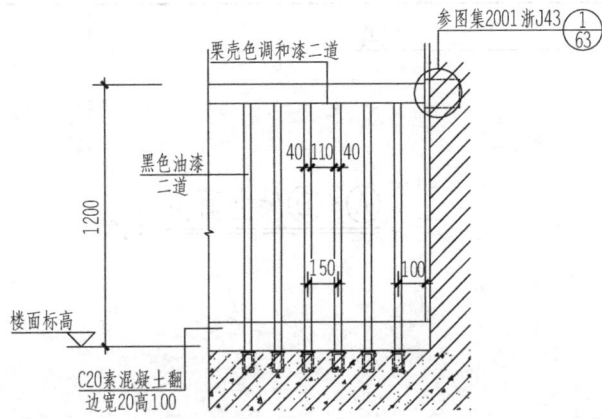

参图集2001浙J43 ① 63

栗壳色调和漆二道

黑色油漆二道

40 110 40

1200

150 100

楼面标高

C20素混凝土翻边宽20高100

水平段楼梯栏杆大样图 1:20

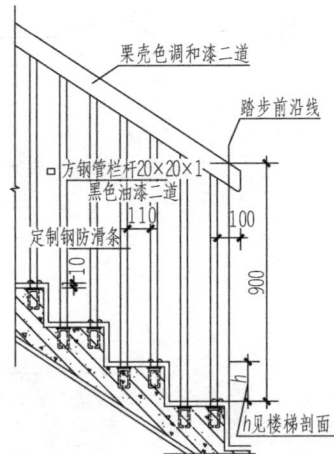

栗壳色调和漆二道

踏步前沿线

□方钢管栏杆20×20×1
黑色油漆二道

定制钢防滑条

100

900

70

h见楼梯剖面

斜段楼梯栏杆大样图 1:20

60×60×6

φ6
60

φ6

100
16
50

预埋件

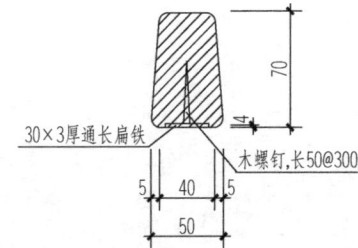

30×3厚通长扁铁

木螺钉,长50@300

70
5 40 5
50

木扶手

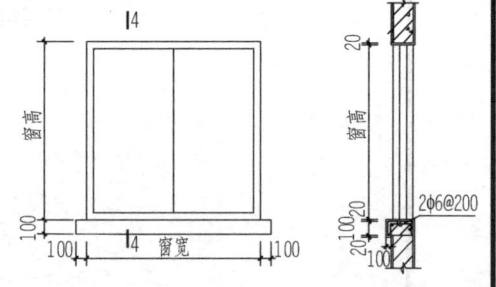

I4

窗高

窗高

100 窗宽 100
100 I4 100

20
20
2φ6@200
20 100

窗套大样 4-4

单位出图专用章	执业资格专用章	××市规划建筑设计院		工程名称	某职工宿舍楼	工程号	
		审 定	设 计	项 目		日 期	
		审 核	计 算	图 名	1-1剖面图 雨篷檐沟大样图 楼梯栏杆大样图	图 别	建施
		项目负责	校 对			图 号	09

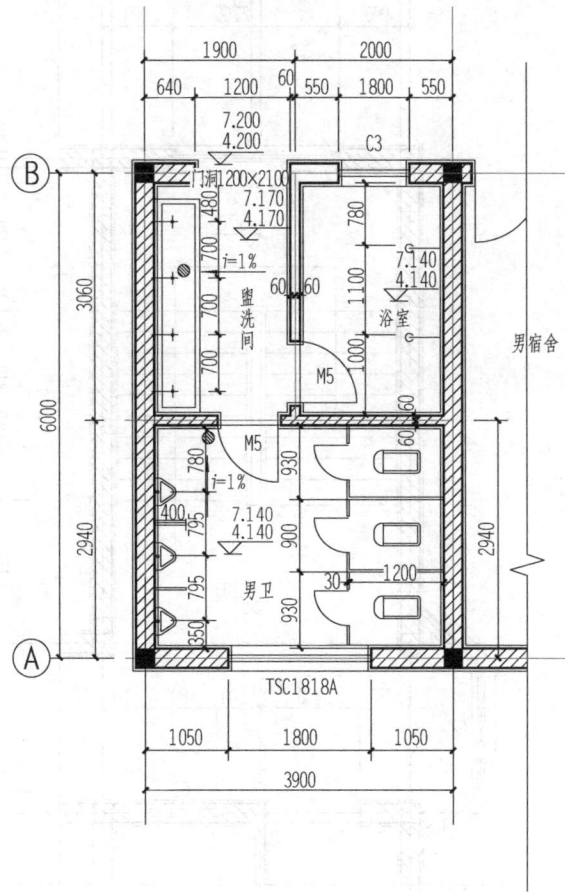

男卫生间详图 1:50

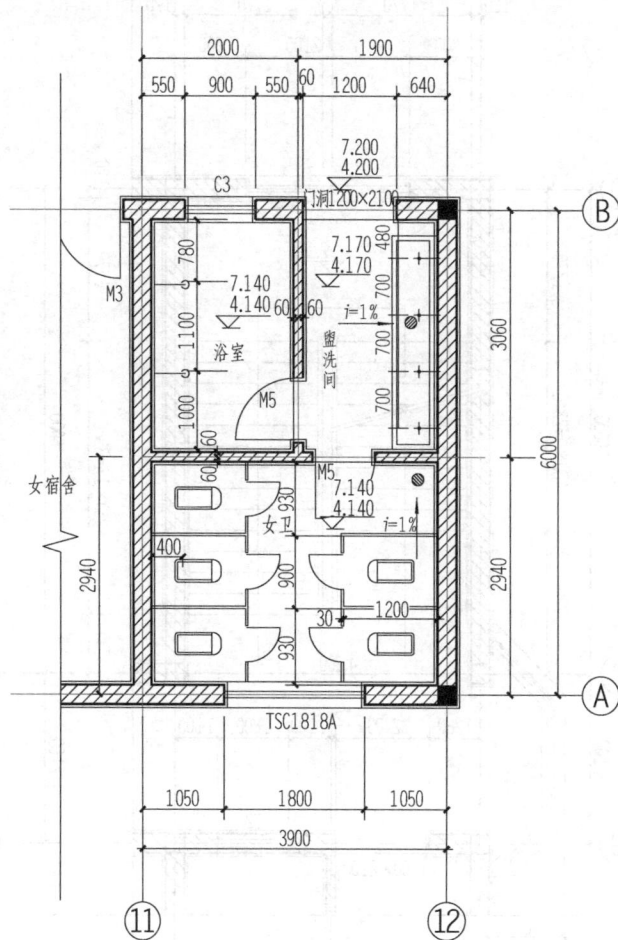

女卫生间详图 1:50

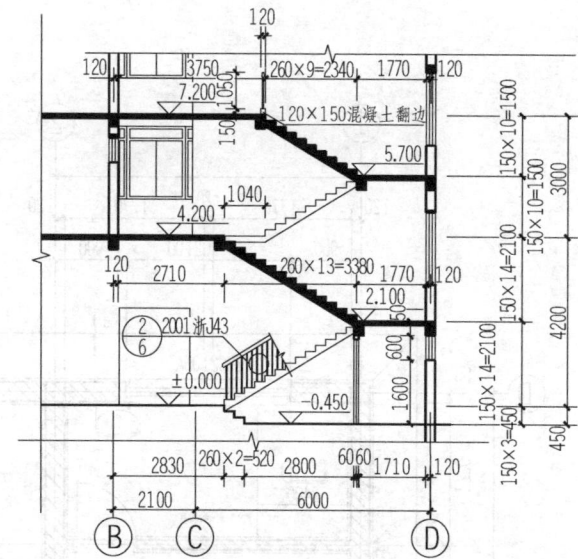

1#楼梯Q—Q剖面图 1:100

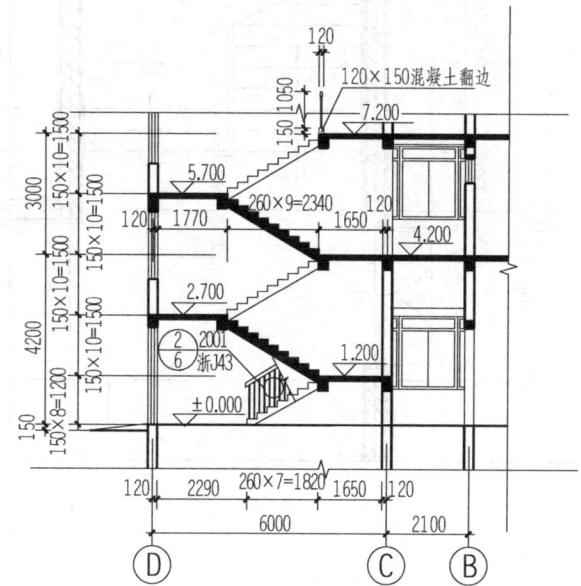

2#楼梯剖面图 1:100

单位出图专用章	执业资格专用章	××市规划建筑设计院		工程名称	某职工宿舍楼	工程号	
		审 定	设 计	项 目		日 期	
		审 核	计 算	图 名	男、女卫生间详图 1#、2#楼梯剖面图	图 别	建施
		项目负责	校 对			图 号	10

113

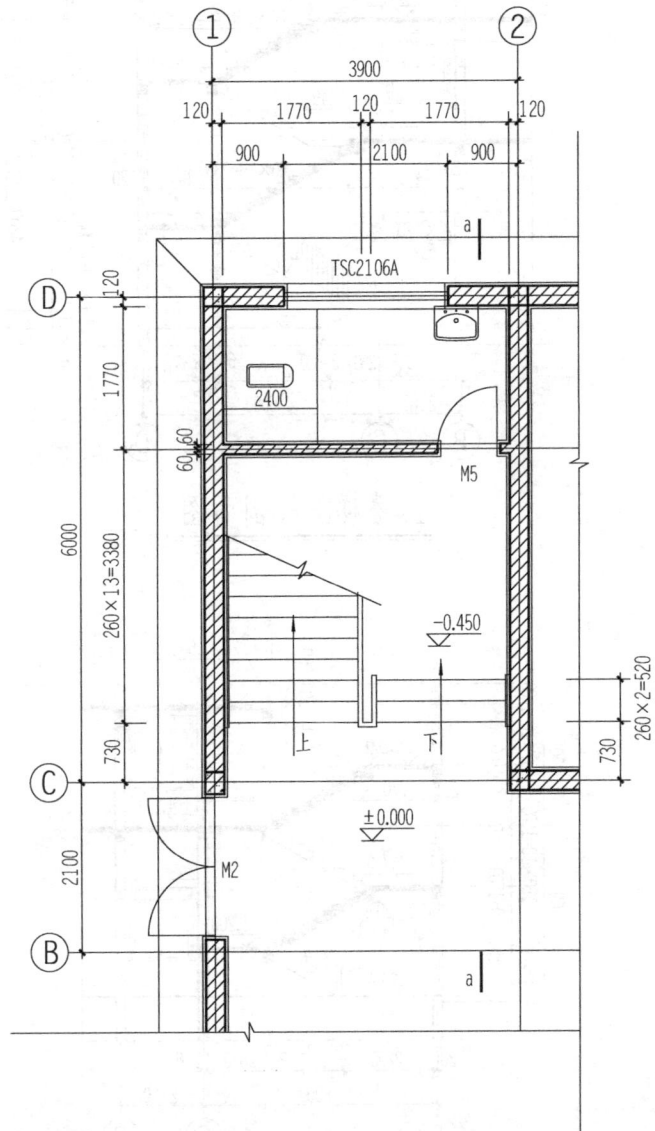

1#楼梯一层平面详图 1:50

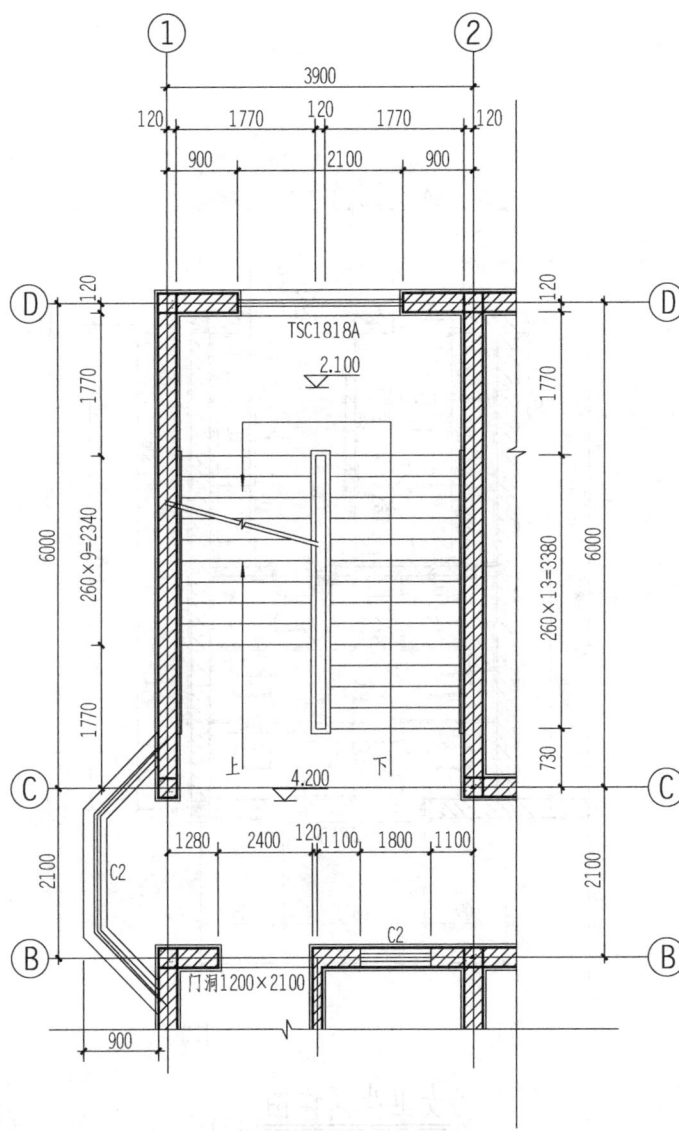

1#楼梯二层平面详图 1:50

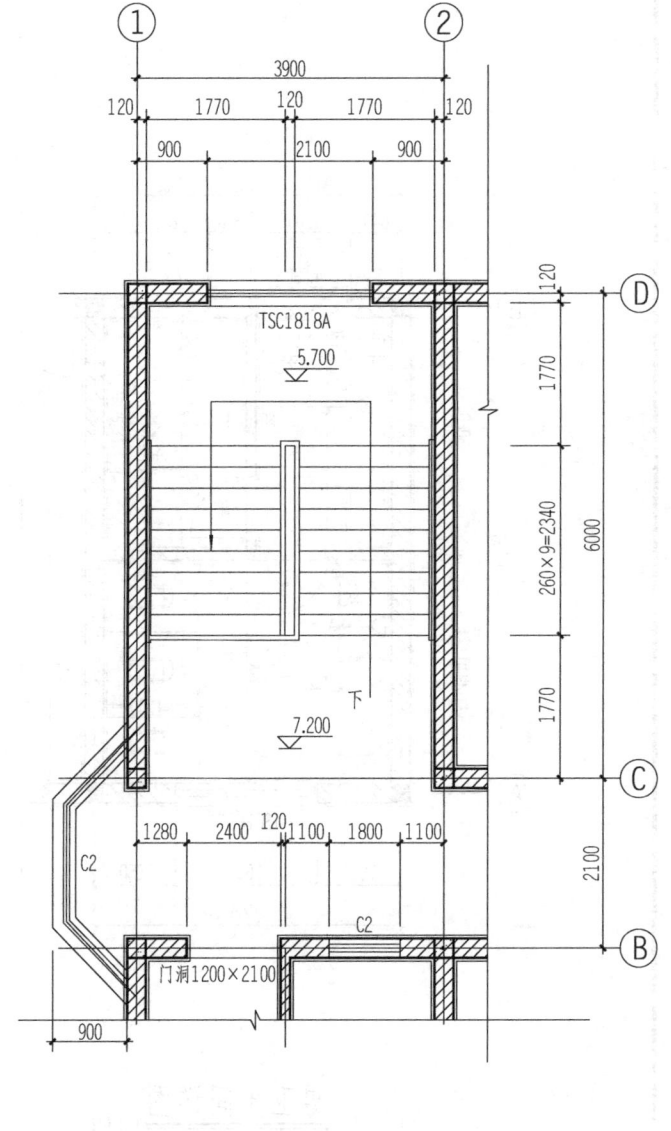

1#楼梯三层平面详图 1:50

单位出图专用章	执业资格专用章	××市规划建筑设计院		工程名称	某职工宿舍楼	工程号	
		审 定	设 计	项 目		日 期	
		审 核	计 算	图 名	1#楼梯平面详图	图 别	建施
		项目负责	校 对			图 号	11

⑪ ⑫

3900
120 | 1770 | 120 | 1770 | 120
750 | 2400 | 750

a

M4

±0.000

D

120

1770

2290

2100

260×9=2340

260×7=1820

6000

上

C

1.200

1770

1770

C1

门洞2100×2400 门

2100

B

a

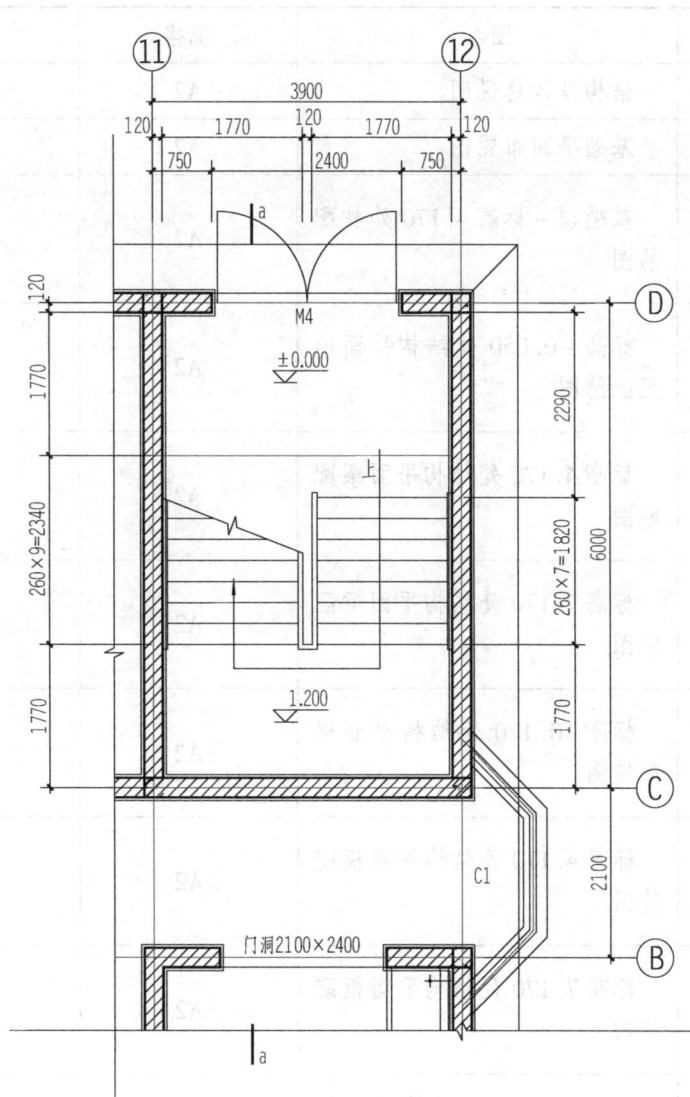

2#楼梯一层平面详图 1:50

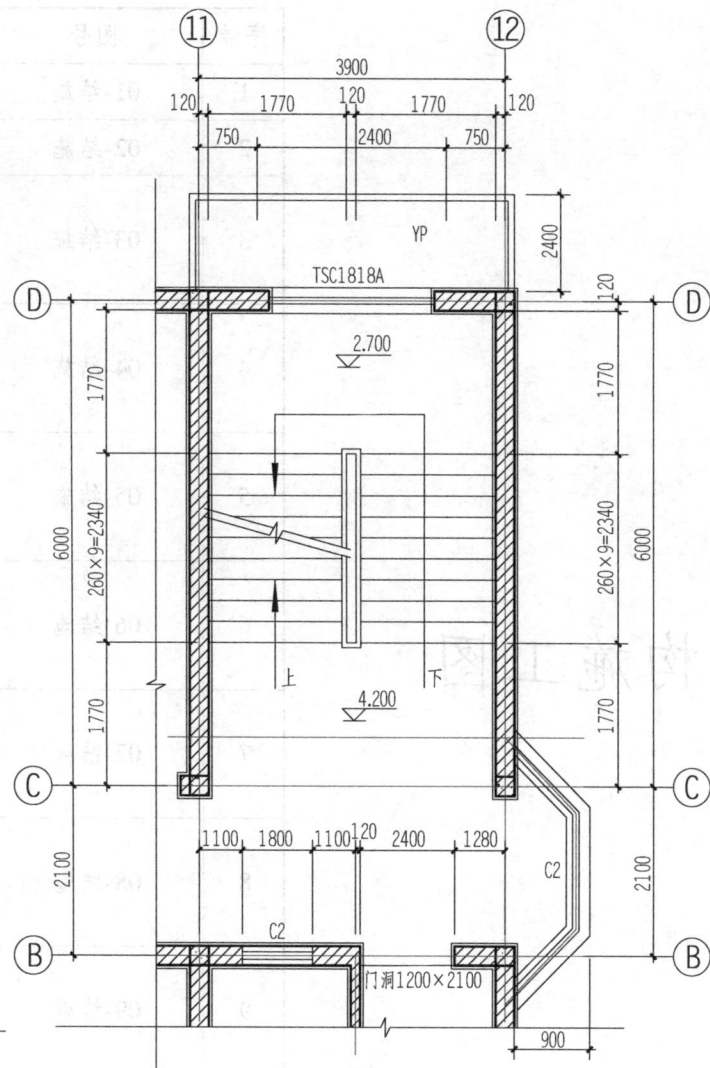

⑪ ⑫

3900
120 | 1770 | 120 | 1770 | 120
750 | 2400 | 750

YP

2400

TSC1818A

D | D

120

1770

6000

260×9=2340

上

4.200

下

1770

C | C

1100 | 1800 | 1100 | 120 | 2400 | 1280

2100

C2

B | B

C2

门洞1200×2100

900

2#楼梯二层平面详图 1:50

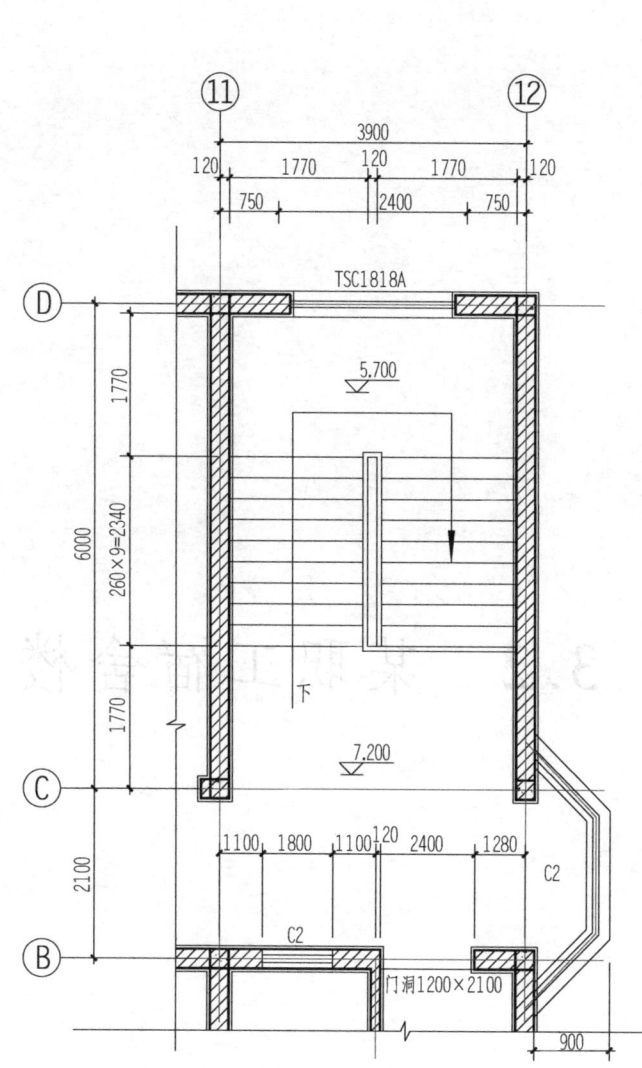

⑪ ⑫

3900
120 | 1770 | 120 | 1770 | 120
750 | 2400 | 750

TSC1818A

D | D

1770

5.700

6000

260×9=2340

下

7.200

1770

C | C

1100 | 1800 | 1100 | 120 | 2400 | 1280

2100

C2

B | B

C2

门洞1200×2100

900

2#楼梯三层平面详图 1:50

单位出图专用章	执业资格专用章	××市规划建筑设计院		工程名称	某职工宿舍楼	工程号	
		审 定	设 计	项 目		日 期	
		审 核	计 算	图 名	2#楼梯平面详图	图 别	建施
		项目负责	校 对			图 号	12

115

结构施工图图纸目录

3.2　某职工宿舍楼结构施工图

结构设计总说明

一、设计总则

1. 本工程依据现行国家标准、规范、规程和有关审批文件进行设计。
2. 建筑安全等级二级，合理使用年限50年。
3. 本工程位于地震动峰值加速度<0.05g区，按非抗震设计。
4. 标高以米(m)计，其余均以毫米(mm)计，图中±0.000相当于黄海高程142.00m。
5. 施工中应严格遵守国家各项施工及验收规范，本设计未考虑高温及冬雨季施工措施，施工单位应根据有关规范自定。
6. 本工程基础采用独立基础。基础设计等级为丙级。
7. 使用荷载按现行国家标准《建筑结构荷载规范》(GB 50009—2012)取值。
8. 凡预留洞口、预埋件均应严格按照结构图并配合其他工种图进行施工，严禁自行留洞或事后凿洞，给排水及暖通工种的外墙套管和≤200的楼板预留孔详见该工种图纸。
9. 若各工种图纸有与本说明矛盾处，请及时与设计人员联系。

二、荷载说明及主要设计依据

1. 恒荷载取值

钢筋混凝土：25kN/m³；KP型多孔砖(圆孔)砌体：16.7kN/m³ (最大值)，14.2kN/m³(最小值)。

2. 活荷载取值

办公楼、上人屋面活荷载取2.0kN/m²；不上人屋面活荷载取0.5kN/m²。

3. 自然条件

(1)基本风压：0.30kN/m²；
(2)基本雪压：0.45kN/m²；
(3)建筑场地类别：Ⅱ类场地；
(4)地面粗糙度类别：B类；
(5)环境类别：一类[±0.000以下为二(a)类]。

4. 主要设计依据

(1)《建筑结构荷载规范》(GB 50009—2012)；
(2)《混凝土结构设计规范》(GB 50010—2010)；
(3)《砌体结构设计规范》(GB 50003—2011)；
(4)《建筑地基基础设计规范》(GB 50007—2011)；
(5)甲方提供的《岩石工程勘察报告》。

三、材料

1. 钢材

(1)钢筋：φ为HPB300钢筋，Φ为HRB335钢筋；
(2)所有外露铁件均锈涂红丹二度。(面漆详见建施)

2. 焊条

E43型：用于HPB300钢筋与HPB300钢筋焊接。
E50型：用于HRB335钢筋与HRB335钢筋焊接。

3. 混凝土

基础混凝土：基础及地梁采用C25。主体混凝土：梁板柱均采用C25。

4. 墙体

基础采用Mu10实心黏土砖，M10水泥砂浆。1:3水泥砂浆双侧粉刷。

主体采用Mu10KP1型烧结多孔砖，M5混合砂浆。

四、结构构造与施工要求

1. 钢筋混凝土保护层

(1)室内正常环境下，受力钢筋保护层厚度：梁为25mm，柱为30mm；室内地面以下，受力钢筋保护层厚度：梁、柱为35mm，基础为40mm。
(2)板和墙分布筋保护层厚度不少于10mm，梁与柱箍筋保护层厚度不少于15mm。

2. 梁柱结构

(1)悬臂板须待混凝土强度达到100%后，方可拆除模板。
(2)构造柱与顶层梁交接处钢筋伸入梁内40d锚固。
(3)箍筋应封闭，末端做成不小于90°弯钩，弯钩端头平直段不小于{5d,50mm}；抗扭箍筋弯钩135°，端头平直段不小于{10d,75mm}。
(4)梁跨度≥5.0m时，模板应按跨度的3‰起拱，悬臂构件均应按悬挑长度的5‰起拱。
(5)板短边长度L≥4000，板中间起拱L/400。
(6)除以上说明外，其余构造见构造图。

3. 钢筋接头连接

(1)纵向受力钢筋最小锚固长度l_a参照22G101要求。
(2)钢筋搭接优先考虑焊接，焊接长度10d(单面焊)。
(3)电焊连接施工前应做强度检验，操作人员须持上岗证。

4. 砌体

(1)所有门窗顶除有梁外，均设C20混凝土过梁。洞口宽度<1200者，H=120，3φ8，φ4@200；1200<洞口宽度≤1800者，H=180，上2Φ12，下2Φ12，φ6@200；1800<洞口宽度≤2400者，H=240，上2Φ14，下2Φ14，φ6@200；2400<洞口宽度≤3000者，H=240，上2Φ16，下2Φ16；3000<洞口宽度≤3600者，H=300，上2Φ16，下3Φ16。过梁长度均为洞口宽度加500。若洞口在柱边，柱内应预留过梁主筋。
(2)砌体施工质量等级为B级。

五、其他

(1)水电暖≤200穿梁洞口，详见节点详图。
(2)地梁转角钢筋连接构造见详图。
(3)基础回填土分层夯实，分层厚度为400，压实系统≥95%。
(4)梁钢筋锚固构造均严格按本图节点详图部分进行施工。
(5)本图采用《混凝土结构施工图平面整体表示方法制图规则和构造详图》(22G101-1)平面整体表示方法制图。
(6)梁：主梁不宜留设施工缝；次梁的施工缝可设在梁跨度三分之一处。
(7)柱施工缝应留设在梁底和楼层现浇板顶面。
(8)本图未尽事宜处，请按有关规范规程进行施工。
(9)本说明未及之处如梁柱箍筋加密区长度等参照22G101-1要求执行。
(10)本工程采用中国建筑科学研究院的PKPM结构系列软件进行结构计算。

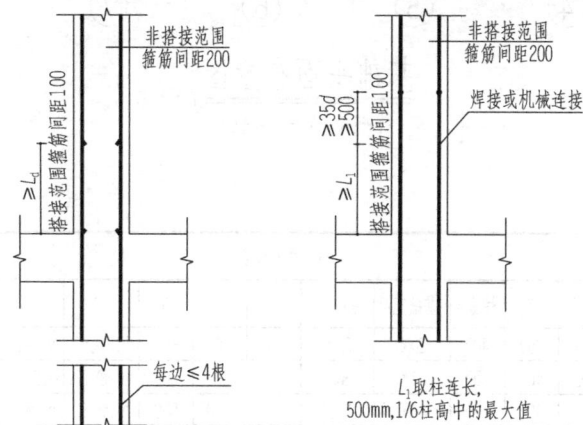

柱纵向钢筋搭接或连接

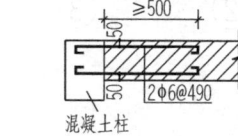

梁降低兼做过梁构造

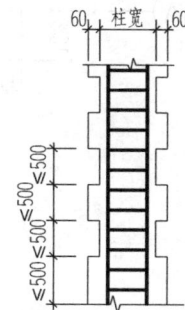

砖墙与混凝土柱连接构造　构造柱马牙槎构造

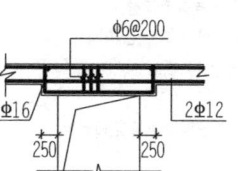
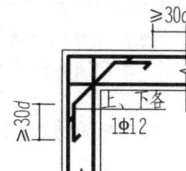
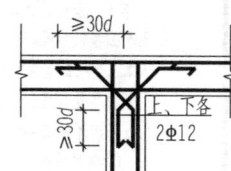

圈梁连接构造

单位出图专用章	执业资格专用章	××市规划建筑设计院		工程名称	某职工宿舍楼	工程号	
		审　定	设　计	项　目		日　期	
		审　核	计　算	图　名	结构设计总说明	图　别	结施
		项目负责	校　对			图　号	01

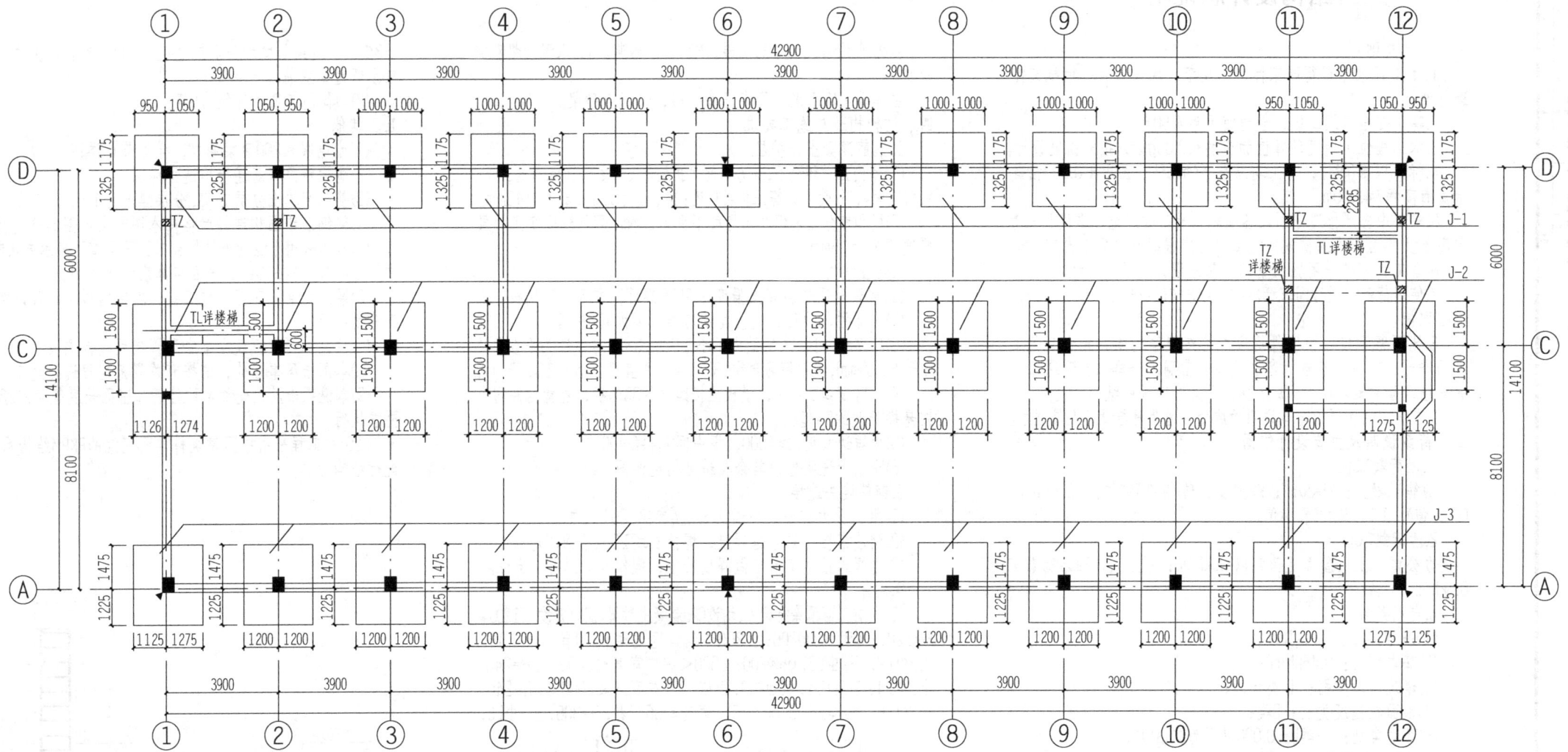

基础平面布置图
1:100

注：地梁配筋详见结施04。

基础设计与施工说明：
本工程基础设计是以××公司提供的《岩石工程勘察报告》为依据。
1. 本工程以卵砾石混黏土层作为基础持力层，基础承载力特征值f_{ak}=260kPa。
2. 本工程基础埋深暂定为-1.5m，本工程标高±0.000相当于黄海高程142.00m。
3. 基础尽量浅埋，但基础顶面离地面的高度不少于500。
4. 当基础埋深局部超过1.5m时，深度在1.0m内直接用C15毛石混凝土填实，超过1.0m则另外处理。
5. 基槽开挖后若发现与地质报告不符，请及时与设计人员联系。
6. 图中▲表示沉降观测点，施工时要按规范要求定时做好沉降观测记录。

J-i独立基础表

编号	柱宽b	柱宽h	基础宽A	基础宽B	h_1	h_2	H	①	②
J-1	350	400	2000	2500	300	200	500	Φ12@150	Φ12@150
J-2	400	500	2400	3000	300	300	600	Φ12@120	Φ12@120
J-3	400	500	2400	2700	300	200	500	Φ12@150	Φ12@150

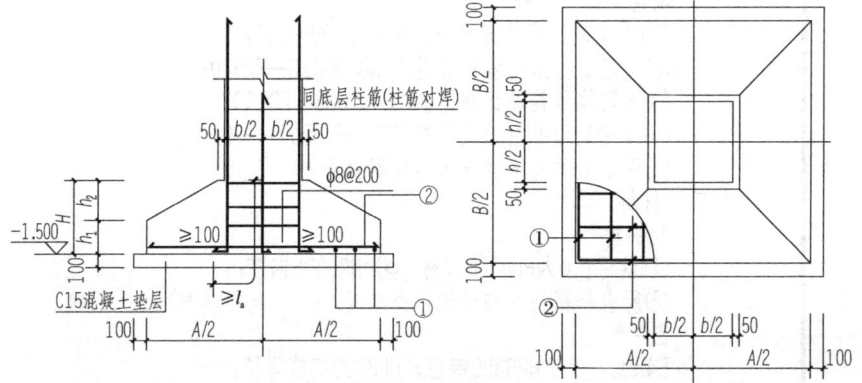

单柱独基J-i

单位出图专用章	执业资格专用章	××市规划建筑设计院		工程名称	某职工宿舍楼	工程号
		审 定	设 计	项 目		日 期
		审 核	计 算	图 名	基础平面布置图	图 别 结施
		项目负责	校 对			图 号 02

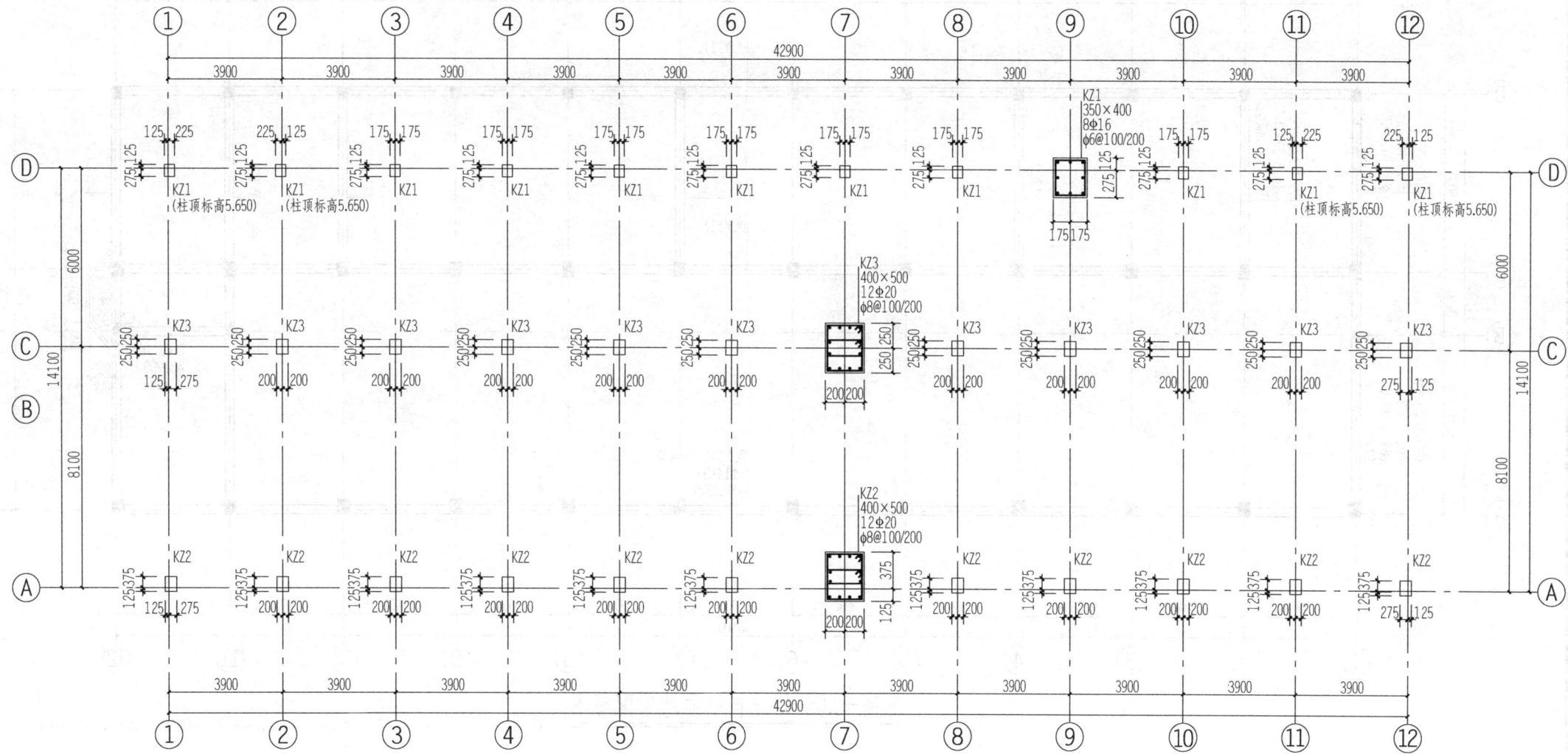

基础顶~标高4.170处柱配筋图

1:100

注: 构造柱布置详见各层结构平面梁配筋图。

屋面	14.055	
3	10.170	3.885
3	7.170	3.000
2	4.170	3.000
1	−0.050	4.220
层号	标高(m)	层高(m)

结构层楼面标高
结构层层高

KZ1
350×400
8Φ16
Φ6@100/200

KZ3
400×500
12Φ20
Φ8@100/200

KZ2
400×500
12Φ20
Φ8@100/200

单位出图专用章	执业资格专用章	××市规划建筑设计院		工程名称	某职工宿舍楼	工程号	
		审 定	设 计	项 目		日 期	
		审 核	计 算	图 名	基础顶~标高4.170处柱配筋图	图 别	结施
		项目负责	校 对			图 号	03

119

①　②　③　④　⑤　⑥　⑦　⑧　⑨　⑩　⑪　⑫

42900

3900　3900　3900　3900　3900　3900　3900　3900　3900　3900　3900

DL3(11)

Ⓓ

300×500
3Φ20;3Φ20
Φ8@100/200(2)
G2Φ12

DL2(11)300×500
3Φ20;3Φ20,G2Φ12
Φ8@100/200(2)

DL2(1)

DL2(1)

6000

DL3(11)

4Φ20

Ⓒ

2100

14100

Ⓑ

GZ

DL1(2)

DL2(1)

DL1(2)

DL1(2)

GZ　GZ

1.6折梁详本图

600 | 600
1500 | 300
300
900

DL4(2)300×400
Φ8@200(2)
Φ16;Φ16

6000

DL1(2)300×600
4Φ20;4Φ20
Φ8@100/200(2)
G4Φ12

DL3(11)300×400
3Φ14;3Φ14
Φ8@200(2)

Ⓐ

3900　3900　3900　3900　3900　3900　3900　3900　3900　3900　3900

42900

①　②　③　④　⑤　⑥　⑦　⑧　⑨　⑩　⑪　⑫

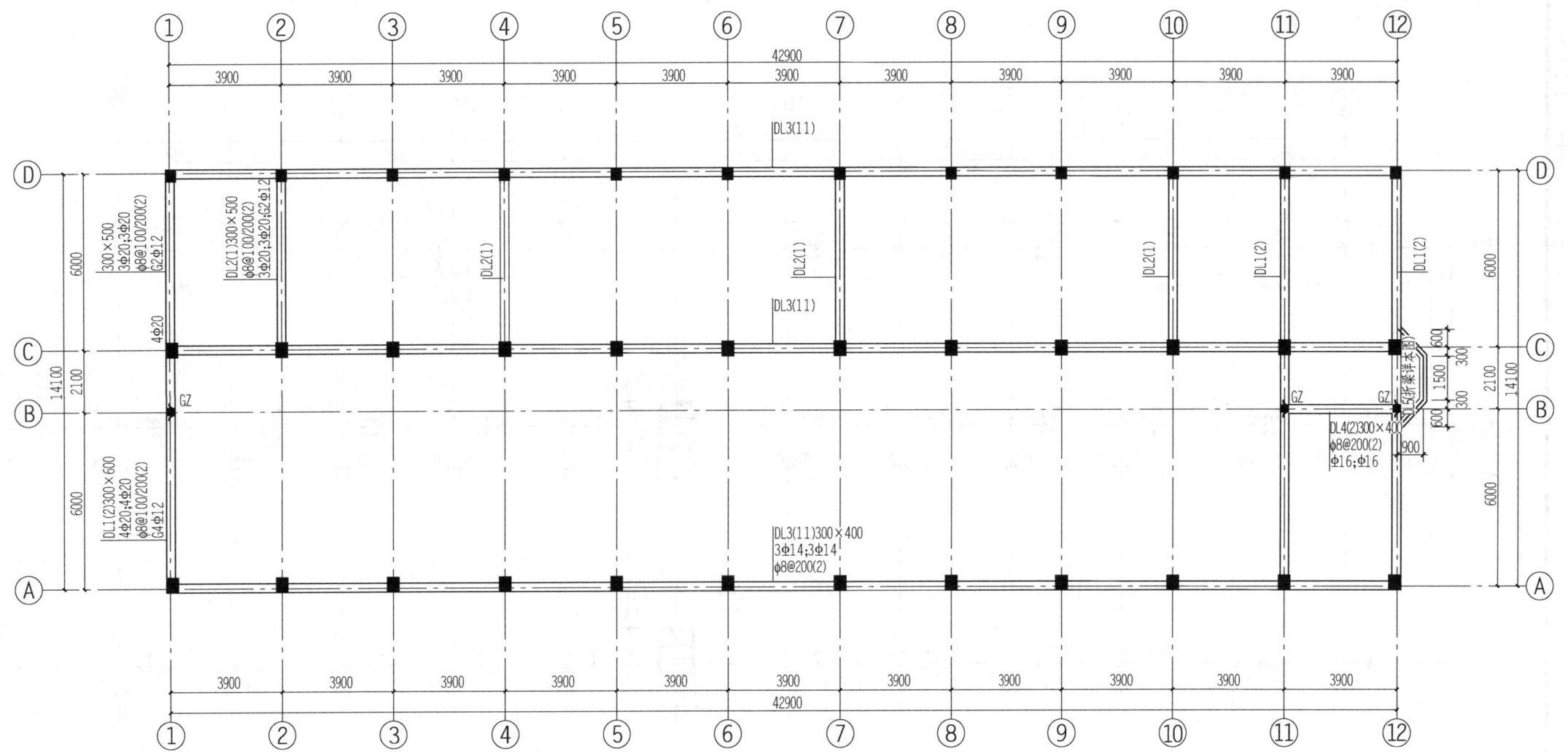

标高-0.050处结构平面地梁配筋图 1:100

注：主次梁相交处主梁箍筋加密，每侧3个，间距50，未注明的吊筋为2Φ16。

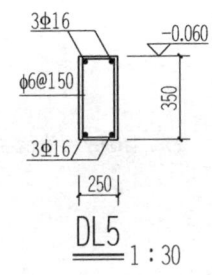

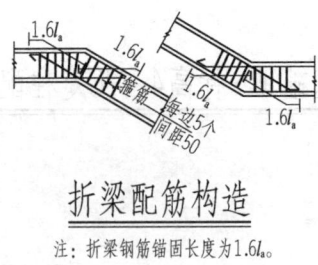

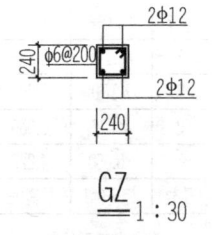

3Φ16
-0.060
Φ6@150
350
3Φ16
250

DL5 1:30

1.6lₐ　1.6lₐ
1.6lₐ
每进5个
间距50
1.6lₐ

折梁配筋构造

注：折梁钢筋锚固长度为1.6lₐ。

2Φ12
240　Φ6@200
2Φ12
240

GZ 1:30

单位出图专用章 | 执业资格专用章 | ××市规划建筑设计院 | 工程名称 | 某职工宿舍楼 | 工程号

审定 | 设计 | 项目 | 日期
审核 | 计算 | 图名 标高-0.050处结构平面地梁配筋图 | 图别 结施
项目负责 | 校对 | 图号 04

120

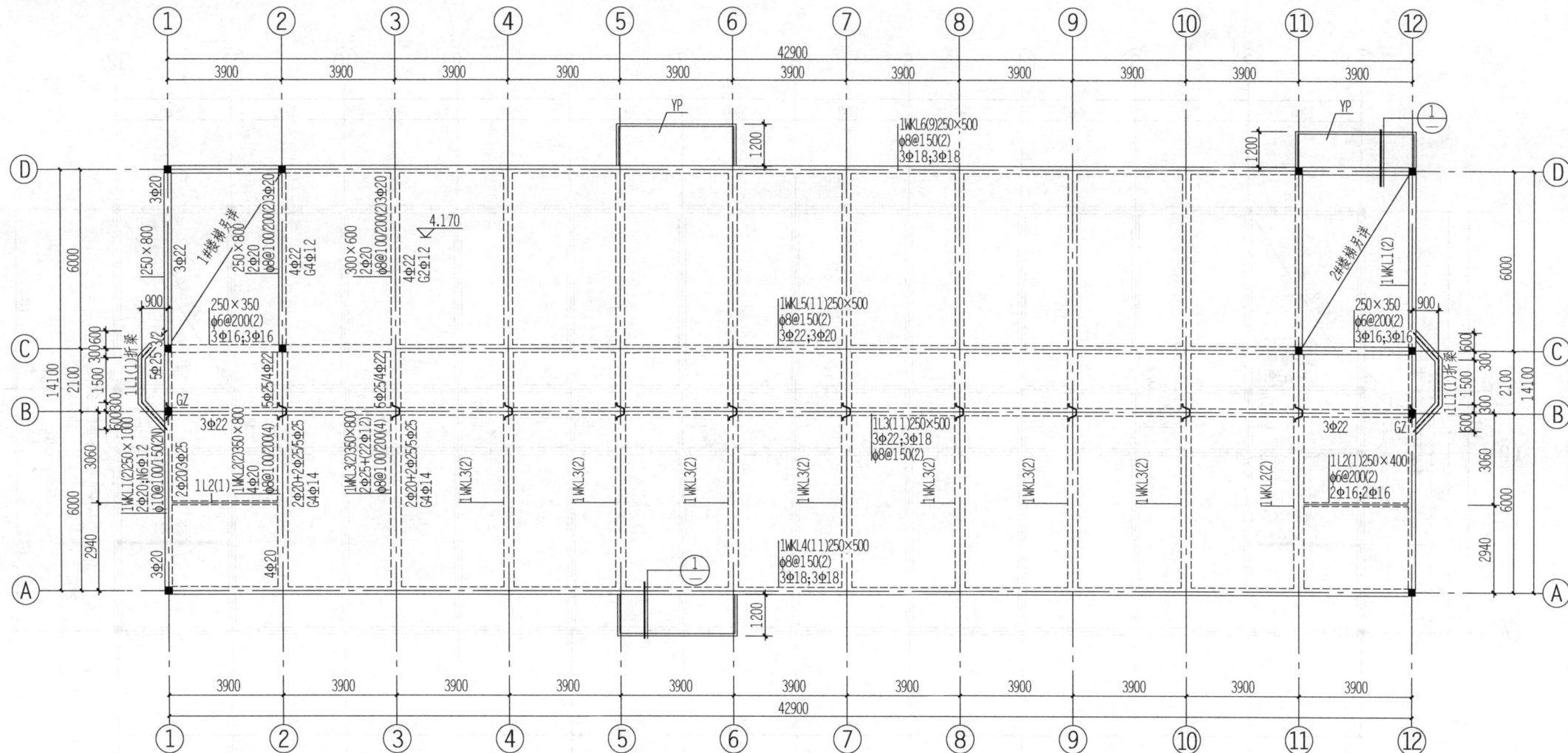

标高4.170处结构平面梁配筋图 1:100

注：主次梁相交处主梁箍筋加密，每侧3个，间距50，未注明的吊筋为2Φ14。

屋面	14.055	
3	10.170	3.885
3	7.170	3.000
2	4.170	3.000
1	-0.050	4.220
层号	标高(m)	层高(m)

结构层楼面标高
结构层高

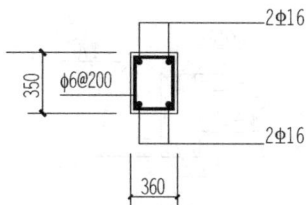

折梁L1 1:30

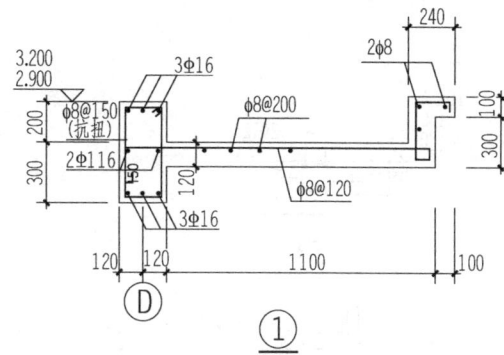

单位出图专用章	执业资格专用章	××市规划建筑设计院		工程名称	某职工宿舍楼	工程号	
		审 定	设 计	项 目		日 期	
		审 核	计 算	图 名	标高4.170处结构平面梁配筋图	图 别	结施
		项目负责	校 对			图 号	05

121

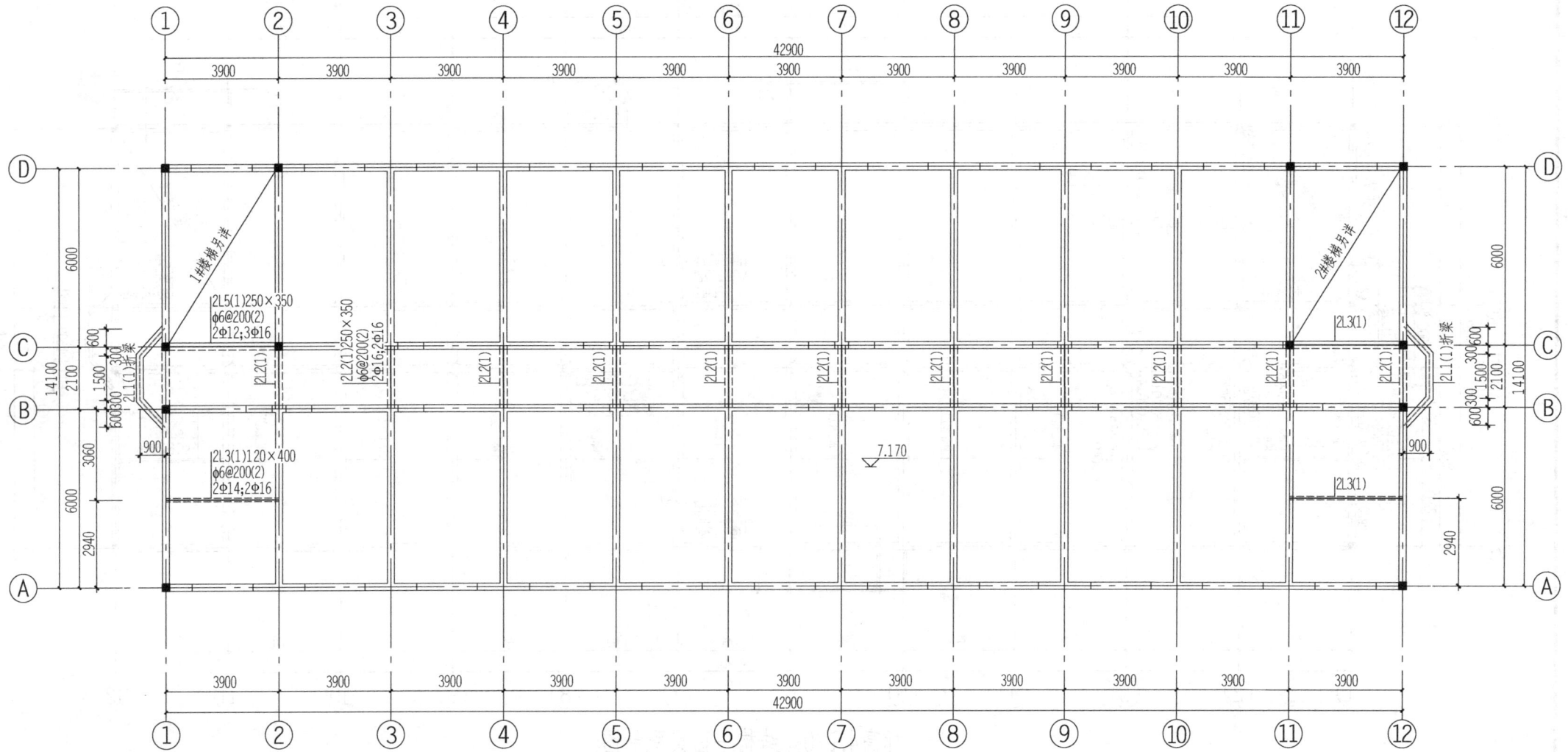

标高7.170处结构平面梁配筋图 1:100

梁配筋标注：

|2L5(1)250×350
φ6@200(2)
2Φ12;3Φ16

|2L1(1)250×350
φ6@200(2)
2Φ16;2Φ16

|2L3(1)120×400
φ6@200(2)
2Φ14;2Φ16

7.170

各轴线尺寸：3900（1-12轴，共42900）

6000 / 14100 / 6000

1#楼梯另详

2#楼梯另详

注：1.除另有说明外，墙与板相交处处均设圈梁QL。
2.主次梁相交处主梁箍筋加密，每侧3个，间距50。

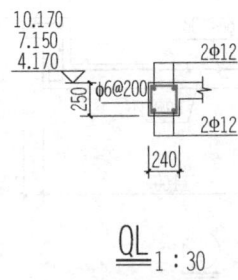

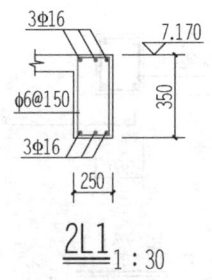

QL 1:30

10.170
7.150
4.170

2Φ12
φ6@200
2Φ12

250

240

2L1 1:30

3Φ16
7.170

φ6@150

350

3Φ16

250

屋面	14.055	
3	10.170	3.885
3	7.170	3.000
2	4.170	3.000
1	−0.050	4.220
层号	标高(m)	层高(m)

结构层楼面标高
结构层高

单位出图专用章	执业资格专用章	××市规划建筑设计院		工程名称	某职工宿舍楼	工程号	
		审 定	设 计	项 目		日 期	
		审 核	计 算	图 名	标高7.170处结构平面梁配筋图	图 别	结施
		项目负责	校 对			图 号	06

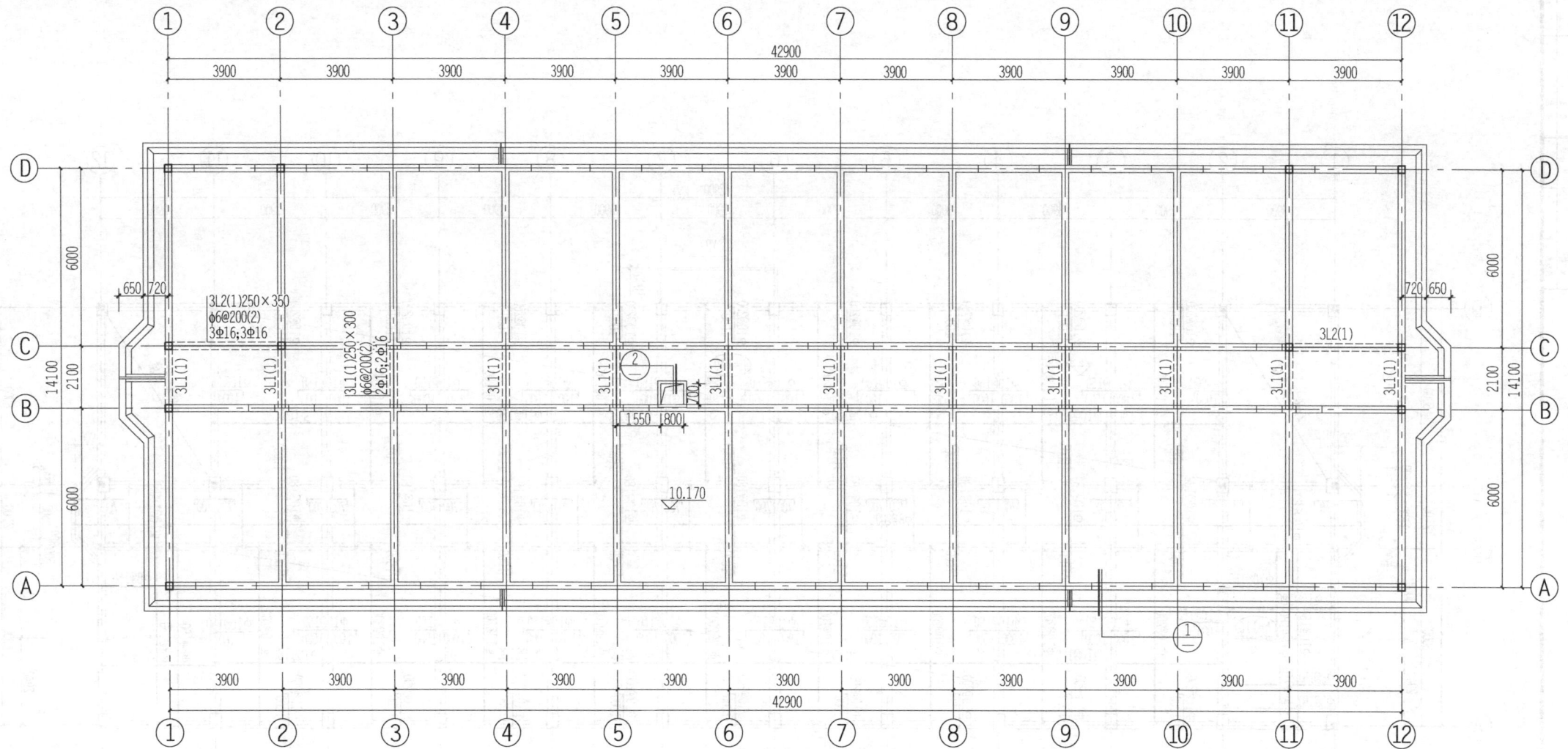

标高10.170处结构平面梁配筋图 1:100

注：1.除另有说明外，墙与板相交处均设圈梁QL。
　　2.主次梁相交处主梁箍筋加密，每侧3个，间距50。

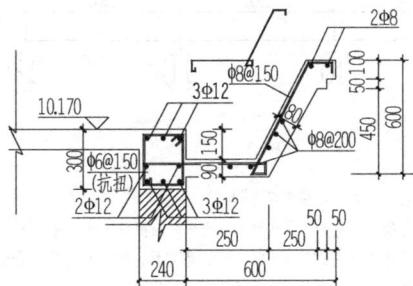

① 1:20

注：墙沟在拐角处均设置5φ8放射筋。

② 上人孔翻边大样 1:25

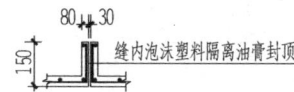

沿沟伸缩缝大样
（每隔约12m设置）

屋面	14.055	
3	10.170	3.885
3	7.170	3.000
2	4.170	3.000
1	-0.050	4.220
层号	标高(m)	层高(m)

结构层楼面标高
结构层高

单位出图专用章	执业资格专用章	××市规划建筑设计院	工程名称	某职工宿舍楼	工程号	
		审 定	设 计	项 目		日 期
		审 核	计 算			图 别 结施
		项目负责	校 对	图 名	标高10.170处结构平面梁配筋图	图 号 07

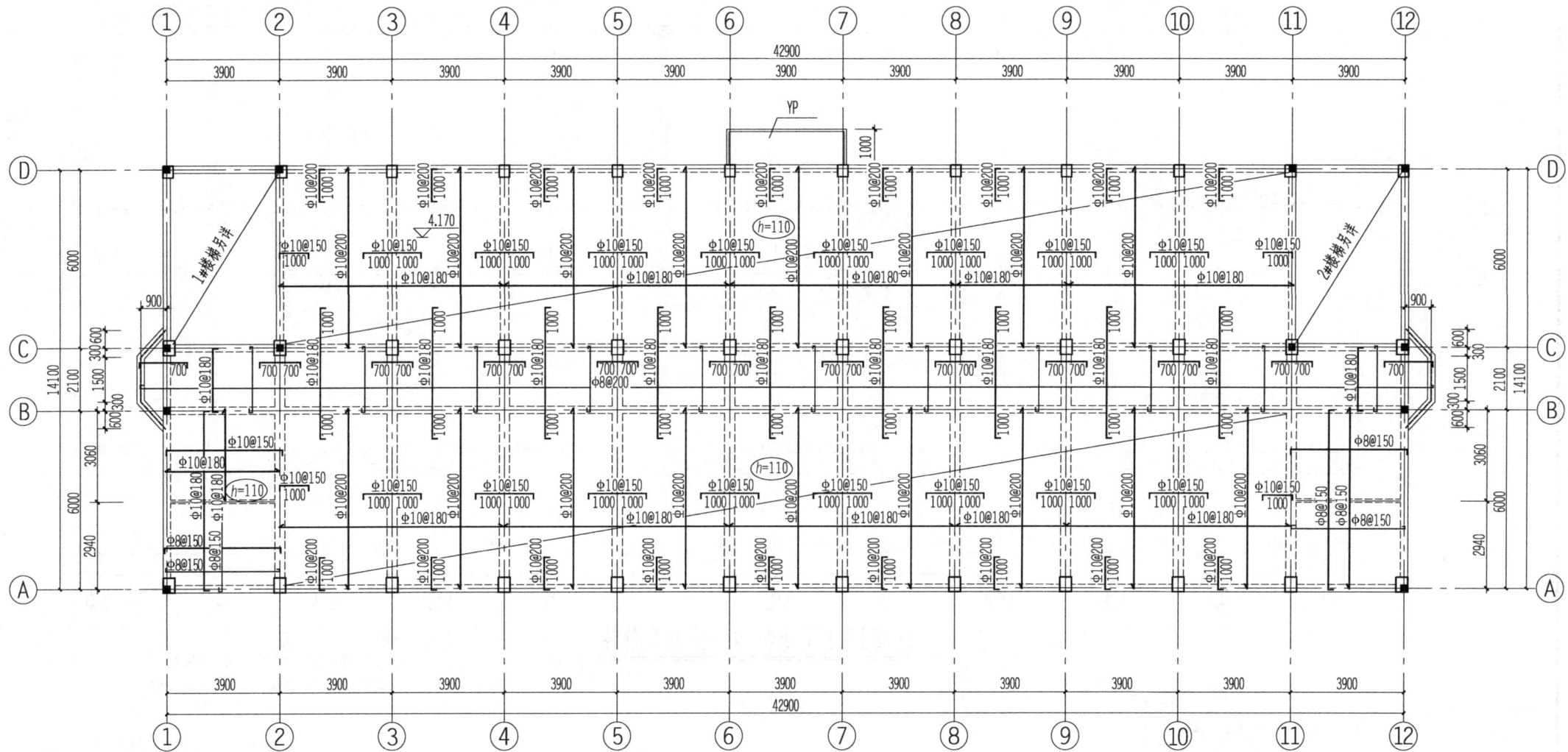

标高4.170处结构平面板配筋图 1:100

屋面	14.055	
3	10.170	3.885
3	7.170	3.000
2	4.170	3.000
1	-0.050	4.220
层号	标高(m)	层高(m)

结构层楼面标高
结构层高

注：1.除注明外，本层板厚为90。
2.除特别注明外，卫生间的现浇板比同楼层建筑标高下降30。
3.图中未标注的钢筋为Φ8@200，图中标注的负筋长度从梁或墙边开始计算。
4.板短跨≥3800时，在四角设置放射筋5Φ8，长1000。

单位出图专用章	执业资格专用章	××市规划建筑设计院		工程名称	某职工宿舍楼	工程号	
		审 定	设 计	项 目		日 期	
		审 核	计 算	图 名	标高4.170处结构平面板配筋图	图 别	结施
		项目负责	校 对			图 号	08

124

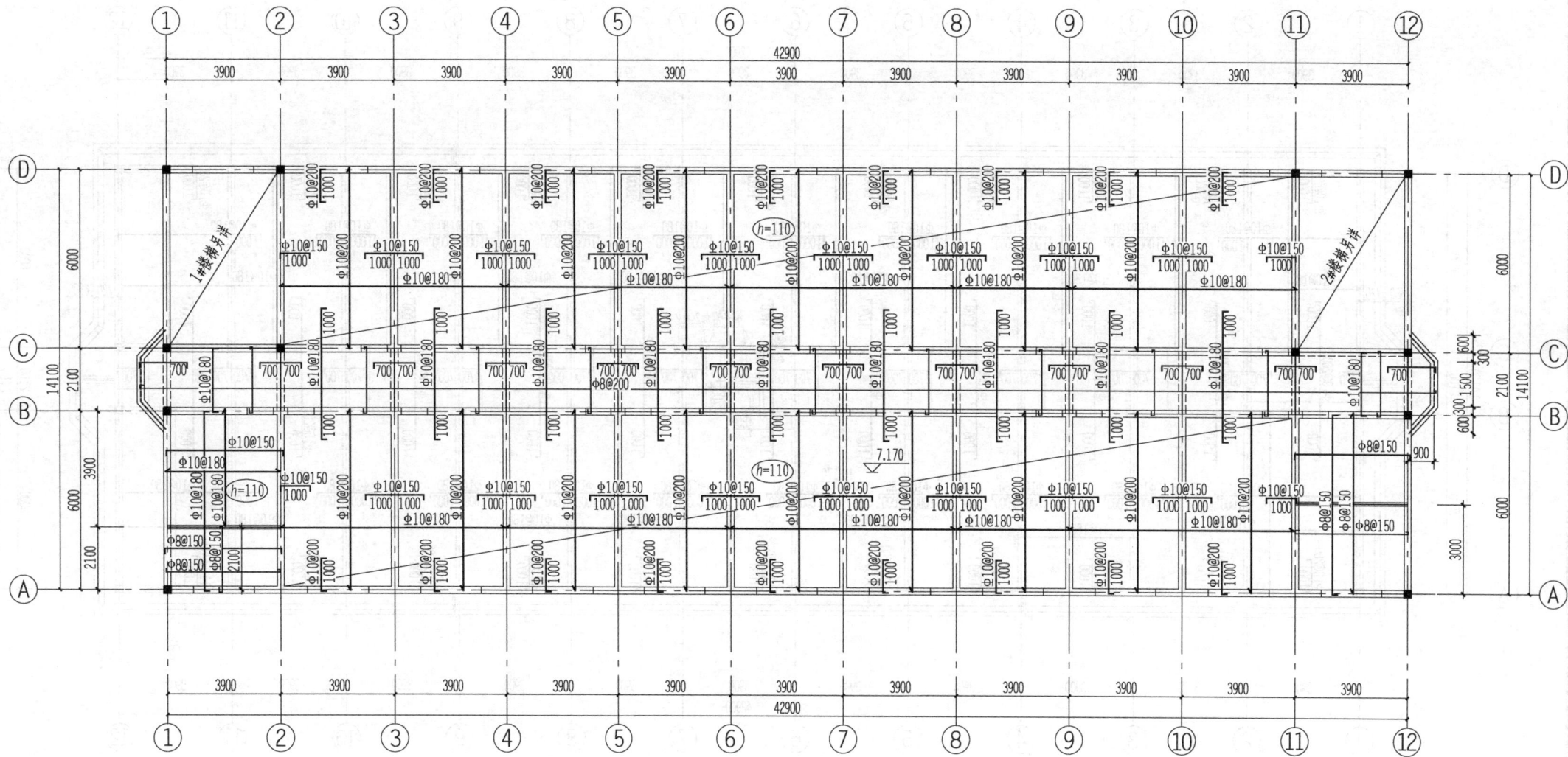

标高7.170处结构平面板配筋图
1:100

注:1.除注明外，本层板厚为90。
2.除特别注明外，卫生间的现浇板比同楼层建筑标高下降30。
3.图中未标注的钢筋为Φ8@200，图中标注的负筋长度从梁或墙开始计算。
4.板短跨≥3800时，在四角设置放射筋5Φ8，长1000。

屋面	14.055	
3	10.170	3.885
3	7.170	3.000
2	4.170	3.000
1	-0.050	4.220
层号	标高(m)	层高(m)

结构层楼面标高
结构层高

单位出图专用章	执业资格专用章		××市规划建筑设计院		工程名称	某职工宿舍楼	工程号	
		审 定		设 计	项 目		日 期	
		审 核		计 算			图 别	结施
		项目负责		校 对	图 名	标高7.170处结构平面板配筋图	图 号	09

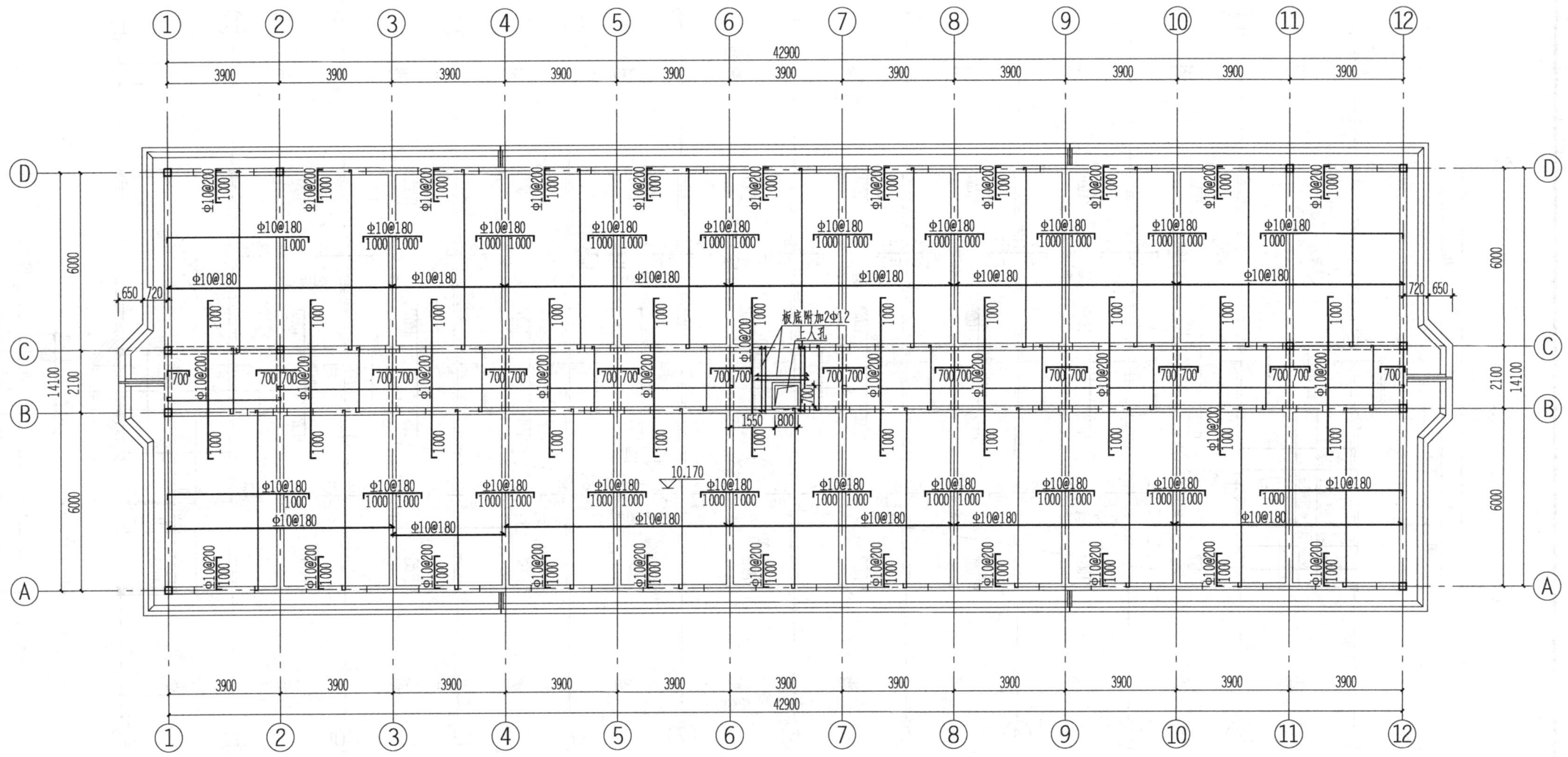

标高10.170处结构平面板配筋图

1:100

注：1.除注明外，本层板厚为90。
2.图中未标注的钢筋为Φ8@200，图中标注的负筋长度从梁或墙边开始计算。
3.板短跨≥3800时，在四角设置放射筋5Φ8，长1000。

板底附加2Φ12
上人孔

屋面	14.055	
3	10.170	3.885
3	7.170	3.000
2	4.170	3.000
1	-0.050	4.220
层号	标高(m)	层高(m)

结构层楼面标高
结构层层高

单位出图专用章	执业资格专用章	××市规划建筑设计院		工程名称	某职工宿舍楼	工程号	
		审 定	设 计	项 目		日 期	
		审 核	计 算	图 名	标高10.170处结构平面板配筋图	图 别	结施
		项目负责	校 对			图 号	10

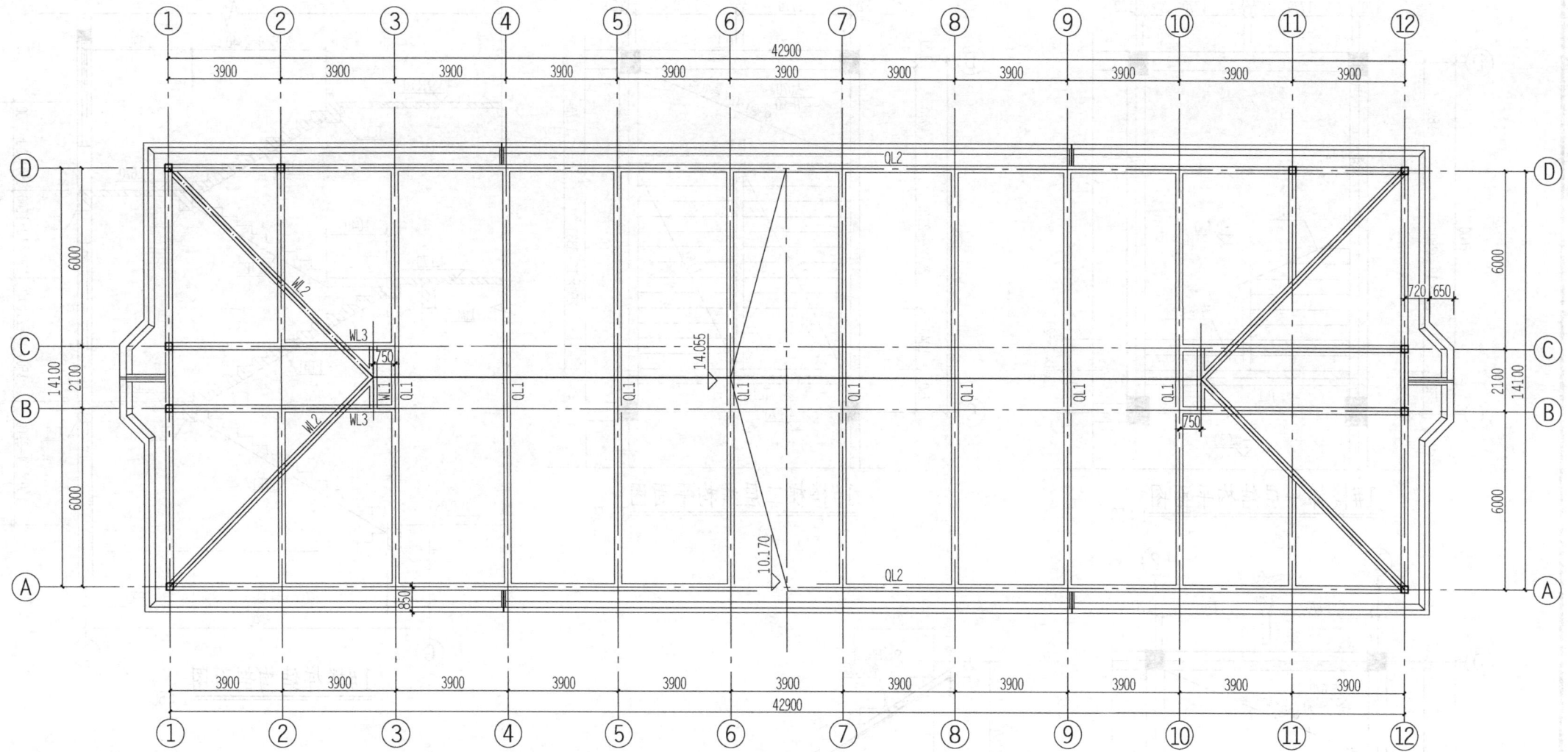

屋面层板配筋平面图 1:100

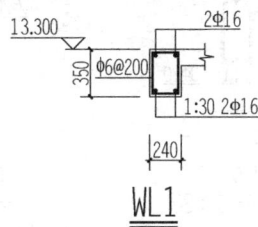

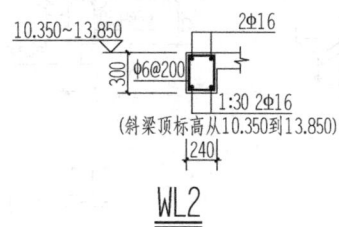

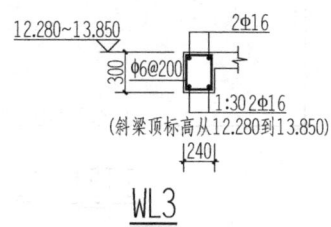

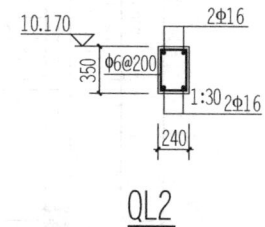

①②③④⑤⑥⑦⑧⑨⑩⑪⑫

42900

3900 3900 3900 3900 3900 3900 3900 3900 3900 3900 3900

Ⓐ Ⓑ Ⓒ Ⓓ

6000 2100 6000

14100

QL2 QL1 WL2 WL3 WL1

14.055 10.170

720 650 750 850

WL1
13.300
2Φ16
350 Φ6@200
1:30 2Φ16
240

WL2
10.350~13.850
2Φ16
300 Φ6@200
1:30 2Φ16
(斜梁顶标高从10.350到13.850)
240

WL3
12.280~13.850
2Φ16
300 Φ6@200
1:30 2Φ16
(斜梁顶标高从12.280到13.850)
240

QL1斜梁
2Φ16
350 Φ6@200
1:30 2Φ16
240

QL2
10.170
2Φ16
350 Φ6@200
1:30 2Φ16
240

单位出图专用章	执业资格专用章	××市规划建筑设计院		工程名称	某职工宿舍楼		工程号	
		审 定	设 计	项 目			日 期	
		审 核	计 算	图 名	屋面层板配筋平面图		图 别	结施
		项目负责	校 对				图 号	11

127

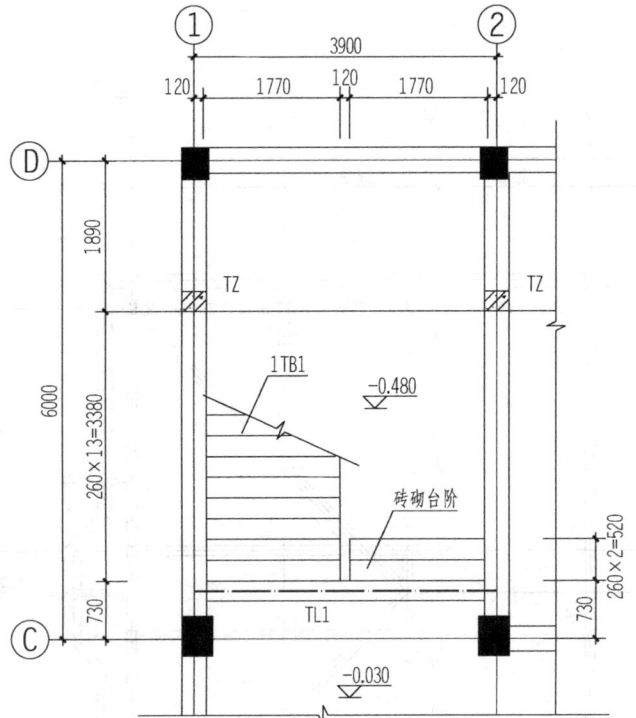

1#楼梯一层结构平面图 1:50

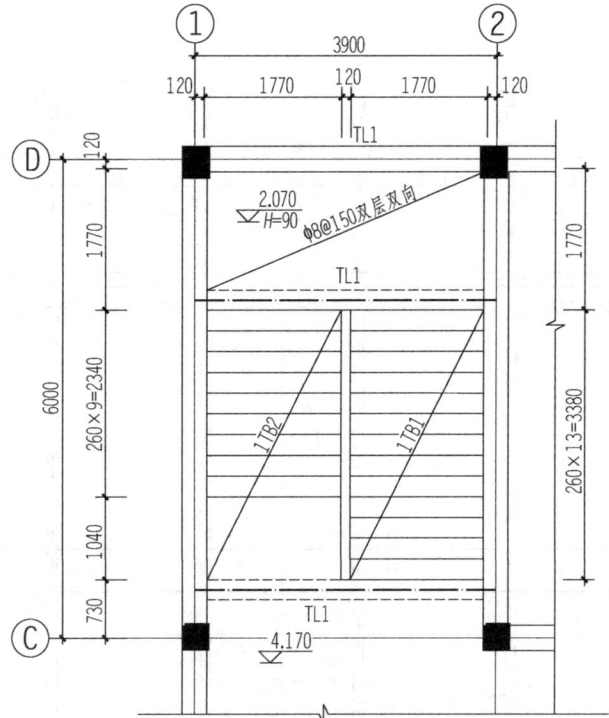

1#楼梯二层结构平面图 1:50

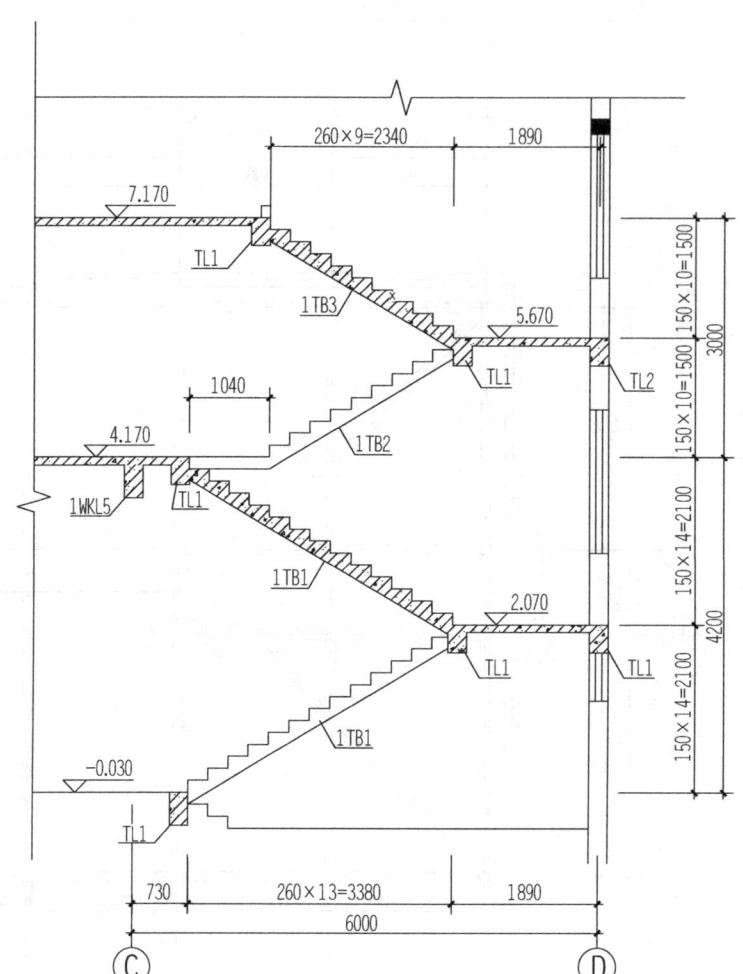

1#楼梯结构剖面图 1:50

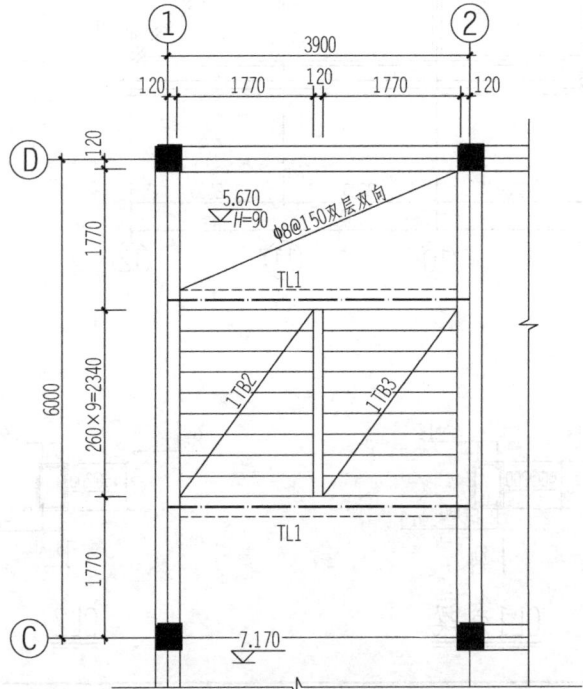

1#楼梯三层结构平面图 1:50

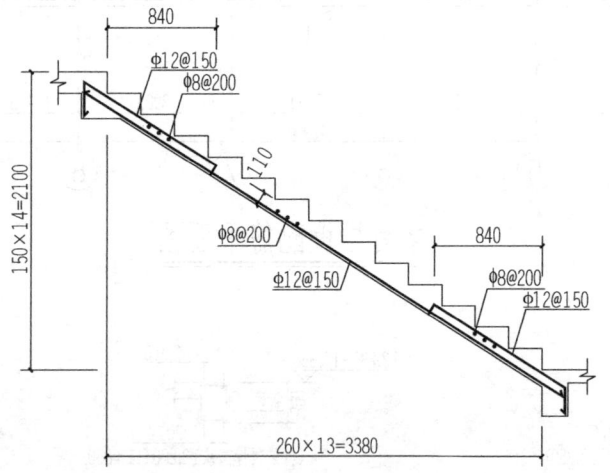

1TB1 1:30

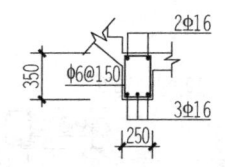

TL1 1:30

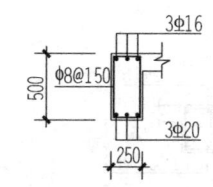

TL2 1:30

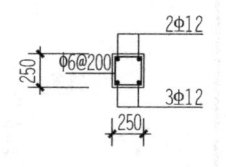

TZ 1:30
从地梁伸出到休息平台止

单位出图专用章	执业资格专用章	××市规划建筑设计院	工程名称	某职工宿舍楼	工程号	
		审 定	设 计	项 目		日 期	
		审 核	计 算	图 名	1#楼梯结构详图	图 别	结施
		项目负责	校 对			图 号	12

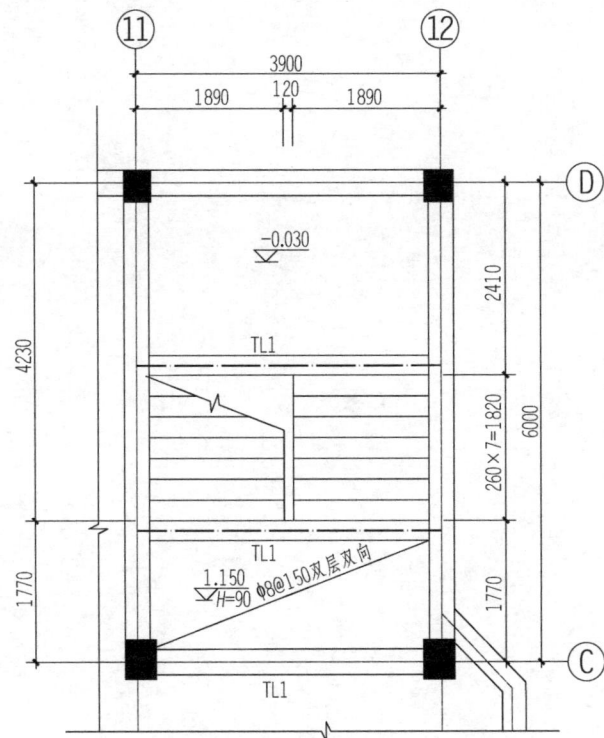

2#楼梯一层结构平面图 1:50

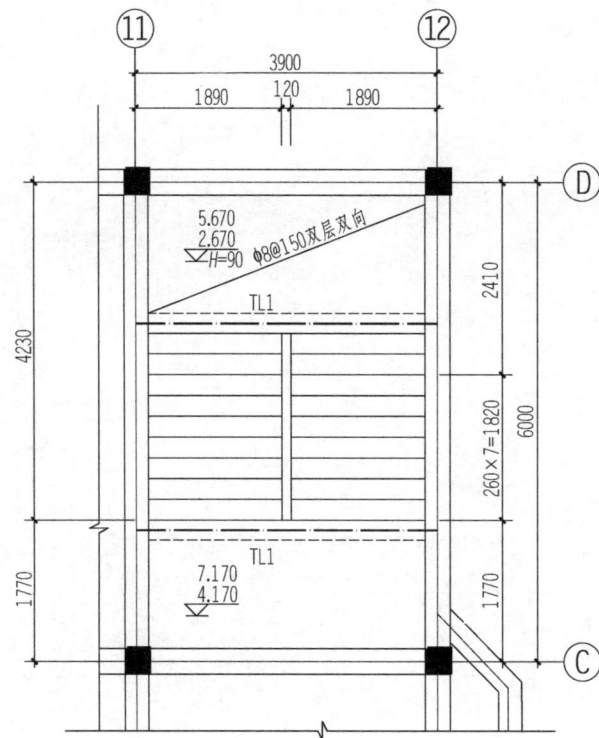

2#楼梯标准层结构平面图 1:50

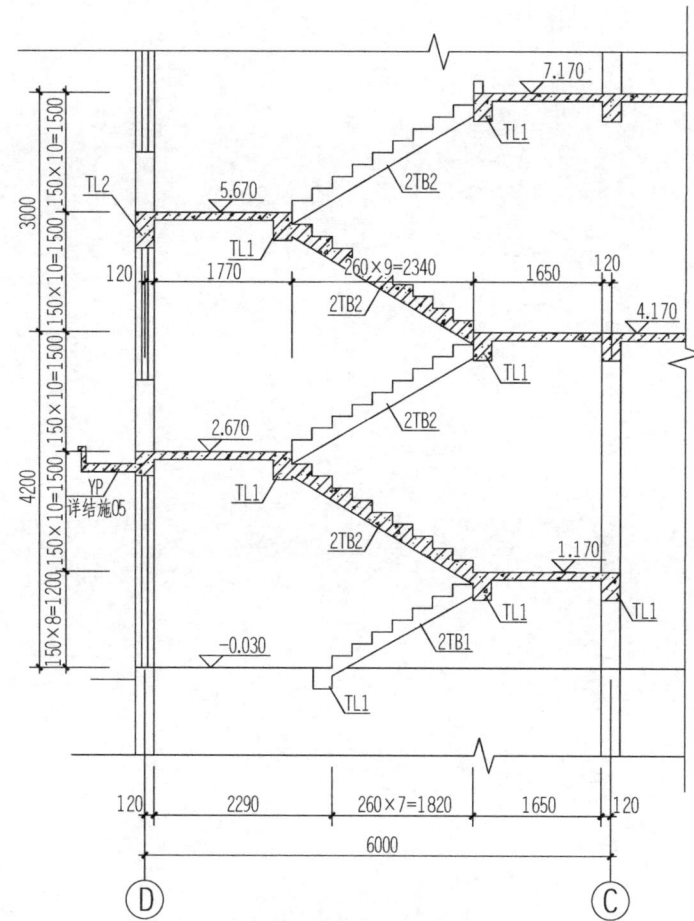

2#楼梯结构剖面图 1:50

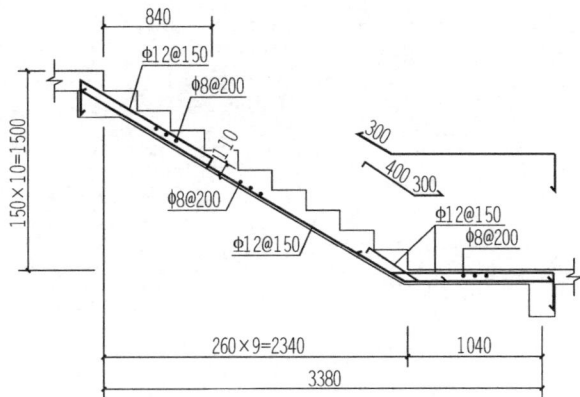

1TB2 1:30

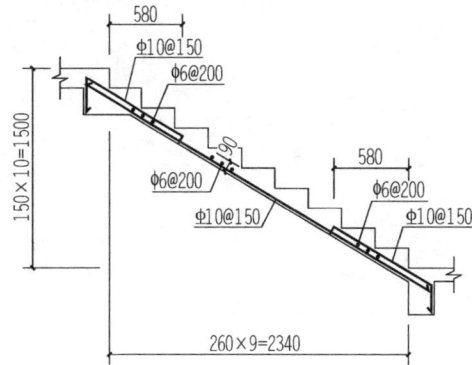

1TB3/2TB2 1:30

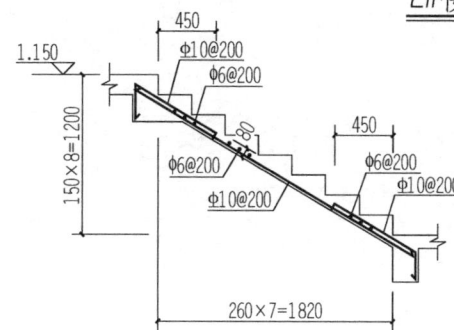

2TB1 1:30

单位出图专用章	执业资格专用章	××市规划建筑设计院		工程名称	某职工宿舍楼	工程号
		审 定	设 计	项 目		日 期
		审 核	计 算	图 名	2#楼梯结构详图	图 别 结施
		项目负责	校 对			图 号 13